ŒUVRES
DE
DENIS DIDEROT.
TOME X.

LES BIJOUX INDISCRETS.
L'OISEAU BLANC, CONTE BLEU.

ŒUVRES

DE

DENIS DIDEROT,

publiées sur les manuscrits de l'Auteur,

PAR JACQUES-ANDRÉ NAIGEON,

de l'Institut national des sciences, etc.

TOME DIXIÈME.

A PARIS,

Chez DETERVILLE, Libraire, rue du
Battoir, N.° 16.

AN VIII.

A ZIMA.

Zima, profitez du moment. L'aga Narkis entretient votre mère, et votre gouvernante guette sur un balcon le retour de votre père : prenez, lisez, ne craignez rien. Mais quand on surprendroit *les Bijoux indiscrets* derrière votre toilette, pensez-vous qu'on s'en étonnât ? Non, Zima, non ; on sait que *le Sopha*, *le Tanzaï* et *les Confessions* ont été sous votre oreiller. Vous hésitez encore ? Apprenez donc qu'Aglaé n'a pas dédaigné de mettre la main à l'ouvrage que vous rougissez d'accepter. « Aglaé, dites-vous, la » sage Aglaé !... elle-même ». Tandis que Zima s'ennuyoit ou s'égaroit peut-être avec le jeune bonze Alléluia, Aglaé s'amusoit innocemment à m'instruire des aventures de Zaïde, d'Alphane, de Fanni, etc.... me fournissoit le peu de traits qui me plaisent dans l'histoire de Mangogul, la revoyoit et m'indiquoit les moyens de la rendre meilleure; car si Aglaé est une des femmes les plus vertueuses et les moins édifiantes du Congo, c'est aussi une des moins jalouses de bel-esprit et des plus spirituelles. Zima croiroit-elle à présent avoir bonne grace à faire la scrupuleuse? Encore une fois, Zima, prenez, lisez, et lisez tout : je n'en excepte pas même les discours du *Bijou voyageur* qu'on vous interprètera, sans qu'il en coûte à votre vertu; pourvu que l'interprète ne soit ni votre directeur ni votre amant.

LES BIJOUX INDISCRETS.

CHAPITRE PREMIER.

Naissance de Mangogul.

Hiaouf Zélès Tanzaï régnoit depuis long-temps dans la grande Chéchianée ; et ce prince voluptueux continuoit d'en faire les délices. Acajou, roi de Minutie, avoit eu le sort prédit par son père. Zulmis avoit vécu. Le comte de.... vivoit encore. Splendide, Angola, Misapouf, et quelques autres potentats des Indes et de l'Asie étoient morts subitement. Les peuples, las d'obéir à des souverains imbécilles, avoient secoué le joug de leur postérité ; et les descendans de ces monarques malheureux erroient inconnus et presque ignorés dans les provinces de leurs empires. Le petit-fils de l'illustre Schéerazade s'étoit seul affermi sur le trône ; et il étoit obéi dans le Mogol sous le nom de Schacbaam, lorsque Mangogul naquit dans le Congo. Le trépas de plusieurs souverains fut, comme on voit, l'époque funeste de sa naissance.

Erguebzed son père n'appela point les fées autour du berceau de son fils, parce qu'il avoit remarqué que la plûpart des princes de son temps, dont ces intelligentes femelles avoient fait l'éducation, n'avoient été que des sots. Il se contenta de commander son horoscope à un certain Codindo, personnage meilleur à peindre qu'à connoître.

Codindo étoit chef du collége des aruspices de Banza, anciennement la capitale de l'empire. Erguebzed lui faisoit une grosse pension, et lui avoit accordé, à lui et à ses descendans, en faveur du mérite de leur grand-oncle, qui étoit excellent cuisinier, un château magnifique sur les frontières du Congo. Codindo étoit chargé d'observer le vol des oiseaux et l'état du ciel, et d'en faire son rapport à la cour ; ce dont il s'acquittoit assez mal. S'il est vrai qu'on avoit à Banza les meilleures piéces de théâtre et les salles de spectacles les plus laides qu'il y eût dans toute l'Afrique, en revanche, on y avoit le plus beau collège du monde, et les plus mauvaises prédictions.

Codindo, informé de ce qu'on lui vouloit au palais d'Erguebzed, partit fort embarrassé de sa personne ; car le pauvre homme ne savoit non plus lire aux astres que vous et moi : on l'attendoit avec impatience. Les principaux seigneurs de la cour s'étoient rendus dans l'appartement de la grande sultane. Les femmes, parées magnifiquement, environnoient le berceau de l'enfant. Les

courtisans s'empressoient à féliciter Erguebzed sur les grandes choses qu'il alloit sans doute apprendre de son fils. Erguebzed étoit père, et il trouvoit tout naturel qu'on distinguât dans les traits informes d'un enfant ce qu'il seroit un jour. Enfin Codindo arriva. « Approchez, lui dit Erguebzed
» lorsque le ciel m'accorda le prince que vous
» voyez, je fis prendre avec soin l'instant de sa
» naissance, et l'on a dû vous en instruire. Parlez
» sincèrement à votre maître, et annoncez-lui
» hardîment les destinées que le ciel réserve à
» son fils ».

Très-magnanime sultan, répondit Codindo, le prince né de parens non moins illustres qu'heureux, ne peut en avoir que de grandes et de fortunées : mais j'en imposerois à votre hautesse, si je me parois devant elle d'une science que je n'a point. Les astres se lèvent et se couchent pour moi comme pour les autres hommes; et je n'en suis pas plus éclairé sur l'avenir, que le plus ignorant de vos sujets.

« Mais, reprit le sultan, n'êtes-vous pas astrologue »? Magnanime prince, répondit Codindo, je n'ai point cet honneur.

« Eh ! que diable êtes-vous donc, lui repliqua
» le vieux mais bouillant Erguebzed? Aruspice !
» oh ! parbleu, je n'imaginois pas que vous en
» eussiez eu la pensée. Croyez-moi, seigneur Co-
» dindo, laissez manger en repos vos poulets, et

» prononcez sur le sort de mon fils, comme vous
» fîtes dernièrement sur le rhume de la perruche
» de ma femme ».

A l'instant Codindo tira de sa poche une loupe, prit l'oreille gauche de l'enfant, frotta ses yeux, tourna et retourna ses besicles, lorgna cette oreille, en fit autant du côté droit, et prononça « que le » règne du jeune prince seroit heureux s'il étoit » long ».

« Je vous entends, reprit Erguebzed : mon fils » exécutera les plus belles choses du monde, s'il » en a le temps. Mais, morbleu, ce que je veux » qu'on me dise, c'est s'il en aura le temps. Que » m'importe à moi, lorsqu'il sera mort, qu'il eût » été le plus grand prince du monde s'il eût vécu. » Je vous appelle pour avoir l'horoscope de mon » fils, et vous me faites son oraison funèbre ».

Codindo répondit au prince qu'il étoit fâché de n'en pas savoir davantage ; mais qu'il supplioit sa hautesse de considérer que c'en étoit bien assez pour le peu de temps qu'il étoit devin. En effet, le moment d'auparavant qu'étoit Codindo ?

CHAPITRE II.

Éducation de Mangogul.

Je passerai légèrement sur les premières années de Mangogul. L'enfance des princes est la même que celle des autres hommes, à cela près qu'il est donné aux princes de dire une infinité de jolies choses avant que de savoir parler. Aussi le fils d'Erguebzed avoit à peine quatre ans, qu'il avoit fourni la matière d'un Mangogulana. Erguebzed qui étoit homme de sens, et qui ne vouloit pas que l'éducation de son fils fût aussi négligée que la sienne l'avoit été, appela de bonne heure auprès de lui, et retint à sa cour par des pensions considérables, ce qu'il y avoit de grands hommes en tout genre dans le Congo ; peintres, philosophes, poëtes, musiciens, architectes, maîtres de danse, de mathématiques, d'histoire, maîtres en fait d'armes, etc. Grace aux heureuses dispositions de Mangogul, et aux leçons continuelles de ses maîtres, il n'ignora rien de ce qu'un jeune prince a coutume d'apprendre dans les quinze premières années de sa vie, et sut, à l'âge de vingt ans, boire, manger et dormir aussi parfaitement qu'aucun potentat de son âge.

Erguebzed, à qui le poids des années commençoit à faire sentir celui de la couronne, las de tenir les rênes de l'empire, effrayé des troubles qui le menaçoient, plein de confiance dans les qualités supérieures de Mangogul, et pressé par des sentimens de religion, pronostics certains de la mort prochaine, ou de l'imbécillité des grands, descendit du trône pour y placer son fils ; et ce bon prince crut devoir expier dans la retraite les crimes de l'administration la plus juste, dont il fut mémoire dans les annales du Congo.

Ce fut donc l'an du monde 1500000003200001, de l'empire du Congo le 3900000700003, que commença le règne de Mangogul, le 1234500 de sa race en ligne directe. Des conférences fréquentes avec ses ministres, des guerres à soutenir, et le maniement des affaires, l'instruisirent en fort peu de temps de ce qui lui restoit à savoir au sortir des mains de ses pédagogues ; et c'étoit quelque chose.

Cependant Mangogul acquit en moins de dix années la réputation de grand homme. Il gagna des batailles, força des villes, agrandit son empire, pacifia ses provinces, répara les désordres de ses finances, fit refleurir les sciences et les arts, éleva des édifices ; s'immortalisa par d'utiles établissemens, rafermit et corrigea la législation, institua même des académies ; et, ce que son université ne peut jamais comprendre, il acheva tout cela sans savoir un seul mot de latin.

Mangogul ne fut pas moins aimable dans son serrail que grand sur le trône. Il ne s'avisa point de régler sa conduite sur les usages ridicules de son pays. Il brisa les portes du palais habité par ses femmes ; il en chassa ces gardes injurieux de leur vertu ; il s'en fia prudemment à elles-mêmes de leur fidélité : on entroit aussi librement dans leurs appartemens que dans aucun couvent de chanoinesses de Flandres ; et on y étoit sans doute aussi sage. Le bon sultan que ce fut ! il n'eut jamais de pareil que dans quelques romans français. Il étoit doux, affable, enjoué, galant, d'une figure charmante, aimant les plaisirs, fait pour eux, et renfermoit dans sa tête plus d'esprit qu'il n'y en avoit eu dans celles de tous ses prédécesseurs ensemble.

On juge bien qu'avec un si rare mérite, beaucoup de femmes aspirèrent à sa conquête : quelques-unes réussirent. Celles qui manquèrent son cœur, tâchèrent de s'en consoler avec les grands de sa cour. La jeune Mirzoza fut du nombre des premières. Je ne m'amuserai point à détailler les qualités et les charmes de Mirzoza ; l'ouvrage seroit sans fin, et je veux que cette histoire en ait une.

CHAPITRE III,

Qu'on peut regarder comme le premier de cette histoire.

Mirzoza fixoit Mangogul depuis plusieurs années. Ces amans s'étoient dit et répété mille fois tout ce qu'une passion violente suggère aux personnes qui ont le plus d'esprit. Ils en étoient venus aux confidences ; et ils se seroient fait un crime de se dérober la circonstance de leur vie la plus mi-

nutieuse. Ces suppositions singulières : « Si le ciel
» qui m'a placé sur le trône, m'eût fait naître dans
» un état obscur, eussiez-vous daigné descendre
» jusqu'à moi ? Mirzoza m'eût-elle couronné ? Si
» Mirzoza venoit à perdre le peu de charmes qu'on
» lui trouve, Mangogul l'aimeroit-il toujours » ?
Ces suppositions, dis-je, qui exercent les amans
ingénieux, brouillent quelquefois les amans délicats, et font mentir si souvent les amans les plus
sincères, étoient usées pour eux.

La favorite, qui possédoit au souverain dégré
le talent si nécessaire et si rare de bien narrer,
avoit épuisé l'histoire scandaleuse de Banza. Comme elle avoit peu de tempérament, elle n'étoit pas
toujours disposée à recevoir les caresses du sultan,
ni le sultan toujours d'humeur à lui en proposer.
Enfin il y avoit des jours où Mangogul et Mirzoza
avoient peu de chose à dire, presque rien à faire,
et où, sans s'aimer moins, ils ne s'amusoient guère.
Ces jours étoient rares ; mais il y en avoit, et il
en vint un.

Le sultan étoit étendu nonchalamment sur une
duchesse, vis-à-vis de la favorite qui faisoit des
nœuds sans dire mot. Le temps ne permettoit pas
de se promener. Mangogul n'osoit proposer un piquet ; et il y avoit près d'un quart-d'heure que
cette situation maussade duroit, lorsque le sultan
dit en bâillant à plusieurs reprises : « Il faut avouer
» que Géliote a chanté comme un ange » ; et que

votre hautesse s'ennuie à périr, ajouta la favorite. « Non, madame, reprit Mangogul en bâillant à
» demi, le moment où l'on vous voit n'est jamais
» celui de l'ennui ».

Il ne tenoit qu'à vous que cela fût galant, repliqua Mirzoza ; mais vous rêvez, vous êtes distrait, vous bâillez. Prince, qu'avez-vous ? « Je ne sais,
» dit le sultan ». Et moi, je devine, continua la favorite. J'avois dix-huit ans lorsque j'eus le bonheur de vous plaire. Il y a quatre ans que vous m'aimez. Dix-huit et quatre sont vingt-deux. Me voilà bien vieille. Mangogul sourit de ce calcul. Mais si je ne vaux plus rien pour le plaisir, ajouta Mirzoza, je veux vous faire voir du-moins que je suis très-bonne pour le conseil. La variété des amusemens qui vous suivent n'a pu vous garantir du dégoût. Vous êtes dégoûté. Voilà, prince, votre maladie. « Je ne conviens pas que vous ayez ren-
» contré, dit Mangogul ; mais en cas que cela fût,
» y sauriez-vous quelque remède » ? Mirzoza répondit au sultan, après avoir rêvé un moment, que sa hautesse lui avoit paru prendre tant de plaisir au récit qu'elle lui faisoit des aventures galantes de la ville, qu'elle regrettoit de n'en plus avoir à lui raconter, ou de n'être pas mieux instruite de celles de sa cour ; qu'elle auroit essayé cet expédient, en attendant qu'elle imaginât mieux. « Je
» le crois bon, dit Mangogul ; mais qui sait les
» histoires de toutes ces folles ? et quand on les

» sauroit, qui me les réciteroit comme vous »? Sachons-les toujours, reprit Mirzoza. Qui que ce soit qui vous les raconte, je suis sûre que votre hautesse gagnera plus par le fond qu'elle ne perdra par la forme. « J'imaginerai avec vous, si vous » voulez, les aventures des femmes de ma cour, » fort plaisantes, dit Mangogul; mais le fussent-» elles cent fois davantage, qu'importe, s'il est » impossible de les apprendre »? Il pourroit y avoir de la difficulté, répondit Mirzoza; mais je pense que c'est tout. Le génie Cucufa, votre parent et votre ami, a fait des choses plus fortes. Que ne le consultez-vous? « Ah! joie de mon » cœur, s'écria le sultan; vous êtes admirable! » Je ne doute point que le génie n'emploie tout » son pouvoir en ma faveur. Je vais de ce pas » m'enfermer dans mon cabinet, et l'évoquer ».

Alors Mangogul se leva, baisa la favorite sur l'œil gauche, selon la coutume du Congo, et partit.

CHAPITRE IV.

Evocation du Génie.

LE génie Cucufa est un vieil hypocondriaque, qui, craignant que les embarras du monde et le commerce des autres génies ne fissent obstacle à son salut, s'est refugié dans le vuide, pour s'occuper tout à son aise des perfections infinies de la grande Pagode, se pincer, s'égratigner, se faire des niches, s'ennuyer, enrager et crever de faim. Là, il est couché sur une natte, le corps cousu dans un sac, les flancs serrés d'une corde, les bras croisés sur la poitrine, et la tête enfoncée dans un capuchon, qui ne laisse sortir que l'extrémité de sa barbe. Il dort, mais on croiroit qu'il contemple. Il n'a pour toute compagnie qu'un hibou qui sommeille à ses pieds, quelques rats qui rongent sa natte, et des chauve-souris qui voltigent autour de sa tête : on l'évoque, en récitant au son d'une cloche le premier verset de l'office nocturne des bramines; alors il relève son capuce, frotte ses yeux, chausse ses sandales, et part. Figurez-vous un vieux camaldule porté dans les airs par deux gros chats-huants qu'il tiendroit par les pattes : ce fut dans cet équipage que Cucufa apparut au sultan. « Que la bénédiction de Brama soit céans, dit-il » en s'abattant ». *Amen*, répondit le prince. « Que » voulez-vous, mon fils »? Une chose fort simple, dit Mangogul ; me procurer quelques plaisirs aux dépens des femmes de ma cour. « Eh ! mon fils, » repliqua Cucufa, vous avez à vous seul plus » d'appétit que tout un couvent de bramines. Que » prétendez-vous faire de ce troupeau de folles »? Savoir d'elles les aventures qu'elles ont et qu'elles ont eues ; et puis c'est tout. « Mais cela est impos- » sible, dit le génie ; vouloir que des femmes con- » fessent leurs aventures, cela n'a jamais été et ne

» sera jamais ». Il faut pourtant que cela soit, ajouta le sultan. A ces mots, le génie se grattant l'oreille et peignant par distraction sa longue barbe avec ses doigts, se mit à rêver : sa méditation fut courte. « Mon fils, dit-il à Mangogul, » je vous aime ; vous serez satisfait ». A l'instant il plongea sa main droite dans une poche profonde, pratiquée sous son aisselle, au côté gauche de sa robe, et en tira avec des images, des grains bénits, de petites pagodes de plomb, des bonbons moisis, un anneau d'argent, que Mangogul prit d'abord pour une bague de Saint-Hubert. « Vous voyez, » bien cet anneau, dit-il au sultan ; mettez-le à » votre doigt, mon fils. Toutes les femmes sur » lesquelles vous en tournerez le chaton, racon- » teront leurs intrigues à voix haute, claire et in- » telligible : mais n'allez pas croire au-moins que » c'est par la bouche qu'elles parleront ». Et par où donc, ventre-saint-gris, s'écria Mangogul, parleront-elles donc ? « Par la partie la plus fran- » che qu'il soit en elles, et la mieux instruite des » choses que vous desirez savoir, dit Cucufa ; par » leurs bijoux ». Par leurs bijoux ! reprit le sultan en s'éclatant de rire : en voilà bien d'une autre. Des bijoux parlans ! cela est d'une extravagance inouïe. « Mon fils, dit le génie, j'ai bien fait d'autres » prodiges en faveur de votre grand-père ; comp- » tez donc sur ma parole. Allez, et que Brama » vous bénisse. Faites un bon usage de votre se-

» cret, et songez qu'il est des curiosités mal pla-
» cées ». Cela dit, le cafard hochant de la tête,
se raffubla de son capuchon, reprit ses chats-
huants par les pattes, et disparut dans les airs.

CHAPITRE V.

Dangereuse tentation de Mangogul.

A-PEINE Mangogul fut-il en possession de l'anneau mystérieux de Cucufa, qu'il fut tenté d'en
faire le premier essai sur la favorite. J'ai oublié de
dire qu'outre la vertu de faire parler les bijoux des
femmes sur lesquelles on en tournoit le chaton, il
avoit encore celle de rendre invisible la personne
qui le portoit au petit doigt. Ainsi Mangogul pouvoit se transporter en un clin-d'œil en cent endroits
où il n'étoit point attendu, et voir de ses yeux bien
des choses qui se passent ordinairement sans témoin : il n'avoit qu'à mettre sa bague, et dire : Je
veux être là; à l'instant il y étoit. Le voilà donc
chez Mirzoza.

Mirzoza qui n'attendoit plus le sultan, s'étoit
fait mettre au lit. Mangogul s'approcha doucement de son oreiller, et s'apperçut, à la lueur
d'une bougie de nuit, qu'elle étoit assoupie. « Bon,
» dit-il, elle dort : changeons vite l'anneau du
» doigt, reprenons notre forme, tournons le cha-
» ton sur cette belle dormeuse, et réveillons un

» peu son bijou... Mais qu'est-ce qui m'arrête?..
» je tremble.... se pourroit-il que Mirzoza...
» non, cela n'est pas possible ; Mirzoza m'est
» fidelle. Eloignez-vous, soupçons injurieux ; je
» ne veux point, je ne veux point vous écouter ».
Il dit et porta ses doigts sur l'anneau ; mais les
en écartant aussi promptement que s'il eût été
de feu, il s'écria en lui-même : « Que fais-je,
» malheureux ! je brave les conseils de Cucufa.
» Pour satisfaire une sotte curiosité, je vais m'ex-
» poser à perdre ma maîtresse et la vie... Si
» son bijou s'avisoit d'extravaguer, je ne la verrois
» plus, et j'en mourrois de douleur. Et qui sait ce
» qu'un bijou peut avoir dans l'ame » ? L'agitation
de Mangogul ne lui permettoit guère de s'observer : il prononça ces dernières paroles un peu
haut, et la favorite s'éveilla... « Ah ! prince, lui
» dit-elle, moins surprise que charmée de sa pré-
» sence, vous voilà : pourquoi ne vous a-t-on point
» annoncé ? Est-ce à vous d'attendre mon réveil » ?

Mangogul répondit à la favorite, en lui commu-
niquant le succès de l'entrevue de Cucufa, lui
montra l'anneau qu'il en avoit reçu, et ne lui cacha rien de ses propriétés. « Ah ! quel secret dia-
» bolique vous a-t-il donné là, s'écria Mirzoza ?
» Mais, prince, comptez-vous en faire usage » ?
Comment ventrebleu, dit le sultan, si j'en veux
faire usage ? je commence par vous, si vous rai-
sonnez. La favorite, à ces terribles mots, pâlit,

trembla, se remit, et conjura le sultan par Brama et par toutes les Pagodes des Indes et du Congo, de ne point éprouver sur elle un secret qui marquoit peu de confiance en sa fidélité. « Si j'ai
» toujours été sage, continua-t-elle, mon bijou ne
» vous dira mot, et vous m'aurez fait une injure
» que je ne vous pardonnerai jamais : s'il vient à
» parler, je perdrai votre estime et votre cœur,
» et vous en serez au désespoir. Jusqu'à-présent
» vous vous êtes, ce me semble, assez bien trouvé
» de notre liaison ; pourquoi s'exposer à la rompre ? Prince, croyez-moi, profitez des avis du
» génie ; il a de l'expérience, et les avis de génie
» sont toujours bons à suivre ».

C'est ce que je me disois à moi-même, lui répondit Mangogul, quand vous vous êtes éveillée : cependant si vous eussiez dormi deux minutes de plus, je ne sais ce qui en seroit arrivé.

« Ce qui en seroit arrivé ! dit Mirzoza, c'est
» que mon bijou ne vous auroit rien appris, et que
» vous m'auriez perdue pour toujours ».

Cela peut être, reprit Mangogul ; mais à-présent que je vois tout le danger que j'ai couru, je vous jure par la Pagode éternelle, que vous serez exceptée du nombre de celles sur lesquelles je tournerai ma bague.

Mirzoza prit alors un air assuré, et se mit à plaisanter d'avance aux dépens des bijoux que le prince alloit mettre à la question. « Le bijou de

» Cydalyse, disoit-elle, a bien des choses à
» raconter; et s'il est aussi indiscret que sa maî-
» tresse, il ne s'en fera guère prier. Celui d'Haria
» n'est plus de ce monde; et votre hautesse n'en
» apprendra que des contes de ma grand'mère.
» Pour celui de Glaucé, je le crois bon à con-
» sulter : elle est coquette et jolie ». Et c'est justement par cette raison, repliqua le sultan, que
son bijou sera muet. « Adressez-vous donc, ré-
» partit la sultane, à celui de Phédime; elle est
» galante et laide ». Oui, continua le sultan; et
si laide, qu'il faut être aussi méchante que vous
pour l'accuser d'être galante. Phédime est sage;
c'est moi qui vous le dis, et qui en sais quelque
chose. « Sage tant qu'il vous plaira, reprit la
» favorite; mais elle a de certains yeux gris qui
» disent le contraire ». Ses yeux en ont menti,
répondit brusquement le sultan; vous m'impa-
tientez avec votre Phédime : ne diroit-on pas
qu'il n'y ait que ce bijou à questionner. « Mais
» peut-on, sans offenser votre hautesse, ajouta
» Mirzoza, lui demander quel est celui qu'elle
» honorera de son choix »? Nous verrons tantôt,
dit Mangogul, au cercle de la Manimonbanda
(c'est ainsi qu'on appelle dans le Congo la grande
sultane). Nous n'en manquerons pas si-tôt, et
lorsque nous serons ennuyés des bijoux de ma
cour, nous pourrons faire un tour à Banza : peut-
être trouverons-nous ceux des bourgeoises plus

raisonnables que ceux des duchesses. « Prince, » dit Mirzoza, je connois un peu les premières, » et je peux vous assurer qu'elles ne sont que plus » circonspectes ». Bientôt nous en saurons des nouvelles : mais je ne peux m'empêcher de rire, continua Mangogul, quand je me figure l'embarras et la surprise de ces femmes aux premiers mots de leurs bijoux; ah, ah, ah. Songez, délices de mon cœur, que je vous attendrai chez la grande sultane, et que je ne ferai point usage de mon anneau, que vous n'y soyez. « Prince, » au-moins, dit Mirzoza, je compte sur la pa- » role que vous m'avez donnée ». Mangogul sourit de ses alarmes, lui réitéra ses promesses, y joignit quelques caresses, et se retira.

CHAPITRE VI.

Premier essai de l'anneau.

ALCINE.

MANGOGUL se rendit le premier chez la grande sultane; il y trouva toutes les femmes occupées d'un cavagnol; il parcourut des yeux celles dont la réputation étoit faite, résolut d'essayer son anneau sur une d'elles; et il ne fut embarrassé que du choix. Il étoit incertain par qui commencer, lorsqu'il apperçut dans une croisée une jeune

dame du palais de la Manimonbanda : elle badinoit avec son époux ; ce qui parut singulier au sultan , car il y avoit plus de huit jours qu'ils étoient mariés : ils s'étoient montrés dans la même loge à l'opéra , et dans la même calèche au petit cours ou au bois de Boulogne ; ils avoient achevé leurs visites , et l'usage les dispensoit de s'aimer , et même de se rencontrer. « Si ce bijou,
» disoit Mangogul en lui-même, est aussi fou
» que sa maîtresse, nous allons avoir un mono-
» logue réjouissant ». Il en étoit là du sien , quand la favorite parut. « Soyez la bien venue, lui dit
» le sultan à l'oreille. J'ai jeté mon plomb en vous
» attendant ». Et sur qui, lui demanda Mirzoza ?
« Sur ces gens que vous voyez folâtrer dans cette
» croisée , lui répondit Mangogul du coin de
» l'œil ». Bien débuté , reprit la favorite.

Alcine , c'est le nom de la jeune dame , étoit vive et jolie. La cour du sultan n'avoit guère de femmes plus aimables , et n'en avoit aucune de plus galante. Un émir du sultan s'en étoit entêté. On ne lui laissa point ignorer ce que la chronique avoit publié d'Alcine ; il en fut alarmé , mais il suivit l'usage : il consulta sa maîtresse sur ce qu'il en devoit penser. Alcine lui jura que ces calomnies étoient les discours de quelques fats qui se seroient tus , s'ils avoient eu des raisons de parler : qu'au reste il n'y avoit rien de fait, et qu'il étoit le maître d'en croire tout ce qu'il jugeroit à propos. Cette réponse assurée convainquit l'émir amoureux de l'innocence de sa maîtresse. Il conclut, et prit le titre d'époux d'Alcine avec toutes ses prérogatives.

Le sultan tourna sa bague sur elle. Un grand éclat de rire, qui étoit échappé à Alcine à propos de quelques discours saugrenus que lui tenoit son époux, fut brusquement sincopé par l'opération de l'anneau; et l'on entendit aussi-tôt murmurer sous ses jupes. « Me voilà donc titré. Vraiment » j'en suis fort aise. Il n'est rien tel que d'avoir » un rang. Si l'on eût écouté mes premiers avis, » on m'eût trouvé mieux qu'un émir : mais un » émir vaut encore mieux que rien ». A ces mots, toutes les femmes quittèrent le jeu, pour chercher d'où partoit la voix. Ce mouvement fit un grand bruit. « Silence, dit Mangogul, ceci mé- » rite attention ». On se tut, et le bijou continua : « Il faut qu'un époux soit un hôte bien impor- » tant, à en juger par les précautions que l'on » prend pour le recevoir. Que de préparatifs ! » Quelle profusion d'eau de mirte ! Encore une » quinzaine de ce régime, et c'étoit fait de » moi. Je disparoissois, et monsieur l'émir n'a- » voit qu'à chercher gîte ailleurs, ou qu'à m'em- » barquer pour l'île Jonquille ». Ici mon auteur dit que toutes les femmes pâlirent, se regardèrent sans mot dire, et tinrent un sérieux qu'il attribue à la crainte que la conversation ne s'engageât

et ne devint générale. « Cependant, continua le
» bijou d'Alcine, il m'a semblé que l'émir n'avoit
» pas besoin qu'on y fît tant de façons; mais je
» reconnois ici la prudence de ma maîtresse. Elle
» mit les choses au pis-aller; et je fus traité
» pour monsieur comme pour son petit écuyer ».

Le bijou alloit continuer ses extravagances,
lorsque le sultan, s'appercevant que cette scène
étrange scandalisoit la pudique Manimonbanda,
interrompit l'orateur en retournant sa bague. L'émir
avoit disparu aux premiers mots du bijou de
sa femme. Alcine, sans se déconcerter, simula
quelque temps un assoupissement; cependant les
femmes chuchetoient qu'elle avoit des vapeurs.
« Eh oui, dit un petit-maître, des vapeurs !
» Cicogne les nomme histériques, c'est comme
» qui diroit des choses qui viennent de la région
» inférieure. Il a pour cela un élixir divin; c'est
» un principe, principiant, principié qui ra-
» vive... qui... Je le proposerai à madame ».
On sourit de ce persiflage, et notre cynique reprit : « Rien n'est plus vrai, mesdames. J'en ai
» usé, moi qui vous parle, pour une déperdition
» de substance ». Une déperdition de substance !
Monsieur le marquis, reprit une jeune personne;
et qu'est-ce que cela ? « Madame, répondit le marquis, c'est un de ces petits accidens fortuits qui
» arrivent..... Eh! mais tout le monde connoît
» cela ».

Cependant l'assoupissement simulé finit. Alcine se mit au jeu aussi intrépidement que si son bijou n'eût rien dit, ou que s'il eût dit les plus belles choses du monde. Elle fut même la seule qui joua sans distraction. Cette séance lui valut des sommes considérables. Les autres ne savoient ce qu'elles faisoient, ne reconnoissoient plus leurs figures, oublioient leurs numéros, négligeoient leurs avantages, arrosoient à contre-temps et commettaient cent autres bévues, dont Alcine profitoit. Enfin, le jeu finit, et chacun se retira.

Cette aventure fit grand bruit à la cour, à la ville et dans tout le Congo. Il en courut des épigrammes. Le discours du bijou d'Alcine fut publié, revu, corrigé, augmenté et commenté par les agréables de la cour. On chansonna l'émir : sa femme fut immortalisée. On se la montroit aux spectacles. Elle étoit courue dans les promenades. On s'attroupoit autour d'elle, et elle entendoit bourdonner à ses côtés : « Oui, la voilà, c'est » elle-même ; son bijou a parlé pendant plus de » deux heures de suite ». Alcine soutint sa réputation nouvelle avec un sang-froid admirable. Elle écouta tous ces propos et beaucoup d'autres, avec une tranquillité que les autres femmes n'avoient point. Elles s'attendoient à tout moment à quelque indiscrétion de la part de leurs bijoux ; mais l'aventure du chapitre suivant acheva de les troubler.

Lorsque le cercle s'étoit séparé, Mangogul avoit donné la main à la favorite, et l'avoit remise dans son appartement. Il s'en manquoit beaucoup qu'elle eût cet air vif et enjoué, qui ne l'abandonnoit guère. Elle avoit perdu considérablement au jeu, et l'effet du terrible anneau l'avoit jetée dans une rêverie dont elle n'étoit pas encore bien revenue. Elle connoissoit la curiosité du sultan ; et elle ne comptoit pas assez sur les promesses d'un homme moins amoureux que despotique, pour être libre de toute inquiétude. « Qu'avez-vous, délices de mon âme, lui dit
» Mangogul ? Je vous trouve rêveuse ». J'ai joué, lui répondit Mirzoza, d'un guignon qui n'a point d'exemple. J'ai perdu la possibilité. J'avois douze tableaux ; je ne crois pas qu'ils aient marqué trois fois. « Cela est désolant, répondit Mangogul ; mais
» que pensez-vous de mon secret » ? Prince, lui dit la favorite, je persiste à le tenir pour diabolique. Il vous amusera sans doute ; mais cet amusement aura des suites funestes. Vous allez jeter le trouble dans toutes les maisons, détromper les maris, desespérer des amans, perdre des femmes, déshonorer des filles, et faire cent autres vacarmes. Ah ! prince, je vous conjure... « Eh !
» jour de Dieu, dit Mangogul, vous moralisez
» comme Nicole ! je voudrois bien savoir à pro-
» pos de quoi l'intérêt de votre prochain vous
» touche aujourd'hui si vivement. Non, madame,

» non ; je conserverai mon anneau. Et que m'im-
» portent à moi ces maris détrompés, ces amans
» désespérés, ces femmes perdues, ces filles dés-
» honorées, pourvu que je m'amuse ? Suis-je
» donc sultan pour rien ? A demain, madame,
» il faut espérer que les scènes qui suivront seront
» plus comiques que la première, et qu'insensi-
» blement vous y prendrez goût ». Je n'en crois
rien, seigneur, reprit Mirzoza. « Et moi je vous
» réponds que vous trouverez des bijoux plaisans,
» et si plaisans, que vous ne pourrez vous dé-
» fendre de leur donner audience. Et où en se-
» riez-vous donc, si je vous les députois en qualité
» d'ambassadeurs ? Je vous sauverai, si vous vou-
» lez, l'ennui de leurs harangues ; mais pour le
» récit de leurs aventures, vous l'entendrez de
» leur bouche ou de la mienne. C'est une chose
» décidée ; je n'en peux rien rabattre. Prenez sur
» vous de vous familiariser avec ces nouveaux
» discoureurs ». A ces mots, il l'embrassa et passa
dans son cabinet, réfléchissant sur l'épreuve qu'il
venoit de faire, et remerciant dévotieusement le
génie Cucufa.

CHAPITRE VII.

Second essai de l'anneau.

LES AUTELS.

Il y avoit pour le lendemain un petit souper chez Mirzoza. Les personnes nommées s'assemblèrent de bonne heure dans son appartement. Avant le prodige de la veille, on s'y rendoit par goût ; ce soir, on n'y vint que par bienséance. Toutes les femmes eurent un air contraint, et ne parlèrent qu'en monosyllabes. Elles étoient aux aguets, et s'attendoient à tout moment que quelque bijou se mêleroit de la conversation. Malgré la démangeaison qu'elles avoient de mettre sur le tapis la mésaventure d'Alcine, aucune n'osa prendre sur soi d'en entamer le propos. Ce n'est pas qu'on fût retenu par sa présence : quoique comprise dans la liste du souper, elle ne parut point ; on devina qu'elle avoit la migraine. Cependant, soit qu'on redoutât moins le danger, parce que de toute la journée on n'avoit entendu parler que des bouches, soit qu'on feignît de s'enhardir, la conversation qui languissoit, s'anima : les femmes les plus suspectes composèrent leur maintien, jouèrent l'assurance ; et Mirzoza demanda au courtisan Zégris, s'il n'y avoit rien d'intéressant. « Madame, » répondit Zégris, on vous avoit fait part du

» prochain mariage de l'aga Chazour avec la
» jeune Sibérine; je vous annonce que tout est
» rompu ». A quel propos, interrompit la favorite ? « A propos d'une voix étrange, continua
» Zégris, que Chazour dit avoir entendue à la
» toilette de sa princesse. Depuis hier, la cour
» du sultan est pleine de gens qui vont prêtant
» l'oreille, dans l'espérance de surprendre, je ne
» sais comment, des aveux qu'assurément on n'a
» nulle envie de leur faire ».

Mais cela est fou, répliqua la favorite. Le malheur d'Alcine, si c'en est un, n'est rien moins
qu'avéré. On n'a point encore approfondi...

« Madame, interrompit Zelmaïde, je l'ai
» entendu très-distinctement. Elle a parlé sans
» ouvrir la bouche. Les faits ont été bien articulés; et il n'étoit pas trop difficile de deviner
» d'où partoit ce son extraordinaire. Je vous avoue
» que j'en serois morte à sa place ».

Morte ! reprit Zégris. On survit à d'autres accidens. « Comment, s'écria Zelmaïde, en est-
» il un plus terrible que l'indiscrétion d'un bijou ?
» Il n'y a donc plus de milieu. Il faut ou renoncer à la galanterie, ou se résoudre à passer
» pour galante ».

En effet, dit Mirzoza, l'alternative est cruelle.
« Non, madame, non, reprit une autre; vous
» verrez que les femmes prendront leur parti. On
» laissera parler les bijoux tant qu'ils voudront;

» et l'on ira son train sans s'embarrasser du qu'en
» dira-t-on. Et qu'importe, après tout, que ce
» soit le bijou d'une femme ou son amant qui soit
» indiscret ? En sait-on moins les choses » ?

Tout bien considéré, continua une troisième,
si les aventures d'une femme doivent être divulguées, il vaut mieux que ce soit par son bijou
que par son amant.

L'idée est singulière, dit la favorite ; et vraie,
reprit celle qui l'avoit hasardée ; car prenez garde
que pour l'ordinaire un amant est mécontent,
avant que de devenir indiscret, et dès-lors tenté
de se venger en outrant les choses : au-lieu qu'un
bijou parle sans passion, et n'ajoute rien à la
vérité.

« Pour moi, reprit Zelmaïde, je ne suis point
» de cet avis. C'est moins ici l'importance des
» dépositions qui perd le coupable, que la force
» du témoignage. Un amant qui déshonore par ses
» discours l'autel sur lequel il a sacrifié, est une
» espèce d'impie qui ne mérite aucune croyance ;
» mais si l'autel élève la voix, que répondre » ?

Que l'autel ne sait ce qu'il dit, répliqua la
seconde. Monima rompit le silence qu'elle avoit
gardé jusques-là, pour dire d'un ton traîné et
d'un air nonchalant : « Ah ! que mon autel, puis-
» qu'autel y a, parle ou se taise, je ne crains
» rien de ses discours ».

Mangogul entroit à l'instant ; et les dernières

paroles de Monima ne lui échappèrent point. Il tourna sa bague sur elle, et l'on entendit son bijou s'écrier : « N'en croyez rien ; elle ment ». Ses voisines s'entre-regardant, se demandèrent à qui appartenoit le bijou qui venoit de répondre. Ce n'est pas le mien, dit Zelmaïde ; ni le mien, dit une autre ; ni le mien, dit Monima ; ni le mien, dit le sultan. Chacune, et la favorite comme les autres, se tint sur la négative.

Le sultan profitant de cette incertitude, et s'adressant aux dames : « Vous avez donc des » autels, leur dit-il ? Eh bien, comment sont- » ils fêtés » ? Tout en parlant il tourna successivement, mais avec promptitude, sa bague sur toutes les femmes, à l'exception de Mirzoza ; et chaque bijou répondant à son tour, on entendit sur différens tons : « Je suis fréquenté, délabré, » délaissé, parfumé, fatigué, mal servi, en- » nuyé, etc. ». Tous dirent leur mot, mais si brusquement, qu'on n'en put faire au juste l'application. Leur jargon, tantôt sourd et tantôt glapissant, accompagné des éclats de rire de Mangogul et de ses courtisans, fit un bruit d'une espèce nouvelle. Les femmes convinrent, avec un air très-sérieux, que cela étoit fort plaisant. « Com- » ment, dit le sultan ; mais nous sommes trop » heureux que les bijoux veuillent bien parler notre » langue, et faire la moitié des frais de la con- » versation. La société ne peut que gagner in-

finiment à cette duplication d'organes. Nous par-
» lerons aussi peut-être, nous autres hommes,
» par ailleurs que par la bouche. Que sait-on ?
» Ce qui s'accorde si bien avec les bijoux, pour-
» roit être destiné à les interroger et à leur ré-
» pondre : cependant mon anatomiste pense au-
» trement ».

CHAPITRE VIII.

Troisième essai de l'anneau.

LE PETIT SOUPER.

On servit, on soupa, on s'amusa d'abord aux dépens de Monima : toutes les femmes accusoient unanimement son bijou d'avoir parlé le premier ; et elle auroit succombé sous cette ligue, si le sultan n'eût pris sa défense. « Je ne prétends
» point, disoit-il, que Monima soit moins ga-
» lante que Zelmaïde ; mais je crois son bijou
» plus discret. D'ailleurs, lorsque la bouche et
» le bijou d'une femme se contredisent, lequel
» croire » ? Seigneur, répondit un courtisan, j'ignore ce que les bijoux diront par la suite ; mais jusqu'à-présent ils ne se sont expliqués que sur un chapitre qui leur est très-familier. Tant qu'ils auront la prudence de ne parler que de ce qu'ils entendent, je les croirai comme des oracles.

« On pourroit, dit Mirzoza, en consulter de plus
» sûrs ». Madame, reprit Mangogul, quel intérêt auroient ceux-ci de déguiser la vérité ? Il
n'y auroit qu'une chimère d'honneur qui pût les
y porter ; mais un bijou n'a point de ces chimères. Ce n'est pas là le lieu des préjugés. « Une
» chimère d'honneur, dit Mirzoza ! des préjugés !
» Si votre hautesse étoit exposée aux mêmes in-
» conveniens que nous, elle sentiroit que ce qui
» intéresse la vertu n'est rien moins que chimé-
» rique ». Toutes les dames enhardies par la réponse de la sultane, soutinrent qu'il étoit superflu de les mettre à de certaines épreuves ; et
Mangogul, qu'au-moins ces épreuves étoient presque toujours dangereuses.

Ces propos conduisirent au vin de Champagne ;
on s'y livra, on se mit en pointe ; et les bijoux
s'échauffèrent : c'étoit l'instant où Mangogul s'étoit
proposé de recommencer ses malices. Il tourna
sa bague sur une jeune femme fort enjouée, assise assez proche de lui, et placée en face de son
époux ; et l'on entendit s'élever de dessous la table
un bruit plaintif, une voix foible et languissante
qui disoit : « Ah ! que je suis harassé ! Je n'en puis
» plus, je suis sur les dents ». Comment, de par
la Pagode Pongo Sabiam, s'écria Husseim, le bijou
de ma femme parle : et que peut-il dire ?... Nous allons entendre, répondit le sultan... « Prince, vous
» me permettrez de n'être pas du nombre de ses

» auditeurs, répliqua Husseim ; et s'il lui échap-
» poit quelques sottises, votre hautesse pense-
» t-elle.... »? Je pense que vous êtes fou,
répondit le sultan, de vous alarmer pour le caquet
d'un bijou : ne sait-on pas une bonne partie de
ce qu'il pourra dire, et ne devine-t-on pas le
reste ? Asséyez-vous donc, et tâchez de vous
amuser.

Husseim s'assit, et le bijou de sa femme se
mit à jaser comme une pie. « Aurai-je toujours
» ce grand flandrin de Valanto, s'écria-t-il ?
» J'en ai vu qui finissoient, mais celui-ci... »
A ces mots, Husseim se releva comme un furieux, se saisit d'un couteau, s'élança à l'autre
bord de la table, et perçoit le sein de sa femme,
si ses voisins ne l'eussent retenu. « Husseim, lui
» dit le sultan, vous faites trop de bruit ; on
» n'entend rien. Ne diroit-on pas que le bijou
» de votre femme soit le seul qui n'ait pas le
» sens commun ? Et où en seroient ces dames,
» si leurs maris étoient de votre humeur ? Com-
» ment, vous voilà désespéré pour une misérable
» petite aventure d'un Valanto, qui ne finissoit
» pas. Remettez-vous à votre place, prenez votre
» parti en galant homme. Songez à vous obser-
» ver, et à ne pas manquer une seconde fois à
» un prince qui vous admet à ses plaisirs ».

Tandis qu'Husseim, dissimulant sa rage, s'appuyoit sur le dos d'une chaise, les yeux fermés,

et la main appliquée sur le front ; le sultan tournoit subtilement son anneau, et le bijou continuoit : « Je m'accommoderois assez du jeune page
» de Valanto ; mais je ne sais quand il com-
» mencera. En attendant que l'un commence et
» que l'autre finisse, je prends patience avec le
» bramine Egon. Il est hideux, il faut en con-
» venir ; mais son talent est de finir et de re-
» commencer. Oh, qu'un bramine est un grand
» homme » !

Le bijou en étoit à cette exclamation, lorsqu'Husseim rougît de s'affliger pour une femme
qui n'en valoit pas la peine, et se mit à rire avec
le reste de la compagnie ; mais il la gardoit bonne
à son épouse. Le souper finit ; chacun reprit la
route de son hôtel, excepté Husseim, qui conduisit sa femme dans une maison de filles voi-
lées, et l'y renferma. Mangogul instruit de sa
disgrace, la visita. Il trouva toute la maison occupée à la consoler, mais plus encore à lui tirer
le sujet de son exil: « C'est pour une vétille,
» leur disoit-elle, que je suis ici. Hier à souper
» chez le sultan, on avoit fouetté le Champagne,
» sablé le Tockai ; on ne savoit plus guère ce que
» l'on disoit, lorsque mon bijou s'est avisé de ba-
» biller. Je ne sais quels ont été ses propos ; mais
» mon époux en a pris de l'humeur ».

Assurément, madame, il a tort, lui répondoient les nonains ; on ne se fâche point ainsi

pour des bagatelles...... Comment, votre bijou a parlé ! Mais parle-t-il encore ? Ah ! que nous serions charmées de l'entendre ! Il ne peut s'exprimer qu'avec esprit et grace. Elles furent satisfaites ; car le sultan tourna son anneau sur la pauvre recluse, et son bijou les remercia de leurs politesses, leur protestant au demeurant, que, quelque charmé qu'il fût de leur compagnie, il s'accommoderoit mieux de celle d'un bramine.

Le sultan profita de l'occasion pour apprendre quelques particularités de la vie de ces filles. Sa bague interrogea le bijou d'une jeune recluse nommée Cléanthis ; et le bijou prétendu virginal confessa deux jardiniers, un bramine et trois cavaliers ; et raconta comme quoi, à l'aide d'une médecine et de deux saignées, elle avoit évité de donner du scandale. Zéphirine avoua, par l'organe de son bijou, qu'elle devoit au petit commissionnaire de la maison le titre honorable de mère. Mais une chose qui étonna le sultan, c'est que, quoique ces bijoux séquestrés s'expliquassent en termes fort indécens, les vierges à qui ils appartenoient les écoutoient sans rougir ; ce qui lui fit conjecturer que, si l'on manquoit d'exercice dans ces retraites, on y avoit en revanche beaucoup de spéculation.

Pour s'en éclaircir, il tourna son anneau sur une novice de quinze à seize ans. « Flora, ré-
» pondit son bijou, a lorgné plus d'une fois à

» travers la grille un jeune officier. Je suis sûr
» qu'elle avoit du goût pour lui : son petit doigt
» me l'a dit ». Mal en prit à Flora. Les anciennes
la condamnèrent à deux mois de silence et de
discipline ; et ordonnèrent des prières, pour que
les bijoux de la communauté demeurâssent muets.

CHAPITRE IX.

État de l'académie des sciences de Banza.

Mangogul avoit à-peine abandonné les recluses
entre lesquelles je l'avois laissé, qu'il se répandit
à Banza que toutes les filles de la congrégation du
coccix de Brama parloient par le bijou. Ce bruit,
que le procédé violent d'Husseim accréditoit, piqua la curiosité des savans. Le phénomène fut constaté ; et les esprits-forts commencèrent à chercher
dans les propriétés de la matière l'explication d'un
fait qu'ils avoient d'abord traité d'impossible. Le caquet des bijoux produisit une infinité d'excellens ouvrages ; et ce sujet important enfla les recueils des
académies de plusieurs mémoires, qu'on peut regarder comme les derniers efforts de l'esprit humain.

Pour former et perpétuer celle des sciences de
Banza, on avoit appelé, et l'on appeloit sans cesse
ce qu'il y avoit d'hommes éclairés dans le Congo,
le Monoémugi, le Béléguanze et les royaumes
circonvoisins. Elle embrassoit, sous différens titres,

toutes les personnes distinguées dans l'histoire naturelle, la physique, les mathématiques, et la plûpart de celles qui promettoient de s'y distinguer un jour. Cet essain d'abeilles infatigables travailloit sans relâche à la recherche de la vérité; et chaque année le public recueilloit, dans un volume rempli de découvertes, les fruits de leurs travaux.

Elle étoit alors divisée en deux factions, l'une composée des vorticoses, et l'autre des attractionnaires. Olibri, habile géomètre et grand physicien, fonda la secte des vorticoses. Circino, habile physicien et grand géomètre, fut le premier attractionnaire. Olibri et Circino se proposèrent l'un et l'autre d'expliquer la nature. Les principes d'Olibri ont au premier coup-d'œil une simplicité qui séduit : ils satisfont en gros aux principaux phénomènes; mais ils se démentent dans les détails. Quant à Circino, il semble partir d'une absurdité; mais il n'y a que le premier pas qui lui coûte. Les détails minutieux qui ruinent le systême d'Olibri, affermissent le sien. Il suit une route obscure à l'entrée, mais qui s'éclaire à mesure qu'on avance. Celle au contraire d'Olibri, claire à l'entrée, va toujours en s'obscurcissant. La philosophie de celui-ci demande moins d'étude que d'intelligence. On ne peut être disciple de l'autre, sans avoir beaucoup d'intelligence et d'étude. On entre sans préparation dans l'école d'Olibri; tout le monde en a la clef. Celle de Circino n'est ouverte qu'aux premiers géomètres. Les tourbillons d'Olibri sont à la portée de tous les esprits. Les forces centrales de Circino ne sont faites que pour les algébristes du premier ordre. Il y aura donc toujours cent vorticoses contre un attractionnaire; et un attractionnaire vaudra toujours cent vorticoses. Tel étoit aussi l'état de l'académie des sciences de Banza, lorsqu'elle agita la matière des Bijoux indiscrets.

Ce phénomène donnoit peu de prise; il échappoit à l'attraction : la matière subtile n'y venoit guère. Le directeur avoit beau sommer ceux qui avoient quelques idées, de les communiquer; un silence profond régnoit dans l'assemblée. Enfin le vorticose Persiflo, dont on avoit des traités sur une infinité de sujets qu'il n'avoit point entendus, se leva et dit : « Le fait, messieurs, pourroit bien tenir au
» système du monde : je le soupçonnerois d'avoir en
» gros la même cause que les marées. En effet,
» remarquez que nous sommes aujourd'hui dans
» la pleine lune de l'équinoxe ; mais avant que de
» compter sur ma conjecture, il faut entendre ce
» que les bijoux diront le mois prochain ».

On haussa les épaules. On n'osa pas lui représenter qu'il raisonnoit comme un bijou; mais comme il a de la pénétration, il s'apperçut tout-d'un-coup qu'on le pensoit.

L'attractionnaire Réciproco prit la parole, et ajouta : « Messieurs, j'ai des tables déduites d'une

» théorie sur la hauteur des marées dans tous les
» ports du royaume. Il est vrai que les observa-
» tions donnent un peu le démenti à mes calculs ;
» mais j'espère que cet inconvénient sera réparé
» par l'utilité qu'on en tirera, si le caquet des
» bijoux continue de quadrer avec les phénomènes
» du flux et reflux ».

Un troisième se leva, s'approcha de la planche, traça sa figure, et dit : Soit un bijou A. B. et . . . . .

Ici l'ignorance des traducteurs nous a frustrés d'une démonstration, que l'auteur africain nous avoit conservée sans doute. A la suite d'une lacune de deux pages ou environ, on lit : Le raisonnement de Réciproco parut démonstratif; et l'on convint, sur les essais qu'on avoit de sa dialectique, qu'il parviendroit un jour à déduire que les femmes doivent parler aujourd'hui par le bijou, de ce qu'elles ont entendu de tout temps par l'oreille.

Le docteur Orcotome, de la tribu des anatomistes, dit ensuite : Messieurs, j'estime qu'il se-
» roit plus à propos d'abandonner un phénomène,
» que d'en chercher la cause dans des hypothèses
» en l'air. Quant à moi, je me serois tû, si je n'a-
» vois eu que des conjectures futiles à vous pro-
» poser; mais j'ai examiné, étudié, réfléchi. J'ai
» vu des bijoux dans le Paroxisme ; et je suis par-
» venu, à l'aide de la connoissance des parties et
» de l'expérience, à m'assurer que celle, que nous

» appelons en grec le *delphus*, a toutes les pro-
» priétés de la trachée, et qu'il y a des sujets qui
» peuvent parler aussi bien par le bijou que par la
» bouche. Oui, Messieurs, le *delphus* est un ins-
» trument à corde et à vent, mais beaucoup plus
» à corde qu'à vent. L'air extérieur qui s'y porte
» fait proprement l'office d'un archet sur les fibres
» tendineuses des aîles que j'appellerai rubans ou
» cordes vocales. C'est la douce collision de cet
» air et des cordes vocales qui les oblige à frémir;
» et c'est par leurs vibrations plus ou moins promp-
» tes qu'elles rendent différens sons. La personne
» modifie ces sons à discrétion, parle et pourroit
» même chanter ».

« Comme il n'y a que deux rubans ou cordes
» vocales, et qu'elles sont sensiblement de la même
» longueur, on me demandera sans doute com-
» ment elles suffisent pour donner la multitude
» des tons graves et aigus, forts et foibles, dont
» la voix humaine est capable. Je réponds, en sui-
» vant la comparaison de cet organe aux instru-
» mens de musique, que leur allongement et ac-
» courcissement suffisent pour produire ces effets.

« Que ces parties soient capables de distension
» et de contraction, c'est ce qu'il est inutile de
» démontrer dans une assemblée de savans de
» votre ordre ; mais qu'en conséquence de cette
» distension et contraction, le *delphus* puisse
» rendre des sons plus ou moins aigus, en un mot,

» toutes les inflexions de la voix et les tons du
» chant, c'est un fait que je me flatte de mettre
» hors de doute. C'est à l'expérience que j'en ap-
» pellerai. Oui, messieurs, je m'engage à faire
» raisonner, parler, et même chanter devant vous,
» et *delphus* et bijoux ».

Ainsi harangua Orcotome, ne se promettant
pas moins que d'élever les bijoux au niveau des
trachées d'un de ses confrères, dont la jalousie
avoit attaqué vainement les succès.

CHAPITRE X.

Moins savant et moins ennuyeux que le précédent.

Suite de la séance académique.

IL parut, aux difficultés qu'on proposa à Orcotome, en attendant ses expériences, qu'on trouvoit ses idées moins solides qu'ingénieuses. « Si les
» bijoux ont la faculté naturelle de parler, pour-
» quoi, lui dit-on, ont-ils tant attendu pour en
» faire usage ? S'il étoit de la bonté de Brama, à
» qui il a plu d'inspirer aux femmes un si violent
» desir de parler, de doubler en elles les organes
» de la parole ; il est bien étrange qu'elles aient
» ignoré ou négligé si long-temps ce don précieux
» de la nature. Pourquoi le même bijou n'a-t-il

» parlé qu'une fois ? Pourquoi n'ont-ils parlé tous
» que sur la même matière ? Par quel mécanisme
» se fait-il qu'une des bouches se tait forcément,
» tandis que l'autre parle ? D'ailleurs, ajoutoit-
» on, à juger du caquet des bijoux par les cir-
» constances dans lesquelles la plûpart d'entre eux
» ont parlé, et par les choses qu'ils ont dites, il
» y a tout lieu de croire qu'il est involontaire ; et
» que ces parties auroient continué d'être muettes,
» s'il eût été dans la puissance de celles qui les
» portoient de leur imposer silence ».

Orcotome se mit en devoir de satisfaire à ces objections, et soutint que les bijoux ont parlé de tout temps ; mais si bas, que ce qu'ils disoient étoit quelquefois à-peine entendu, même de celles à qui ils appartenoient. Qu'il n'est pas étonnant qu'ils aient haussé le ton de nos jours, qu'on a poussé la liberté de la conversation au point, qu'on peut sans impudence et sans indiscrétion s'entretenir des choses qui leur sont le plus familières. Que s'ils n'ont parlé haut qu'une fois, il ne faut pas en conclure que cette fois sera la seule. Qu'il y a bien de la différence entre être muet et garder le silence. Que s'ils n'ont tous parlé que de la même matière, c'est qu'apparemment c'est la seule dont ils aient des idées. Que ceux qui n'ont point encore parlé, parleront ; que s'ils se taisent, c'est qu'ils n'ont rien à dire, ou qu'ils sont mal conformés, ou qu'ils manquent d'idées ou de termes.

En un mot, continua-t-il, prétendre qu'il étoit de la bonté de Brama d'accorder aux femmes le moyen de satisfaire le desir violent qu'elles ont de parler, en multipliant en elles les organes de la parole, c'est convenir que, si ce bienfait entraînoit à sa suite des inconvéniens, il étoit de sa sagesse de les prévenir ; et c'est ce qu'il a fait, en contraignant une des bouches à garder le silence, tandis que l'autre parle. Il n'est déjà que trop incommode pour nous que les femmes changent d'avis d'un instant à l'autre : qu'eût-ce donc été, si Brama leur eût laissé la facilité d'être de deux sentimens contradictoires en-même-temps ? D'ailleurs, il n'a été donné de parler que pour se faire entendre : or, comment les femmes qui ont bien de la peine à s'entendre avec une seule bouche, se seroient-elles entendues en parlant avec deux ?

Orcotome venoit de répondre à beaucoup de choses ; mais il croyoit avoir satisfait à tout : il se trompoit. On le pressa, et il étoit prêt à succomber, lorsque le physicien Cimonaze le secourut. Alors la dispute devint tumultueuse : on s'écarta de la question, on se perdit, on revint, on se perdit encore, on s'aigrit, on cria, on passa des cris aux injures, et la séance académique finit.

CHAPITRE XI.

Quatriéme essai de l'anneau.

L'ÉCHO.

Tandis que le caquet des bijoux occupoit l'académie, il devint dans les cercles la nouvelle du jour, et la matière du lendemain et de plusieurs autres jours : c'étoit un texte inépuisable. Aux faits véritables on en ajoutoit de faux ; tout passoit : le prodige avoit rendu tout croyable. On vécut dans les conversations plus de six mois là-dessus.

Le sultan n'avoit éprouvé que trois fois son anneau ; cependant on débita dans un cercle de dames qui avoient le tabouret chez la Manimonbanda, le discours d'un bijou d'une présidente, puis celui d'une marquise : ensuite on révéla les pieux secrets d'une dévote ; enfin ceux de bien des femmes qui n'étoient pas là ; et dieu sait les propos qu'on fit tenir à leurs bijoux : les gravelures n'y furent pas épargnées ; des faits on en vint aux réflexions. « Il
» faut avouer, dit une des dames, que ce sorti-
» lège (car c'en est un jetté sur les bijoux) nous
» tient dans un état cruel. Comment ! être toujours
» en appréhension d'entendre sortir de soi une voix
» impertinente » ! Mais, madame, lui répondit une autre, cette frayeur nous étonne de votre part : quand un bijou n'a rien de ridicule à dire,

B *

qu'importe qu'il se taise ou qu'il parle ? «Il importe
» tant, reprit la première, que je donnerois sans
» regret la moitié de mes pierreries, pour être
» assurée que le mien se taira ». En vérité, lui répliqua la seconde, il faut avoir de bonnes raisons
de ménager les gens, pour acheter si cher leur
discrétion. « Je n'en ai pas de meilleures qu'une
» autre, repartit Céphise ; cependant je ne m'en
» dédis pas. Vingt mille écus pour être tranquille,
» ce n'est pas trop ; car je vous dirai franchement
» que je ne suis pas plus sûre de mon bijou que de
» ma bouche : or, il m'est échappé bien des sottises en ma vie. J'entends tous les jours tant d'aventures incroyables dévoilées, attestées, détaillées par des bijoux, qu'en en retranchant les
» trois quarts, le reste suffiroit pour déshonorer.
» Si le mien étoit seulement la moitié aussi menteur
» que tous ceux-là, je serois perdue. N'étoit-ce
» donc pas assez que notre conduite fût en la puissance de nos bijoux, sans que notre réputation
» dépendît encore de leurs discours » ? Quant à
moi, répondit vivement Ismène, sans m'embarquer dans des raisonnemens sans fin, je laisse aller
les choses leur train. Si c'est Brama qui fait parler
les bijoux, comme mon bramine me l'a prouvé, il
ne souffrira point qu'ils mentent : il y auroit de l'impiété à assurer le contraire. Mon bijou peut donc
parler quand et tant qu'il voudra : que dira-t-il,
après tout ?

On entendit alors une voix sourde qui sembloit sortir de dessous terre, et qui répondit comme par écho : « *Bien des choses* ». Ismène ne s'imaginant point d'où venoit la réponse, s'emporta, apostropha ses voisines, et fit durer l'amusement du cercle. Le sultan, ravi de ce qu'elle prenoit le change, quitta son ministre, avec qui il conféroit à l'écart, s'approcha d'elle, et lui dit : « Pre-
» nez garde, madame, que vous n'ayez admis
» autrefois dans votre confidence quelqu'une de
» ces dames, et que leurs bijoux n'aient la malice
» de rappeler des histoires dont le vôtre auroit
» perdu le souvenir ».

En-même-temps, tournant et retournant sa bague à propos, Mangogul établit entre la dame et son bijou, un dialogue assez singulier. Ismène, qui avoit toujours assez bien mené ses petites affaires, et qui n'avoit jamais eu de confidentes, répondit au sultan que tout l'art des médisans seroit ici superflu. « *Peut-être*, répondit la voix
» inconnue ». Comment, peut-être, reprit Ismène piquée de ce doute injurieux ? qu'aurois-je à craindre d'eux ?.... *Tout, s'ils en savoient autant
» que moi* ». Et que savez-vous ? « *Bien des cho-
» ses, vous dis-je* ». Bien des choses ! cela annonce beaucoup, et ne signifie rien. Pourriez-vous en détailler quelques-unes ? « *Sans doute* ». Et dans quel genre encore ? Ai-je eu des affaires de cœur ? « *Non* ». Des intrigues ? des aventures ? « *Tout*

» *justement* ». Et avec qui, s'il vous plaît ? avec des petits-maîtres, des militaires, des sénateurs ? « *Non* ». Des comédiens ? « *Non* ». Vous verrez que ce sera avec mes pages, mes laquais, mon directeur, ou l'aumônier de mon mari. « *Non* ». Monsieur l'imposteur, vous voilà donc à bout ? « *Pas tout-à-fait* ». Cependant je ne vois plus personne avec qui l'on puisse avoir des aventures. Est-ce avant, est-ce après le mariage ; répondez donc, impertinent. « *Ah ! madame, trève d'in-*
» *vectives, s'il vous plaît ; ne forcez point le*
» *meilleur de vos amis à quelques mauvais pro-*
» *cédés* ». Parlez, mon cher ; dites, dites tout ; j'estime aussi peu vos services, que je crains peu votre indiscrétion : expliquez-vous, je vous le permets ; je vous en somme. « *A quoi me rédui-*
» *sez-vous, Isméne*, ajouta le bijou, en poussant
» un profond soupir »? A rendre justice à la vertu.
» *Eh ! bien, vertueuse Ismène, ne vous sou-*
» *vient-il plus du jeune Osmin, du sangiac Zé-*
» *gris, de votre maître de danse Alaziel, de*
» *votre maître de musique Almoura* » ? Ah ! quelle horreur, s'écria Ismène ! j'avois une mère trop vigilante, pour m'exposer à de pareils désordres ; et mon mari, s'il étoit ici, attesteroit qu'il m'a trouvée telle qu'il me désiroit. « *Eh oui,*
» reprit le bijou, *grace au secret d'Alcine, votre*
» *intime* ».

Cela est d'un ridicule si extravagant et si grossier, répondit Ismène, qu'on est dispensée de le repousser. Je ne sais, continua-t-elle, quel est le bijou de ces dames qui se prétend si bien instruit de mes affaires ; mais il vient de raconter des choses dont le mien ignore jusqu'au premier mot. « Madame, lui répondit Céphise, je puis vous » assurer que le mien s'est contenté d'écouter ». Les autres femmes en dirent autant ; et l'on se mit au jeu, sans connoître précisément l'interlocuteur de la conversation que je viens de rapporter.

CHAPITRE XII.

Cinquiéme essai de l'anneau.

LE JEU.

La plûpart des femmes qui faisoient la partie de la Manimonbanda joüoient avec acharnement ; et il ne falloit point avoir la sagacité de Mangogul pour s'en appercevoir. La passion du jeu est une des moins dissimulées ; elle se manifeste, soit dans le gain soit dans la perte, par des symptômes frappans. « Mais d'où leur vient cette fureur, se » disoit-il en lui-même ? comment peuvent-elles » se résoudre à passer les nuits autour d'une table » de pharaon, à trembler dans l'attente d'un as » ou d'un sept ? cette phrénésie altère leur santé » et leur beauté, quand elles en ont ; sans comp-

» ter les désordres où je suis sûr qu'elle les pré-
» cipite. J'aurois bien envie, dit-il tout bas à
» Mirzoza, de faire encore ici un coup de ma
» tête ». Et quel est ce beau coup de tête que vous
méditez, lui demanda la favorite ? « Ce seroit,
» lui répondit Mangogul, de tourner mon an-
» neau sur la plus effrenée de ces brelandières, de
» questionner son bijou, de transmettre par cet
» organe un bon avis à tous ces maris imbécilles
» qui laissent risquer à leurs femmes l'honneur et
» la fortune de leur maison, sur une carte ou sur
» un dé ».

Je goûte fort cette idée, lui repliqua Mirzoza ;
mais sachez, prince, que la Manimonbanda vient
de jurer par ses Pagodes, qu'il n'y auroit plus de
cercle chez elle, si elle se trouvoit encore une
fois exposée à l'impudence des Engastrimuthes.
» Comment avez-vous dit, délices de mon ame,
» interrompit, le sultan » ? J'ai dit, lui répondit
la favorite, le nom que la pudique Manimonbanda
donne à toutes celles dont les bijoux savent parler.
« Il est de l'invention de son sot de bramine, qui
» se pique de savoir le grec et d'ignorer le con-
» geois, repliqua le sultan : cependant, n'en dé-
» plaise à la Manimonbanda et à son chapelain, je
» desirerois interroger le bijou de Manille ; et il
» seroit à propos que l'interrogatoire se fît ici,
» pour l'édification du prochain ». Prince, si vous
m'en croyez, dit Mirzoza, vous épargnerez ce

désagrément à la grande sultane : vous le pouvez sans que votre curiosité ni la mienne y perdent. Que ne vous transportez-vous chez Manille. « J'irai, puisque vous le voulez, dit Mangogul ». Mais à quelle heure, lui demanda la sultane ? « Sur le minuit, répondit le sultan ». A minuit elle joue, dit la favorite. « J'attendrai donc jusqu'à deux heu-
» res, reprit Mangogul ». Prince, vous n'y pen-
» sez pas, repliqua Mirzoza : c'est la plus belle heure du jour pour les joueuses. Si votre hautesse m'en croit, elle prendra Manille dans son premier somme, entre sept et huit.

Mangogul suivit le conseil de Mirzoza, et visita Manille sur les sept heures. Ses femmes alloient la mettre au lit. Il jugea, à la tristesse qui régnoit sur son visage, qu'elle avoit joué de malheur : elle alloit, venoit, s'arrêtoit, levoit les yeux au ciel, frappoit du pied, s'appuyoit les poings sur les yeux, et marmottoit entre ses dents quelque chose que le sultan ne put entendre. Ses femmes, qui la déshabilloient, suivoient en tremblant tous ses mouvemens ; et si elles parvinrent à la coucher, ce ne fut pas sans en avoir essuyé des brusqueries, et même pis. Voilà donc Manille au lit, n'ayant fait pour toute prière du soir que quelques imprécations contre un maudit as venu sept fois de suite en perte. Elle eut à peine les yeux fermés, que Mangogul tourna sa bague sur elle. A l'instant son bijou s'écria douloureusement : « Pour le coup je

» suis repic et capot ». Le sultan sourit de ce que chez Manille tout parloit jeu, jusqu'à son bijou. « Non, continua le bijou, je ne jouerai jamais
» contre Abidul; il ne sait que tricher. Qu'on ne
» me parle plus de Darès; on risque avec lui des
» coups de malheur. Ismal est assez beau joueur;
» mais ne l'a pas qui veut. C'étoit un trésor que
» Mazulim, avant que d'avoir passé par les mains
» de Crissa. Je ne connois point de joueur plus
» capricieux que Zulmis. Rica l'est moins ; mais
» le pauvre garçon est à sec. Que faire de Lazuli?
» la plus jolie femme de Banza ne lui feroit pas
» jouer gros. Le mince joueur que Molli! en vé-
» rité la désolation s'est mise parmi les joueurs;
» et bientôt l'on ne saura plus avec qui faire sa
» partie ».

Après cette jérémiade, le bijou se jeta sur les coups singuliers dont il avait été témoin, et s'épuisa sur la constance et les ressources de sa maîtresse dans les revers. « Sans moi, dit-il, Manille se
» seroit ruinée vingt fois : tous les trésors du sul-
» tan n'auroient point acquitté les dettes que j'ai
» payées. En une séance au breland, elle perdit
» contre un financier et un abbé plus de dix mille
» ducats : il ne lui restoit que ses pierreries ; mais
» il y avoit trop peu de temps que son mari les
» avoit dégagées, pour oser les risquer. Cependant
» elle avoit pris des cartes, et il lui étoit venu un
» de ces jeux séduisans que la fortune vous envoie

» lorsqu'elle est sur le point de vous égorger : on
» la pressoit de parler. Manille regardoit ses cartes,
» mettoit la main dans sa bourse, d'où elle étoit
» bien certaine de ne rien tirer ; revenoit à son
» jeu, l'examinoit encore, et ne décidoit rien ».
» Madame va-t-elle enfin ? lui dit le financier.
« Oui, va, dit-elle... va... va, mon bijou ». Pour
combien, reprit Turcarès ? « Pour cent ducats,
» dit Manille ». L'abbé se retira; le bijou lui parut
trop cher : Turcarès topa : Manille perdit, et paya.

« La sotte vanité de posséder un bijou titré pi-
» qua Turcarès : il s'offrit de fournir au jeu de ma
» maîtresse, à condition que je servirois à ses
» plaisirs : ce fut aussi-tôt une affaire arrangée.
» Mais comme Manille jouoit gros, et que son
» financier n'étoit pas inépuisable, nous vîmes
» bientôt le fond de ses coffres.

« Ma maîtresse avoit apprêté le pharaon le plus
» brillant : tout son monde étoit invité : on ne de-
» voit ponter qu'aux ducats. Nous comptions sur
» la bourse de Turcarès ; mais le matin de ce grand
» jour, ce faquin nous écrivit qu'il n'avoit pas un
» sol, et nous laissa dans le dernier des embarras :
» il falloit s'en tirer ; il n'y avoit pas un moment
» à perdre. Nous nous rabattîmes sur un vieux
» chef de bramines, à qui nous vendîmes bien cher
» quelques complaisances qu'il sollicitoit depuis
» un siècle. Cette séance lui coûta deux fois le re-
» venu de son bénéfice.

Bij. indisc.   C

« Cependant Turcarès revint au bout de quel-
» ques jours. Il étoit désespéré, disoit-il, que
» madame l'eût pris au dépourvu : il comptoit
» toujours sur ses bontés. Mais vous comptez mal,
» mon cher, lui répondit Manille ; décemment je
» ne peux plus vous recevoir. Quand vous étiez
» en état de prêter, on savoit dans le monde pour-
» quoi je vous souffrois ; mais à-présent que vous
» n'êtes bon à rien, vous me perdriez d'honneur.

« Turcarès fut piqué de ce discours, et moi
» aussi ; car c'étoit peut-être le meilleur garçon
» de Banza. Il sortit de son assiette ordinaire, pour
» faire entendre à Manille qu'elle lui coûtoit plus
» que trois filles d'opéra qui l'auroient amusé da-
» vantage. Ah ! s'écrioit-il douloureusement, que
» ne m'en tenois-je à ma petite lingère ! cela m'ai-
» moit comme une folle : je la faisois si aise avec
» un taffetas ! Manille, qui ne goûtoit pas les com-
» paraisons, l'interrompit d'un ton à le faire trem-
» bler, et lui ordonna de sortir sur-le-champ.
» Turcarès la connoissoit ; et il aima mieux s'en
» retourner paisiblement par l'escalier, que de
» passer par les fenêtres.

« Manille emprunta dans la suite d'un autre
» bramine qui venoit, disoit-elle, la consoler dans
» ses malheurs : l'homme saint succéda au finan-
» cier ; et nous le remboursâmes de ses consola-
» tions en même monnoie. Elle me perdit encore
» d'autres fois ; et l'on sait que les dettes du

» jeu sont les seules qu'on paye dans le monde.
« S'il arrive à Manille de jouer heureusement,
» c'est la femme du Congo la plus régulière. A
» son jeu près, elle met dans sa conduite une ré-
» forme qui surprend ; on ne l'entend point jurer ;
» elle fait bonne chère, paie sa marchande de
» modes et ses gens, donne à ses femmes, dégage
» quelquefois ses nipes, et caresse son danois et
» son époux ; mais elle hasarde trente fois par
» mois ces heureuses dispositions et son argent
» sur un as de pique. Voilà la vie qu'elle a menée,
» qu'elle menera ; et Dieu sait combien de fois
» encore je serai mis en gage ».

Ici le bijou se tut, et Mangogul alla se reposer.
On l'éveilla sur les cinq heures du soir ; et il se
rendit à l'opéra, où il avoit promis à la favorite
de se trouver.

CHAPITRE XIII.

De l'opéra de Banza.

Sixième essai de l'anneau.

DE tous les spectacles de Banza, il n'y avoit que
l'opéra qui se soutînt. Utmiutsol et Uremifasola-
siututut, musiciens célèbres, dont l'un commençoit à vieillir, et l'autre ne faisoit que de naître,
occupoient alternativement la scène lyrique. Ces

deux auteurs originaux avoient chacun leurs partisans : les ignorans et les barbons tenoient tous pour Utmiutsol; la jeunesse et les virtuoses étoient pour Uremifasolasiutututut; et les gens de goût, tant jeunes que barbons, faisoient grand cas de tous les deux.

Uremifasolasiutututut, disoient ces derniers, est excellent lorsqu'il est bon; mais il dort de temps en temps : et à qui cela n'arrive-t-il pas ? Utmiutsol est plus soutenu, plus égal : il est rempli de beautés; cependant il n'en a point dont on ne trouve des exemples, et même plus frappans, dans son rival, en qui l'on remarque des traits qui lui sont propres, et qu'on ne rencontre que dans ses ouvrages. Le vieux Utmiutsol est simple, naturel, uni, trop uni quelquefois : et c'est sa faute. Le jeune Uremifasolasiutututut est singulier, brillant, composé, savant, trop savant quelquefois : mais c'est peut-être la faute de son auditeur; l'un n'a qu'une ouverture, belle à-la-vérité, mais répétée à la tête de toutes ses pièces; l'autre a fait autant d'ouvertures que de pièces; et toutes passent pour des chefs-d'œuvre. La nature conduisoit Utmiutsol dans les voies de la mélodie; l'étude et l'expérience ont découvert à Uremifasolasiutututut les sources de l'harmonie. Qui sut déclamer, et qui récitera jamais comme l'ancien ? qui nous fera des ariettes légères, des airs voluptueux, et des symphonies de caractère comme le moderne ? Utmiutsol a seul entendu le

dialogue. Avant Uremifasolasiutututut, personne n'avoit distingué les nuances délicates qui séparent le tendre du voluptueux, le voluptueux du passionné, le passionné du lascif : quelques partisans de ce dernier prétendent même que, si le dialogue d'Utmiutsol est supérieur au sien, c'est moins à l'inégalité de leurs talens qu'il faut s'en prendre, qu'à la différence des poètes qu'ils ont employés.....
» Lisez, lisez, s'écrient-ils, la scène de Dardanus ;
» et vous serez convaincu que si l'on donne de
» bonnes paroles à Uremifasolasiutututut, les scè-
» nes charmantes d'Utmiutsol renaîtront ». Quoi qu'il en soit, de mon temps toute la ville couroit aux tragédies de celui-ci, et l'on s'étouffoit aux balets de celui-là.

On donnoit alors à Banza un excellent ouvrage d'Uremifasolasiutututut, qu'on n'auroit jamais représenté qu'en bonnet de nuit, si la sultane favorite n'eût eu la curiosité de le voir : encore l'indisposition périodique des bijoux favorisa-t-elle la jalousie des petits violons, et fit-elle manquer l'actrice principale. Celle qui la doubloit avoit la voix moins belle ; mais comme elle dédommageoit par son jeu, rien n'empêcha le sultan et la favorite d'honorer ce spectacle de leur présence.

Mirzoza étoit arrivée ; Mangogul arrive ; la toile se lève : on commence. Tout alloit à merveille ; la Chevalier avoit fait oublier la le Maure, et l'on en étoit au quatrième acte, lorsque le sultan s'avisa, dans le milieu d'un chœur qui duroit trop, à son gré, et qui avoit déjà fait bâiller deux fois la favorite, de tourner sa bague sur toutes les chanteuses. On ne vit jamais sur la scène un tableau d'un comique plus singulier. Trente filles restèrent muettes tout-à-coup : elles ouvroient de grandes bouches, et gardoient les attitudes théâtrales qu'elles avoient auparavant. Cependant leurs bijoux s'égosilloient à force de chanter, celui-ci un pont-neuf, celui-là un vaudeville polisson, un autre une parodie fort indécente, et tous des extravagances relatives à leurs caractères. On entendoit d'un côté, *oh vraiment ma commère oui* : de l'autre, *quoi douze fois !* Ici, *qui me baise ? est-ce Blaise ?* Là, *rien, père Cyprien, ne vous retient.* Tous enfin se montèrent sur un ton si haut, si baroque et si fou, qu'ils formèrent le chœur le plus extraordinaire, le plus bruyant et le plus ridicule qu'on eût entendu devant et depuis celui des.... no.... d.... on.... (Le manuscrit s'est trouvé corrompu dans cet endroit.)

Cependant l'orchestre alloit toujours son train ; et les ris du parterre, de l'amphithéâtre et des loges se joignirent au bruit des instrumens, et aux chants des bijoux, pour combler la cacophonie.

Quelques-unes des actrices, craignant que leurs bijoux, las de frédonner des sottises, ne prissent le parti d'en dire, se jetèrent dans les coulisses ; mais elles en furent quittes pour la peur. Mangogul, persuadé que le public n'en apprendroit rien de nouveau, retourna sa bague. Aussi-tôt les bijoux se turent, les ris cessèrent, le spectacle se calma, la pièce reprit, et s'acheva paisiblement. La toile tomba; la sultane et le sultan disparurent; et les bijoux de nos actrices se rendirent où ils étoient attendus, pour s'occuper à autre chose qu'à chanter.

Cette aventure fit grand bruit. Les hommes en rioient, les femmes s'en alarmoient, les bonzes s'en scandalisoient, et la tête en tournoit aux académiciens. Mais qu'en disoit Orcotome? Orcotome triomphoit. Il avoit annoncé dans un de ses mémoires, que les bijoux chanteroient infailliblement; ils venoient de chanter : et ce phénomène qui déroutoit ses confrères, étoit un nouveau trait de lumière pour lui, et achevoit de confirmer son système.

CHAPITRE XIV.

Expériences d'Orcotome.

C'étoit le quinze de la lune de..... qu'Orcotome avoit lu son mémoire à l'académie, et communiqué ses idées sur le caquet des bijoux. Comme il y annonçoit de la manière la plus assurée des expériences infaillibles, répétées plusieurs fois, et toujours avec succès, le grand nombre en fut ébloui. Le public conserva quelque temps les impressions favorables qu'il avoit reçues, et Orcotome passa pendant six semaines entières pour avoir fait d'assez belles découvertes.

Il n'étoit question, pour achever son triomphe, que de répéter en présence de l'académie les fameuses expériences qu'il avoit tant pronées. L'assemblée convoquée à ce sujet fut des plus brillantes. Les ministres s'y rendirent : le sultan même ne dédaigna pas de s'y trouver ; mais il garda l'invisible.

Comme Mangogul étoit grand faiseur de monologues, et que la futilité des conversations de son temps l'avoit entiché de l'habitude du soliloque : « Il faut, disoit-il en lui-même, qu'Orco» tome soit un fieffé charlatan, ou le génie, mon » protecteur, un grand sot. Si l'académicien, qui » n'est assurément pas un sorcier, peut rendre » la parole à des bijoux morts, le génie qui me » protège avoit grand tort de faire un pacte, et » de donner son âme au diable pour la commu» niquer à des bijoux pleins de vie ».

Mangogul s'embarrassoit dans ses réflexions, lorsqu'il se trouva dans le milieu de son académie. Orcotome eut, comme on voit, pour spectateurs, tout ce qu'il y avoit à Banza de gens éclairés sur la matière des bijoux. Pour être content de son auditoire, il ne lui manqua que de le contenter : mais le succès de ses expériences fut des plus malheureux. Orcotome prenoit un bijou, y appliquoit la bouche, souffloit à perte d'haleine, le quittoit, le reprenoit, en essayoit un autre ; car il en avoit apporté de tout âge, de toute grandeur, de tout état, de toute couleur : mais il avoit beau souffler, on n'entendoit que des sons inarticulés, et fort différens de ceux qu'il promettoit.

Il se fit alors un murmure qui le déconcerta pour un moment ; mais il se remit, et allégua que de pareilles expériences ne se faisoient pas aisément devant un si grand nombre de personnes ; et il avoit raison.

Mangogul indigné se leva, partit et reparut en un clin-d'œil chez la sultane favorite. « Eh bien ! prince,
» lui dit-elle en l'appercevant, qui l'emporte de
» vous ou d'Orcotome ? Car ses bijoux ont fait
» merveilles, il n'en faut pas douter ». Le sultan fit quelques tours en long et en large, sans lui répondre. « Mais, reprit la favorite, votre hautesse
» me paroît mécontente. = Ah ! madame, ré-
» pliqua le sultan, la hardiesse de cet Orcotome
» est incomparable. Qu'on ne m'en parle plus...
» Que direz-vous, races futures, lorsque vous ap-
» prendrez que le grand Mangogul faisoit cent
» mille écus de pension à de pareils gens ; tandis
» que de braves officiers qui avoient arrosé de
» leur sang les lauriers qui lui ceignoient le front,
» en étoient réduits à quatre cents livres de

» rente?... Ah! ventre-bleu, j'enrage. J'ai pris
» de l'humeur pour un mois ».

En cet endroit Mangogul se tut, et continua de se promener dans l'appartement de la favorite. Il avoit la tête baissée; il alloit, venoit, s'arrêtoit, et frappoit de temps en temps du pied. Il s'assit un instant, se leva brusquement, prit congé de Mirzoza, oublia de la baiser, et se retira dans son appartement.

L'auteur africain, qui s'est immortalisé par l'histoire des hauts et merveilleux faits d'Erguebzed et de Mangogul, continue en ces termes:

A la mauvaise humeur de Mangogul, on crut qu'il alloit bannir tous les savans de son royaume. Point du tout. Le lendemain il se leva gai, fit une course de bague dans la matinée, soupa le soir avec ses favoris et la Mirzoza, sous une magnifique tente dressée dans les jardins du serrail, et ne parut jamais moins occupé d'affaires d'état.

Les esprits chagrins, les frondeurs du Congo, et les nouvellistes de Banza, ne manquèrent pas de reprendre cette conduite. Et que ne reprennent pas ces gens-là? « Est-ce là, disoient-ils dans
» les promenades et les cafés, est-ce là gouver-
» ner un état? Avoir la lance au poing tout le
» jour, et passer les nuits à table! Ah! si j'étois
» sultan », s'écrioit un petit sénateur ruiné par le jeu, séparé d'avec sa femme, et dont les enfans avoient la plus mauvaise éducation du monde;

« si j'étois sultan, je rendrois le Congo bien au-
» trement florissant. Je voudrois être la terreur
» de mes ennemis et l'amour de mes sujets. En
» moins de six mois je remettrois en vigueur la
» police, les loix, l'art militaire et la marine.
» J'aurais cent vaisseaux de haut-bord. Nos landes
» seroient bientôt défrichées, et nos grands che-
» mins réparés. J'abolirois, ou du-moins je di-
» minuerois de moitié les impôts. Pour les pen-
» sions, messieurs les beaux esprits, vous n'en
» tâteriez, ma foi, que d'une dent. De bons
» officiers, Pongo Sabiam, de bons officiers, de
» vieux soldats, des magistrats comme nous
» autres, qui consacrons nos travaux et nos veilles
» à rendre aux peuples la justice ; voilà les hommes
» sur qui je répandrois mes bienfaits ».

« Ne vous souvient-il plus, messieurs », ajoutoit d'un ton capable un vieux politique édenté,
en cheveux plats, en pourpoint percé par le coude,
et en manchettes déchirées, « de notre grand em-
» pereur Abdelmalec, de la dynastie des Abyssins,
» qui régnoit il y a deux mille trois cents octante
» et cinq ans ? Ne vous souvient-il plus comme
» quoi il fit empaler deux astronomes, pour s'être
» mécomptés de trois minutes dans la prédiction
» d'une éclipse, et disséquer tout vif son chirur-
» gien et son premier médecin, pour lui avoir
» ordonné de la manne à contre-temps » ?

« Et puis je vous demande, continuoit un autre,

» à quoi bon tous ces bramines oisifs, cette ver-
» mine qu'on engraisse de notre sang ? Les ri-
» chesses immenses, dont ils regorgent, ne con-
» viendroient-elles pas mieux à d'honnêtes gens
» comme nous » ?

« On entendoit d'un autre côté : « Connois-
» soit-on il y a quarante ans la nouvelle cuisine
» et les liqueurs de Lorraine ? On s'est précipité
» dans un luxe qui annonce la destruction pro-
» chaine de l'empire, suite nécessaire du mé-
» pris des Pagodes et de la dissolution des mœurs.
» Dans le temps qu'on ne mangeoit à la table
» du grand Kanoglou que des grosses viandes, et
» que l'on n'y buvoit que du sorbet, quel cas
» auroit-on fait des découpures, des vernis de
» Martin, et de la musique de Rameau ? Les filles
» d'opéra n'étoient pas plus inhumaines que de
» nos jours, mais on les avoit à bien meilleur prix.
» Le prince, voyez-vous, gâte bien des choses.
» Ah ! si j'étois sultan » !

Si tu étois sultan, répondit vivement un vieux
militaire qui étoit échappé aux dangers de la bataille de Fontenoy, et qui avoit perdu un bras à
côté de son prince à la journée de Laufelt, tu
ferois plus de sottises encore que tu n'en débites.
Eh ! mon ami, tu ne peux modérer ta langue,
et tu veux régir un empire ! tu n'as pas l'esprit
de gouverner ta famille, et tu te mêles de régler
l'état ! Tais-toi, malheureux. Respecte les puis-

sances de la terre, et remercie les dieux de t'avoir donné la naissance dans l'empire et sous le règne d'un prince, dont la prudence éclaire ses ministres, et dont le soldat admire la valeur ; qui s'est fait redouter de ses ennemis et chérir de ses peuples, et à qui l'on ne peut reprocher que la modération avec laquelle tes semblables sont traités sous son gouvernement.

CHAPITRE XV.

Les Bramines.

LORSQUE les savans se furent épuisés sur les bijoux, les bramines s'en emparèrent. La religion revendiqua leur caquet comme une matière de sa compétence, et ses ministres prétendirent que le doigt de Brama se manifestoit dans cette œuvre.

Il y eut une assemblée générale de pontifes ; et il fut décidé qu'on chargeroit les meilleures plumes de prouver en forme que l'événement étoit surnaturel, et qu'en attendant l'impression de leurs ouvrages, on le soutiendroit dans les thèses, dans les conversations particulières, dans la direction des âmes, et dans les harangues publiques.

Mais s'ils convinrent unanimement que l'événement étoit surnaturel, cependant, comme on admettoit dans le Congo deux principes, et qu'on y professoit une espèce de Machéïsme, ils se divisèrent entre eux sur celui des deux principes à qui l'on devoit rapporter le caquet des bijoux.

Ceux qui n'étoient guère sortis de leurs cellules, et qui n'avoient jamais feuilleté que leurs livres, attribuèrent le prodige à Brama. « Il n'y » a que lui disoient-ils, qui puisse interrompre » l'ordre de la nature; et les temps feront voir » qu'il a en tout ceci des vues très-profondes ».

Ceux, au contraire, qui fréquentoient les alcoves, et qu'on surprenoit plus souvent dans une ruelle, qu'on ne les trouvoit dans leurs cabinets, craignant que quelques bijoux indiscrets ne dévoilassent leur hypocrisie, accusèrent de leur caquet Cadabra, divinité malfaisante, ennemie jurée de Brama et de ses serviteurs.

Ce dernier système souffroit de terribles objections, et ne tendoit pas si directement à la réformations des mœurs. Ses défenseurs même ne s'en imposoient point là-dessus. Mais il s'agissoit de se mettre à couvert; et pour en venir à bout, la religion n'avoit point de ministre qui n'eût sacrifié cent fois les Pagodes et leurs autels.

Mangogul et Mirzoza assistoient régulièrement au service religieux de Brama; et tout l'empire en étoit informé par la gazette. Ils s'étoient rendus dans la grande mosquée, un jour qu'on y célébroit une des solemnités principales. Le bramine chargé d'expliquer la loi, monta dans la tribune aux harangues, débita au sultan et à la favorite des phrases, des complimens et de l'ennui, et pérora fort éloquemment sur la manière de s'asseoir orthodoxement dans les compagnies. Il en avoit démontré la nécessité par des autorités sans nombre, quand, saisi tout-à-coup d'un saint enthousiasme, il prononça cette tirade, qui fit d'autant plus d'effet qu'on ne s'y attendoit point.

« Qu'entends-je dans tous les cercles ? Un mur-
» mure confus, un bruit inouï vient frapper mes
» oreilles. Tout est perverti; et l'usage de la pa-
» role, que la bonté de Brama avoit jusqu'à pré-
» sent affecté à la langue, est, par un effet de sa ven-
» geance, transporté à d'autres organes. Et quels
» organes ? vous le savez, messieurs. Falloit-il en-
» core un prodige pour te réveiller de ton assoupis-
» sement, peuple ingrat; et tes crimes n'avoient-ils
» pas assez de témoins, sans que leurs principaux
» instrumens élevassent la voix ? Sans doute leur
» mesure est comblée, puisque le courroux du ciel
» a cherché des châtimens nouveaux. En vain tu
» t'enveloppois dans les ténèbres; tu choisissois en
» vain des complices muets : les entends-tu main-
» tenant ? Ils ont de toutes parts déposé contre toi,
» et révélé ta turpitude à l'univers. O toi qui les
» gouvernes par ta sagesse ! ô Brama ! tes jugemens
» sont équitables. Ta loi condamne le larcin, le
» parjure, le mensonge et l'adultère; elle proscrit
» et les noirceurs de la calomnie, et les brigues de

» l'ambition, et les fureurs de la haine, et les arti-
» fices de la mauvaise foi. Tes fidèles ministres
» n'ont cessé d'annoncer ces vérités à tes enfans,
» et de les menacer des châtimens que tu réservois
» dans ta juste colère aux prévaricateurs ; mais en
» vain : les insensés se sont livrés à la fougue de
» leurs passions ; ils en ont suivi le torrent; ils ont
» méprisé nos avis ; ils ont ri de nos menaces ; ils
» ont traité nos anathêmes de vains ; leurs vices se
» sont accrus, fortifiés, multipliés ; la voix de leur
» impiété est montée jusqu'à toi ; et nous n'avons
» pu prévenir le fléau redoutable dont tu les as
» frappés. Après avoir long-temps imploré ta mi-
» séricorde, louons maintenant ta justice. Acca-
» blés sous tes coups, sans doute ils reviendront
» à toi, et reconnoîtront la main qui s'est appe-
» santie sur eux. Mais, ô prodige de dureté ! ô
» comble de l'aveuglement ! ils ont imputé l'effet
» de ta puissance au mécanisme aveugle de la na-
» ture. Ils ont dit dans leurs cœurs : Brama n'est
» point. Toutes les propriétés de la matière ne
» nous sont pas connues ; et la nouvelle preuve de
» son existence n'en est qu'une de l'ignorance et
» de la crédulité de ceux qui nous l'opposent. Sur
» ce fondement ils ont élevé des systêmes, imaginé
» des hypothèses, tenté des expériences ; mais du
» haut de sa demeure éternelle, Brama a ri de leurs
» vains projets. Il a confondu la science audacieuse ;
» et les bijoux ont brisé, comme le verre, le frein

» impuissant qu'on opposoit à leur loquacité. Qu'ils
» confessent donc, ces vers orgueilleux, la foiblesse
» de leur raison, et la vanité de leurs efforts. Qu'ils
» cessent de nier l'existence de Brama, ou de fixer
» des limites à sa puissance. Brama est, il est tout-
» puissant; et il ne se montre pas moins clairement
» à nous dans ses terribles fléaux que dans ses
» faveurs ineffables.

« Mais qui les a attirés sur cette malheureuse
» contrée, ces fléaux ? Ne sont-ce pas tes injusti-
» ces, homme avide et sans foi ! Tes galanteries
» et tes folles amours, femme mondaine et sans
» pudeur ! Tes excès et tes débordemens honteux,
» voluptueux infame ! Ta dureté pour nos monas-
» tères, avare ! Tes injustices, magistrat vendu à
» la faveur ! Tes usures, négociant insatiable ! Ta
» mollesse et ton irréligion, courtisan impie et ef-
» féminé !

« Et vous, sur qui cette plaie s'est particulière-
» ment répandue, femmes et filles plongées dans
» le désordre ; quand, renonçant aux devoirs de
» notre état, nous garderions un silence profond
» sur vos déréglemens, vous portez avec vous une
» voix plus importune que la nôtre ; elle vous suit,
» et par-tout elle vous reprochera vos desirs im-
» purs, vos attachemens équivoques, vos liaisons
» criminelles, tant de soins pour plaire, tant d'ar-
» tifices pour engager, tant d'adresse pour fixer,
» et l'impétuosité de vos transports, et les fureurs

» de votre jalousie. Qu'attendez-vous donc pour
» secouer le joug de Cadabra, et rentrer sous les
» douces loix de Brama ? Mais revenons à notre
» sujet. Je vous disois donc que les mondains s'as-
» séyent hérétiquement pour neuf raisons; la pre-
» mière, etc. »

Ce discours fit des impressions fort différentes. Mangogul et la sultane, qui seuls avoient le secret de l'anneau, trouvèrent que le bramine avoit aussi heureusement expliqué le caquet des bijoux par le secours de la religion, qu'Orcotome par les lumières de la raison. Les femmes et les petits maîtres de la cour dirent que le sermon étoit séditieux, et le prédicateur un visionnaire. Le reste de l'auditoire le regarda comme un prophète, versa des larmes, se mit en prières, se flagella même, et ne changea point de vie.

Il en fut bruit jusques dans les cafés. Un bel-esprit décida que le bramine n'avoit qu'effleuré la question, et que sa pièce n'étoit qu'une déclamation froide et maussade; mais au jugement des dévotes et des illuminés, c'étoit le morceau d'éloquence le plus solide qu'on eût prononcé dans les temples depuis un siècle. Au mien, le bel-esprit et les dévotes avoient raison.

CHAPITRE XVI.

Vision de Mangogul.

Ce fut au milieu du caquet des bijoux qu'il s'éleva un autre trouble dans l'empire ; ce trouble fut causé par l'usage du penum, ou du petit morceau de drap qu'on appliquoit aux moribonds. L'ancien rite ordonnoit de le placer sur la bouche. Des réformateurs prétendirent qu'il falloit le mettre au derrière. Les esprits s'étoient échauffés. On étoit sur le point d'en venir aux mains, lorsque le sultan, auquel les deux partis en avoient appelé, permit, en sa présence, un colloque entre les plus savans de leurs chefs. L'affaire fut profondément discutée. On allégua la tradition, les livres sacrés, et leurs commentateurs. Il y avoit de grandes raisons et de puissantes autorités des deux côtés. Mangogul, perplexe, renvoya l'affaire à huitaine. Ce terme expiré, les sectaires et leurs antagonistes reparurent à son audience. « Pontifes, et vous
» prêtres, asséyez-vous, leur dit-il. Pénétré de
» l'importance du point de discipline qui vous di-
» vise, depuis la conférence qui s'est tenue au
» pied de notre trône, nous n'avons cessé d'im-
» plorer les lumières d'en-haut. La nuit dernière,
» à l'heure à laquelle Brama se plaît à se commu-
» niquer aux hommes qu'il chérit, nous avons eu

» une vision ; il nous a semblé entendre l'entretien
» de deux graves personnages, dont l'un croyoit
» avoir deux nez au milieu du visage, et l'autre
» deux trous au cul ; et voici ce qu'ils se disoient.
» Ce fut le personnage aux deux nez qui parla le
» premier.

« Porter à tout moment la main à son derrière,
» voilà un tic bien ridicule ».... Il est vrai....
« Ne pourriez-vous pas vous en défaire »....Pas
plus que vous de vos deux nez....« Mais mes
» deux nez sont réels ; je les vois, je les touche ;
» et plus je les vois et les touche, plus je suis
» convaincu que je les ai ; au-lieu que, depuis
» dix ans que vous vous tâtez, et que vous vous
» trouvez le cul comme un autre, vous auriez dû
» vous guérir de votre folie »....Ma folie ! Allez,
l'homme aux deux nez ; c'est vous qui êtes fou...
« Point de querelle. Passons, passons : je vous ai
» dit comment mes deux nez m'étoient venus.
» Racontez-moi l'histoire de vos deux trous, si
» vous vous en souvenez »....Si je m'en souviens;
cela ne s'oublie pas. C'étoit le trente-un du mois,
entre une heure et deux du matin... «Eh bien...»!
Permettez, s'il vous plaît. Je crains ; non. Si je
sais un peu d'arithmétique, il n'y a précisément
que ce qu'il faut.... « Cela est bien étrange ! cette
» nuit donc....»? Cette nuit j'entendis une voix
qui ne m'étoit pas inconnue, et qui crioit : *A moi !
à moi !* Je regarde, et je vois une jeune créature

effrayée, échevelée, qui s'avançoit à toutes jambes de mon côté. Elle étoit poursuivie par un vieillard violent et bourru. A juger du personnage par son accoutrement, et par l'outil dont il étoit armé, c'étoit un menuisier. Il étoit en culotte et en chemise. Il avoit les manches de sa chemise retroussées jusqu'aux coudes, les bras nerveux, le teint bazanné, le front ridé, le menton barbu, les joues boursoufflées, l'œil étincelant, la poitrine velue, et la tête couverte d'un bonnet pointu.... « Je le vois.... » La femme qu'il étoit sur le point d'atteindre, continuoit de crier : *A moi ! à moi !* et le menuisier disoit en la poursuivant : « Tu as beau
» fuir. Je te tiens ; il ne sera pas dit que tu sois la
» seule qui n'en ait point. De par tous les diables,
» tu en auras un comme les autres ». A l'instant la malheureuse fait un faux pas, et tombe à plat sur le ventre, se renforçant de crier : *A moi ! à moi !* et le menuisier ajoutant : « Crie, crie tant que
» tu voudras ; tu en auras un, grand ou petit ;
» c'est moi qui t'en réponds ». A l'instant il lui relève les cotillons, et lui met le derrière à l'air. Ce derrière blanc comme la neige, gras, ramassé, arrondi, joufflu, potelé, ressembloit, comme deux gouttes d'eau, à celui de la femme du souverain pontife.

LE PONTIFE.

De ma femme !

LE SULTAN.

Pourquoi pas ? Le personnage aux deux trous ajouta : C'étoit elle en effet ; car je me la remets. Le vieux menuisier lui pose un de ses pieds sur les reins, se baisse, passe ses deux mains au bas de ses deux fesses, à l'endroit où les jambes et les cuisses se fléchissent, lui repousse les deux genoux sous le ventre, et lui relève le cul, mais si bien, que je pouvois le reconnoître à mon aise, reconnoissance qui ne me déplaisoit pas, quoique de dessous les cotillons il sortît une voix défaillante qui crioit : *A moi! à moi!* Vous me croirez une âme dure, un cœur impitoyable ; mais il ne faut pas se faire meilleur qu'on n'est ; et j'avoue, à ma honte, que dans ce moment je me sentis plus de curiosité que de commisération, et que je songeai moins à secourir qu'à contempler.

Ici le grand pontife interrompit encore le sultan, et lui dit : « Seigneur, serois-je par hasard un des » deux interlocuteurs de cet entretien.... »? Pourquoi pas ? « L'homme aux deux nez.... »? Pourquoi pas.... »? Et moi, ajouta le chef des nova- » teurs, l'homme aux deux trous.... »? Pourquoi pas..... ? Le scélérat de menuisier avoit repris son outil qu'il avoit mis à terre. C'étoit un villebrequin. Il en passe la mèche dans sa bouche, afin de l'humecter ; il s'en applique fortement le manche contre le creux de l'estomac, et se penchant sur l'infortunée qui crioit toujours : *A moi! à moi!* il se dispose à lui percer un trou où il devoit y en avoir deux, et où il n'y en avoit point.

LE PONTIFE.

Ce n'est pas ma femme.

LE SULTAN.

Le menuisier interrompant tout-à-coup son opération, et se ravisant, dit : « La belle besogne » que j'allois faire ! Mais aussi c'eût été sa faute : » pourquoi ne pas se prêter de bonne grace ? Ma- » dame, un petit moment de patience ». Il remet à terre son villebrequin ; il tire de sa poche un ru- ban couleur de rose pâle ; avec le pouce de sa main gauche ; il en fixe un bout à la pointe du coccix, et pliant le reste en gouttière, en le pres- sant entre les deux fesses avec le tranchant de son autre main, il le conduit circulairement jusqu'à la naissance du bas-ventre de la dame, qui, tout en criant : *A moi! à moi!* s'agitoit, se débattoit, se démenoit de droite et de gauche, et dérangeoit le ruban et les mesures du menuisier, qui disoit : « Madame, il n'est pas encore temps de crier ; je » ne vous fais point de mal. Je ne saurois y procé- » der avec plus de ménagement. Si vous n'y pre- » nez garde, la besogne ira tout de travers ; mais » vous n'aurez à vous en prendre qu'à vous-même. » Il faut accorder à chaque chose son terrein. Il y » a certaines proportions à garder. Cela est plus

» important que vous ne pensez. Dans un moment
» il n'y aura plus de remède ; et vous en serez au
» désespoir ».

LE PONTIFE.

Et vous entendiez tout cela, seigneur ?

LE SULTAN.

Comme je vous entends.

LE PONTIFE.

Et la femme ?

LE SULTAN.

Il me sembla, ajouta l'interlocuteur, qu'elle étoit à demi-persuadée ; et je présumai, à la distance de ses talons, qu'elle commençoit à se résigner. Je ne sais trop ce qu'elle disoit au menuisier ; mais le menuisier lui répondit : « Ah ! c'est de la raison, » que cela ; qu'on a de peine à résoudre les fem-» mes » ! Ses mesures prises un peu plus tranquillement, maître Anofore étendant son ruban couleur de rose pâle sur un petit pied-de-roi, et tenant un crayon, dit à la dame : « Comment le » voulez-vous ? = Je n'entends pas. = Est-ce » dans la proportion antique ou dans la proportion » moderne ? . . . .

LE PONTIFE.

O profondeur des décrets d'en-haut ! combien cela seroit fou, si cela n'étoit pas révélé ! Soumettons nos entendemens, et adorons.

LE SULTAN.

Je ne me rappelle plus la réponse de la dame ; mais le menuisier répliqua : « En vérité, elle ex-
» travague ; cela ne ressemblera à rien. On dira :
» Qui est l'âne qui a percé ce cul-là »... *La dame.*
Trève de verbiage, maître Anofore, faites-le comme je vous dis.... *Anofore.* Faites-le comme je vous dis ! Madame, mais chacun a son honneur à garder.... *La dame.* Je le veux ainsi, et là, vous dis-je. Je le veux, je le veux.... Le menuisioit rioit à gorge déployée ; et moi donc, croyez-vous que j'étois sérieux ? Cependant Anofore trace ses lignes sur le ruban, le remet en place, et s'écrie : « Madame, cela ne se peut pas; cela n'a pas le
» sens commun. Quiconque verra ce cul-là, pour
» peu qu'il soit connoisseur, se moquera de vous
» et de moi. On sait bien qu'il faut, de là là, un
» intervalle ; mais on ne l'a jamais pratiqué de cette
» étendue. Trop est trop. Vous le voulez » ?...
La dame. Eh ! oui, je le veux ; et finissons....
A l'instant maître Anofore prend son crayon, marque sur les fesses de la dame des lignes correspondantes à celles qu'il avoit tirées sur le ruban ; il forme son trait quarré, en haussant les épaules, et murmurant tout bas : « Quelle mine cela aura!
» mais c'est sa fantaisie ». Il ressaisit son villebrequin, et dit : « Madame le veut là » ? = Oui, là ; allez donc.... = « Allons, madame ». = Qu'y a-t-il encore ? « Ce qu'il y a ? c'est que cela ne se

» peut ». = Et pourquoi, s'il vous plaît ? = « Pour-
» quoi ? c'est que vous tremblez, et que vous serrez
» les fesses ; c'est que j'ai perdu de vue mon trait
» quarré, et que je percerai ou trop haut ou trop
» bas. Allons, madame, un peu de courage ». =
Cela vous est facile à dire ; montrez-moi votre mèche ; miséricorde ! = « Je vous jure que c'est la
» plus petite de ma boutique. Tandis que nous
» parlons, j'en aurois déjà percé une demi-dou-
» zaine. Allons, madame, desserrez ; fort bien ;
» encore un peu ; à merveilles ; encore, encore ».
Cependant je voyois le menuisier narquois approcher tout doucement son villebrequin. Il alloit....
lorsqu'une fureur mêlée de pitié s'empare de moi.
Je me débats ; je veux courir au secours de la pa-
tiente : mais je me sens garotté par les deux bras,
et dans l'impossibilité de remuer. Je crie au menuisier : « Infâme, coquin, arrête ». Mon cri est
accompagné d'un si violent effort, que les liens
qui m'attachoient en sont rompus. Je m'élance sur
le menuisier : je le saisis à la gorge. Le menuisier
me dit : « Qui es-tu ? à qui en veux-tu ? est-ce
» que tu ne vois pas qu'elle n'a point de cul ? Con-
» nois-moi ; je suis le grand Anofore ; c'est moi
» qui fais des culs à ceux qui n'en ont point. Il faut
» que je lui en fasse un ; c'est la volonté de celui
» qui m'envoie ; et après moi, il en viendra un
» autre plus puissant que moi ; il n'aura pas un
» villebrequin ; il aura une gouge ; et il achévera

» avec sa gouge de lui restituer ce qui lui manque.
» Retire-toi, profâne ; ou par mon villebrequin,
» ou par la gouge de mon successeur, je te.... »
= A moi ? = « A toi, oui, à toi.... ». A l'instant, de sa main gauche il fait bruire l'air de son
instrument. Et l'homme aux deux trous, que vous
avez entendu jusqu'ici, dit à l'homme aux deux
nez : « Qu'avez-vous ; vous vous éloignez » ? =
Je crains qu'en gesticulant, vous ne me cassiez
un de mes nez. = Continuez. = « Je ne sais plus
» où j'en étois ». Vous en étiez à l'instrument dont
le menuisier faisoit bruire l'air.... Il m'applique
sur les épaules un coup du revers de son bras droit,
mais un coup si furieux, que j'en suis renversé sur
le ventre ; et voilà ma chemise troussée, un autre
derrière à l'air ; et le redoutable Anofore qui me
menace de la pointe de son outil, et me dit : « De-
» mande grace, maroufle ; demande grace, où je
» t'en fais deux.... ». Aussi-tôt je sentis le froid
de la mèche du villebrequin. L'horreur me saisit.
Je m'éveille ; et depuis, je me crois deux trous
au cul.

Ces deux interlocuteurs, ajouta le sultan, se
mirent alors à se moquer l'un de l'autre. « Ah,
ah, ah, il a deux trous au cul » ! = Ah, ah, ah,
c'est l'étui de tes deux nez ! Puis se tournant gravement vers l'assemblée, il dit : « Et vous, pon-
» tifes, et vous ministres des autels, vous riez
» aussi ! et quoi de plus commun que de se croire

» deux nez au visage, et de se moquer de celui
» qui se croit deux trous au cul ».

Puis, après un moment de silence, reprenant un air serein, et s'adressant aux chefs de la secte, il leur demanda ce qu'ils pensoient de sa vision. = » Par Brama, répondirent-ils, c'est une des plus » profondes que le ciel ait département à aucun pro- » phète ». = Y comprenez-vous quelque chose ? = « Non, seigneur ». = Que pensez-vous de ces deux interlocuteurs ? = « Que ce sont deux fous ». = Et s'il leur venoit en fantaisie de se faire chefs de parti, et que la secte des deux trous au cul se mît à persécuter la secte aux deux nez ?.... Les pontifes et les prêtres baissèrent la vue ; et Mangogul dit : « Je veux que mes sujets vivent et meu- » rent à leur mode. Je veux que le penum leur soit » appliqué ou sur la bouche, ou au derrière, » comme il plaira à chacun d'eux ; et qu'on ne me » fatigue plus de ces impertinences ».

Les prêtres se retirèrent ; et au synode qui se tint quelques mois après, il fut déclaré que la vision de Mangogul seroit insérée dans le recueil des livres canoniques, qu'elle ne dépara pas.

CHAPITRE XVII.

Les Æuselières.

Tandis que les bramines faisoient parler Brama, promenoient les Pagodes, et exhortoient les peuples à la pénitence, d'autres songeoient à tirer parti du caquet des bijoux.

Les grandes villes fourmillent de gens, que la misère rend industrieux. Ils ne volent ni ne filoutent ; mais ils sont aux filous, ce que les filous sont aux fripons. Ils savent tout, ils font tout, ils ont des secrets pour tout. Ils vont et viennent, ils s'insinuent. On les trouve à la cour, à la ville, au palais, à l'église, à la comédie, chez les courtisanes, au café, au bal, à l'opéra, dans les académies. Ils sont tout ce qu'il vous plaira qu'ils soient. Sollicitez-vous une pension, ils ont l'oreille du ministre. Avez-vous un procès, ils solliciteront pour vous. Aimez-vous le jeu, ils sont croupiers ; la table, ils sont chefs de loges ; les femmes, ils vous introduiront chez Amine ou chez Acaris. De laquelle des deux vous plaît-il d'acheter la mauvaise santé ? choisissez ; lorsque vous l'aurez prise, ils se chargeront de votre guérison. Leur occupation principale est d'épier les ridicules des particuliers, et de profiter de la sottise du public. C'est de leur part qu'on distribue au coin des rues, à la porte des temples, à l'entrée des spectacles, à la sortie des promenades, des papiers par lesquels on vous avertit gratis qu'un tel, demeurant au Louvre, dans St.-Jean, au Temple ou dans l'Abbaye, à telle enseigne, à tel étage, dupe chez lui depuis neuf heures du matin jusqu'à midi, et le reste du jour en ville.

Les bijoux commençoient à-peine à parler, qu'un de ces intrigans remplit les maisons de Banza d'un petit imprimé, dont voici la forme et le contenu. On lisoit, au titre, en gros caractères : Avis aux dames. Au-dessous, en petit italique : Par permission de monseigneur le grand sénéchal, et avec l'approbation de messieurs de l'académie royale des sciences. Et plus bas: Le sieur Eolipile, de l'académie royale de Banza, membre de la société royale de Monoémugi, de l'académie impériale de Biafara, de l'académie des curieux de Loango, de la société de Camur au Monomotapa, de l'institut d'Erecco, et des académies royales de Béléguanze et d'Angola, qui fait depuis plusieurs années des cours de babioles avec les applaudissemens de la cour, de la ville et de la province, a inventé, en faveur du beau-sexe, des muselières ou bâillons portatifs, qui ôtent aux bijoux l'usage de la parole, sans gêner leurs fonctions naturelles. Ils sont propres et commodes. Il en a de toute grandeur, pour tout âge et à tout prix; et il a eu l'honneur d'en fournir aux personnes de la première distinction.

Il n'est rien tel que d'être d'un corps. Quelque ridicule que soit un ouvrage, on le prône, et il réussit. C'est ainsi que l'invention d'Eolipile fit fortune. On courut en foule chez lui. Les femmes galantes y allèrent dans leur équipage ; les femmes raisonnables s'y rendirent en fiacre ; les dévotes y envoyèrent leur confesseur ou leur laquais : on y vit même arriver des tourrières. Toutes vouloient avoir une muselière ; et depuis la duchesse jusqu'à la bourgeoise, il n'y eut femme qui n'eût la sienne, ou par air ou pour cause.

Les bramines, qui avoient annoncé le caquet des bijoux comme une punition divine, et qui s'en étoient promis de la réforme dans les mœurs et d'autres avantages, ne virent point sans frémir une machine qui trompoit la vengeance du ciel et leurs espérances. Ils étoient à-peine descendus de leurs chaires, qu'ils y remontent, tonnent, éclatent, font parler les oracles, et prononcent que la muselière est une machine infernale, et qu'il n'y a point de salut pour quiconque s'en servira. « Femmes mondaines, quittez vos muselières ; soumettez-vous, s'écrièrent-ils, à la volonté de Brama. Laissez à la voix de vos bijoux réveiller celle de vos consciences ; et ne rougissez point d'avouer des crimes que vous n'avez point eu honte de commettre ».

Mais ils eurent beau crier, il en fut des muselières comme il en avoit été des robes sans manches, et des pelisses piquées. Pour cette fois on les laissa s'enrhumer dans leurs temples. On prit des bâillons; et on ne les quitta, que quand on en eut reconnu l'inutilité, ou qu'on en fut las.

CHAPITRE XVIII.

Des Voyageurs.

Ce fut dans ces circonstances, qu'après une longue absence, des dépenses considérables, et des travaux inouis, reparurent à la cour les voyageurs que Mangogul avoit envoyés dans les contrées les plus éloignées pour en recueillir la sagesse; il tenoit à la main leur journal, et faisoit à chaque ligne un éclat de rire. = « Que lisez-vous donc de » si plaisant, lui demanda Mirzoza » ? Si ceux-là, lui répondit Mangogul, sont aussi menteurs que les autres, du-moins ils sont plus gais. Asséyez-vous sur ce sopha; et je vais vous régaler d'un usage des thermomètres dont vous n'avez pas la moindre idée.

Je vous promis hier, me dit Cyclophile, un spectacle amusant.... = *Mirzoza.* « Et qui est » ce Cyclophile » ?.... = *Mangogul.* C'est un insulaire.... = *Mirzoza.* « Et de quelle île » ?... = *Mangogul.* Qu'importe ?..... = *Mirzoza.* « Et à qui s'adresse-t-il » ?.... = *Mangogul.* A un de mes voyageurs.... = *Mizzora.* « Vos voya-

« geurs sont donc enfin revenus » ?.... = *Mangogul.* Assurément ; et vous l'ignorez ? = *Mirzoza.* « Je l'ignorois »....= *Mangogul.* Ah çà, arrangeons-nous, ma reine ; vous êtes quelquefois un peu bégueule. Je vous laisse la maîtresse de vous en aller lorsque ma lecture vous scandalisera. = *Mirzoza.* « Et si je m'en allois d'abord » *Mangogul.* Comme il vous plaira.

Je ne sais si Mirzoza resta ou s'en alla ; mais Mangogul, reprenant le discours de Cyclophile, lut ce qui suit :

Ce spectacle amusant, c'est celui de nos temples, et de ce qui s'y passe. La propagation de l'espèce est un objet sur lequel la politique et la religion fixent ici leur attention ; et la manière dont on s'en occupe ne sera pas indigne de la vôtre. Nous avons ici des cocus : n'est-ce pas ainsi qu'on appelle dans votre langue ceux dont les femmes se laissent caresser par d'autres ? Nous avons donc ici des cocus, autant et plus qu'ailleurs, quoique nous ayons pris des précautions infinies pour que les mariages soient bien assortis. = « Vous avez donc, répon-
» dis-je, le secret qu'on ignore ou qu'on néglige
» parmi nous, de bien assortir les époux »? = Vous n'y êtes pas, reprit Cyclophile ; nos insulaires sont conformés de manière à rendre tous les mariages heureux, si l'on y suivoit à la lettre les loix usitées. = « Je ne vous entends pas bien, répliquai-je ;
» car dans notre monde rien n'est plus conforme

» aux loix qu'un mariage ; et rien n'est souvent
» plus contraire au bonheur et à la raison ». = Eh
bien ! interrompit Cyclophile, je vais m'expliquer.
Quoi ! depuis quinze jours que vous habitez parmi
nous, vous ignorez encore que les bijoux mâles et
les bijoux féminins sont ici de différentes figures ?
à quoi donc avez-vous employé votre temps ? Ces
bijoux sont de toute éternité destinés à s'agencer
les uns avec les autres ; un bijou féminin en écrou
est prédestiné à un bijou fait en vis. Entendez-
vous ? = « J'entends, lui dis-je ; cette conformité
» de figure peut avoir son usage jusqu'à un certain
» point ; mais je ne la crois pas suffisante pour as-
» surer la fidélité conjugale ». = Que desirez-vous
de plus ? = « Je desirerois que, dans une con-
» trée où tout se règle par des loix géométriques,
» on eût eu quelqu'égard au rapport de chaleur
» entre les conjoints. Quoi ! vous voulez qu'une
» brune de dix-huit ans, vive comme un petit
» démon, s'en tienne strictement à un vieillard
» sexagénaire et glacé ? Cela ne sera pas, ce
» vieillard eût-il son bijou masculin en vis sans
» fin »…. = Vous avez de la pénétration, me
dit Cyclophile. Sachez donc que nous y avons
pourvu… = « Et comment cela » ?… = Par une
longue suite d'observations sur des cocus bien cons-
tatés…. = « Et à quoi vous ont mené ces ob-
» servations » ? = A déterminer le rapport nécessaire de chaleur entre deux époux…. = « Et ces

» rapports connus » ? = Ces rapports connus, on gradua des thermomètres applicables aux hommes et aux femmes. Leur figure n'est pas la même ; la base des thermomètres féminins ressemble à un bijou masculin d'environ huit pouces de long sur un pouce et demi de diamètre ; et celle des thermomètres masculins, à la partie supérieure d'un flacon qui auroit précisément en concavité les mêmes dimensions. Les voilà, me dit-il, en m'introduisant dans le temple ; ces ingénieuses machines dont vous verrez tout-à-l'heure l'effet ; car le concours du peuple et la présence des sacrificateurs m'annoncent le moment des expériences sacrées.

Nous perçâmes la foule avec peine, et nous arrivâmes dans le sanctuaire, où il n'y avoit pour autels que deux lits de damas sans rideaux. Les prêtres et les prêtresses étoient debout autour, en silence, et tenant des thermomètres dont on leur avoit confié la garde, comme celle du feu sacré aux vestales. Au son des hautbois et des musettes, s'approchèrent deux couples d'amans conduits par leurs parens. Ils étoient nuds ; et je vis qu'une des filles avoit le bijou circulaire, et son amant le bijou cylindrique. = « Ce n'est pas là merveille, » dis-je à Cyclophile ». = Regardez les deux autres, me répondit-il. J'y portai la vue. Le jeune homme avoit un bijou parallélipipède, et la fille un bijou quarré. Soyez attentif à l'opération sainte, ajouta Cyclophile. Alors deux prêtres étendirent une des filles sur l'autel ; un troisième lui appliqua le thermomètre sacré ; et le grand-pontife observoit attentivement le dégré où la liqueur monta en six minutes. Dans le même temps, le jeune homme avoit été étendu sur l'autre lit, par deux prêtresses ; et une troisième lui avoit adapté le thermomètre. Le grand-prêtre ayant observé ici l'ascension de la liqueur dans le même temps donné, il prononça sur la validité du mariage, et renvoya les époux se conjoindre à la maison paternelle. Le bijou féminin quarré, et le bijou masculin parallélipipède furent examinés avec la même rigueur, éprouvés avec la même précision ; mais le grand-prêtre, attentif à la progression des liqueurs, ayant reconnu quelques dégrés de moins dans le garçon que dans la fille, selon le rapport marqué par le rituel (car il avoit des limites), monta en chaire, et déclara les parties inhabiles à se conjoindre. Défense à elles de s'unir, sous les peines portées par les loix ecclésiastiques et civiles contre les incestueux. L'inceste dans cette île n'étoit donc pas une chose tout-à-fait vide de sens. Il y avoit aussi un véritable péché contre nature ; c'étoit l'approche de deux bijoux de différens sexes, dont les figures ne pouvoient s'inscrire ou se circonscrire. Il se présenta un nouveau mariage. C'étoit une fille à bijou terminé par une figure régulière de côtés impairs, et un jeune homme à bijou pyramidal, en sorte que la base de la pyramide pouvoit s'inscrire dans le polygone de la fille. On leur fit l'essai du thermomètre, et l'excès ou le défaut s'étant trouvé peu considérable dans le rapport des hauteurs des fluides, le pontife prononça qu'il y avoit cas de dispense, et l'accorda. On en faisoit autant pour un bijou féminin à plusieurs côtés impairs, recherché par un bijou masculin et prismatique, lorsque les ascensions de liqueurs étoient à-peu-près égales.

Pour peu qu'on ait de géométrie, l'on conçoit aisément que ce qui concernoit la mesure des surfaces et des solides étoit poussé dans l'île à un point de perfection très-élevé, et que tout ce qu'on avoit écrit sur les figures isopérimètres y étoit très-essentiel ; au-lieu que parmi nous ces découvertes attendent encore leur usage. Les filles et les garçons à bijoux circulaires et cylindriques y passoient pour heureusement nés, parce que de toutes les figures, le cercle est celui qui renferme le plus d'espace sur un même contour.

Cependant les sacrificateurs attendoient pratique. Le chef me déméla dans la foule, et me fit signe d'approcher. J'obéis. « O étranger ! me
» dit-il, tu as été témoin de nos augustes mystè-
» res ; et tu vois comment parmi nous la religion
» a des liaisons intimes avec le bien de la société.
» Si ton séjour y étoit plus long, il se présenteroit

» sans-doute des cas plus rares et plus singuliers;
» mais peut-être des raisons pressantes te rappel-
» lent dans ta patrie. Va, et apprends notre sa-
» gesse à tes concitoyens ».

Je m'inclinai profondément ; et il continua en ces termes :

« S'il arrive que le thermomètre sacré soit
» d'une dimension à ne pouvoir être appliqué à
» une jeune fille, cas extraordinaire, quoique j'en
» aie vu cinq exemples depuis douze ans, alors
» un de mes acolytes la dispose au sacrement;
» et cependant tout le peuple est en prières. Tu
» dois entrevoir, sans que je m'explique, les qua-
» lités essentielles pour entrer dans le sacerdoce,
» et la raison des ordinations ».

« Plus souvent le thermomètre ne peut s'ap-
» pliquer au garçon, parce que son bijou indo-
» lent ne se prête pas à l'opération. Alors toutes
» les grandes filles de l'île peuvent s'approcher et
» s'occuper de la résurrection du mort. Cela s'ap-
» pelle faire ses dévotions. On dit d'une fille, zélée
» pour cette exercice, qu'elle est pieuse; elle édifie.
» Tant il est vrai, ajouta-t-il en me regardant
» fixement, ô étranger ! que tout est opinion et
» préjugé ! On appelle crime, chez toi, ce que
» nous regardons ici comme un acte agréable à la
» divinité. On augureroit mal, parmi nous, d'une
» fille qui auroit atteint sa treizième année sans
» avoir encore approché des autels ; et ses parens

» lui en feroient de justes et fortes réprimandes.

« Si une fille tardive ou mal conformée s'offre
» au thermomètre sans faire monter la liqueur,
» elle peut se cloîtrer. Mais il arrive dans notre
» île aussi souvent qu'ailleurs, qu'elle s'en repent;
» et que, si le thermomètre lui étoit appliqué, elle
» feroit monter la liqueur aussi haut et aussi ra-
» pidement qu'aucune femme du monde. Aussi
» plusieurs en sont-elles mortes de désespoir. Il
» s'en suivoit mille autres abus et scandales que
» j'ai retranchés. Pour illustrer mon pontificat, j'ai
» publié un diplôme qui fixe le temps, l'âge et
» le nombre de fois qu'une fille sera thermomé-
» trisée avant que de prononcer ses vœux, et no-
» tamment la veille et le jour marqués pour sa
» profession. Je rencontre nombre de femmes qui
» me remercient de la sagesse de mes réglemens,
» et dont en conséquence les bijoux me sont dé-
» voués; mais ce sont de menus droits que j'a-
» bandonne à mon clergé.

« Une fille qui fait monter la liqueur à une hau-
» teur, et avec une célérité dont aucun homme
» ne peut approcher, est constituée courtisane,
» état très-respectable et très-honoré dans notre
» île; car il est bon que tu saches que chaque
» grand seigneur y a sa courtisanne, comme cha-
» que femme de qualité y a son géomètre. Ce
» sont deux modes également sages, quoique la
» dernière commence à passer.

« Si un jeune homme usé, mal né, ou malé-
» ficié, laisse la liqueur du thermomètre immo-
» bile, il est condamné au célibat. Un autre au
» contraire, qui en fera monter la liqueur à un
» dégré dont aucune femme ne peut approcher,
» est obligé de se faire moine, comme qui diroit
» carme ou cordelier. C'est la ressource de quel-
» ques riches dévotes à qui les secours séculiers
» viennent à manquer.

« Ah ! combien, s'écrioit-il ensuite en levant
« ses yeux et ses mains au ciel, l'église a perdu
« de son ancienne splendeur » !

Il alloit continuer, lorsque son aumonier l'interrompant, lui dit : « Monseigneur, votre
» Grande Sacrificature ne s'apperçoit pas que l'of-
» fice est fini ; et que votre éloquence refroidira
» le dîner auquel vous êtes attendu ». Le prélat
s'arrêta, me fit baiser son anneau ; nous sortîmes
du temple, avec le reste du peuple ; et Cyclophile, reprenant la suite de son discours, me dit :

Le grand-pontife ne vous a pas tout révélé;
il ne vous a point parlé ni des accidens arrivés
dans l'île, ni des occupations de nos femmes savantes. Ces objets sont pourtant dignes de votre
curiosité. « Vous pouvez apparemment la satis-
» faire, lui répliquai-je. Eh bien ! quels sont ces
» accidens et ces occupations ? Concernent-ils
» encore les mariages et les bijoux » ? Justement,
répliqua-t-il.

Il y a environ trente-cinq ans qu'on s'apperçut dans l'île d'une disette de bijoux masculins cylindriques. Tous les bijoux féminins circulaires s'en plaignirent, et présentèrent au conseil d'état des mémoires et des requêtes, tendantes à ce que l'on pourvût à leurs besoins. Le conseil, toujours guidé par des vues supérieures, ne répondit rien pendant un mois. Les cris des bijoux devinrent semblables à ceux d'un peuple affamé qui demande du pain. Les sénateurs nommèrent donc des députés pour constater le fait, et en rapporter à la compagnie. Cela dura encore plus d'un mois. Les cris redoublèrent; et l'on touchoit au moment d'une sédition, lorsqu'un bijoutier, homme industrieux, se présenta à l'académie. On fit des essais qui réussirent; et sur l'attestation des commissaires, et d'après la permission du lieutenant de police, il fut gratifié par le conseil d'un brevet portant privilège exclusif de pourvoir, pendant le cours de vingt années consécutives, aux besoins des bijoux circulaires.

Le second accident fut une disette totale de bijoux féminins polygonaux. On invita tous les artistes à s'occuper de cette calamité. On proposa des prix. Il y eut une multitude de machines inventées, entre lesquelles le prix fut partagé.

Vous avez vu, ajouta Cyclophile, les différentes figures de nos bijoux féminins. Ils gardent constamment celles qu'ils ont apportées en nais-

D *

sant. En est-il de même parmi vous ? « Non,
» lui répondis-je. Un bijou féminin européen,
» asiatique ou africain, a une figure variable à l'in-
» fini, *cujuslibet figuræ capax, nullius tenax* ».
Nous ne nous sommes donc pas trompés, reprit-
il, dans l'explication que donnèrent nos physi-
ciens sur un phénomène de ce genre. Il y a environ vingt ans qu'une jeune brune fort aimable
parut dans l'île. Personne n'entendoit sa langue;
mais lorsqu'elle eut appris la nôtre, elle ne voulut jamais dire quelle étoit sa patrie. Cependant
les graces de sa figure et les agrémens de son
esprit, enchantèrent la plûpart de nos jeunes seigneurs. Quelques-uns des plus riches lui proposèrent de l'épouser ; et elle se détermina en
faveur du sénateur Colibri. Le jour pris, on les
conduisit au temple selon l'usage. La belle étrangère, étendue sur l'autel, présenta aux yeux des
spectateurs surpris un bijou qui n'avoit aucune
figure déterminée, et le thermomètre appliqué,
la liqueur monta tout-à-coup à 190 dégrés. Le
Grand-Sacrificateur prononça sur-le-champ que
ce bijou réléguoit la propriétaire dans la classe
des courtisannes, et défense fut faite à l'amoureux Colibri de l'épouser. Dans l'impossibilité de
l'avoir pour femme, il en fit sa maîtresse. Un
jour qu'elle en étoit apparemment satisfaite, elle
lui avoua qu'elle étoit née dans la capitale de
votre empire : ce qui n'a pas peu contribué

à nous donner une grande idée de vos femmes.

Le sultan en étoit là, lorsque Mirzoza rentra. Votre pudeur, toujours déplacée, lui dit Mangogul, vous a privée de la plus délicieuse lecture. Je voudrois bien que vous me dissiez à quoi sert cette hypocrisie qui vous est commune à toutes, sages ou libertines. Sont-ce les choses qui vous effarouchent ? Non ; car vous les savez. Sont-ce les mots ? En vérité, cela n'en vaut pas la peine. S'il est ridicule de rougir de l'action, ne l'est-il pas infiniment davantage de rougir de l'expression. J'aime à la folie les insulaires dont il est question dans ce précieux journal ; ils appellent tout par leur nom ; la langue en est plus simple, et la notion des choses honnêtes ou malhonnêtes beaucoup mieux déterminée.... *Mirzoza.* « Là, les » femmes sont-elles vêtues » ?... *Mangogul.* Assurément ; mais ce n'est point par décence ; c'est par coquetterie : elles se couvrent pour irriter le désir et la curiosité... *Mirzoza.* « Et cela vous » paroît tout-à-fait conforme aux bonnes mœurs »? *Mangogul.* Assurément.... *Mirzoza.* « Je m'en » doutois ». *Mangogul.* Oh ! vous vous doutez toujours de tout.

En s'entretenant ainsi, il feuilletoit négligemment son journal, et disoit : Il y a là-dedans des usages tout-à-fait singuliers. Tenez, voilà un chapitre sur la configuration des habitans. Il n'y a rien que votre excellente pruderie ne puisse entendre.

En voici un autre sur la toilette des femmes, qui est tout-à-fait de votre ressort, et dont peut-être vous pourrez tirer parti. Vous ne me répondez pas ? Vous vous méfiez toujours de moi. = « Ai-je » si grand tort » ? = Il faudra que je vous mette entre les mains de Cyclophile, et qu'il vous conduise parmi ses insulaires. Je vous jure que vous en reviendrez infiniment parfaite. = « Il me semble que je le suis assez ». = Il vous semble; cependant je ne saurois presque dire un mot sans vous donner des distractions. Cependant vous en vaudriez beaucoup mieux, et j'en serois beaucoup plus à mon aise, si je pouvois toujours parler, et si vous pouviez toujours m'écouter. = « Et que vous importe que je vous écoute » ? = Mais après tout, vous avez raison. Ah çà ! à ce soir, à demain, ou à un autre jour, le chapitre de la figure de nos insulaires, et celui de la toilette de leurs femmes.

CHAPITRE XIX.

De la figure des insulaires, et de la toilette des femmes.

C'étoit après dîner; Mirzoza faisoit des nœuds, et Mangogul étalé sur un sopha, les yeux à demi-fermés, établissoit doucement sa digestion. Il avoit passé une bonne heure dans le silence et le repos, lorsqu'il dit à la favorite : Madame se sentiroit-elle disposée à m'écouter. = « C'est selon ». = Mais, après tout, comme vous me l'avez dit avec autant de jugement que de politesse, que m'importe que vous m'écoutiez ou non ? Mirzoza sourit, et Mangogul dit : Qu'on m'apporte le journal de mes voyageurs, et sur-tout qu'on ne déplace pas les marques que j'y ai faites, ou par ma barbe....

On lui présente le journal ; il l'ouvre et lit : Les insulaires n'étoient point faits comme on l'est ailleurs. Chacun avoit apporté en naissant des signes de sa vocation ; aussi en général on y étoit ce qu'on devoit être. Ceux que la nature avoit destinés à la géométrie avoient les doigts alongés en compas ; mon hôte étoit de ce nombre. Un sujet propre à l'astronomie avoit les yeux en colimaçon ; à la géographie, la tête en globe ; à la musique ou acoustique, les oreilles en cornet ; à l'arpentage, les jambes en jalons ; à l'hydraulique.... Ici le sultan s'arrêta ; et Mirzoza lui dit : « Eh bien ! à l'hydraulique » ? Mangogul lui répondit : C'est vous qui le demandez ; le bijou en ajoutoire, et pissoit en jet-d'eau ; à la chimie, le nez en alambic ; à l'anatomie, l'index en scapel ; aux mécaniques, les bras en lime ou en scie, etc.

Mirzoza ajouta : « Il n'en étoit pas chez ce peu-
» ple comme parmi nous, où tels qui, n'ayant
» reçu de Brama que des bras nerveux, sembloient
» être appelés à la charrue, tiennent le timon de

» votre état, siègent dans vos tribunaux, où pré-
» sident dans votre académie; où tel, qui ne voit
» non plus qu'une taupe, passe sa vie à faire des
» observations, c'est-à-dire à une profession qui
» demande des yeux de linx ».

Le sultan continua de lire. Entre les habitans on en remarquoit dont les doigts visoient au compas, la tête au globe, les yeux au télescope, les oreilles au cornet; ces hommes-ci, dis-je à mon hôte, sont apparemment vos virtuoses, de ces hommes universels qui portent sur eux l'affiche de tous les talens.

Mirzoza interrompit le sultan, et dit : « Je gage
» que je sais la réponse de l'hôte.... ». *Mangogul*. Et quelle est-elle ?.... « Il répondit que
» ces gens, que la nature semble avoir destinés à
» tout, n'étoient bons à rien ». *Mangogul*. Par Brama, c'est cela, en vérité; sultane, vous avez bien de l'esprit. Mon voyageur ajoute que cette conformation des insulaires donnoit au peuple entier un certain air automate; quand ils marchent, on diroit qu'ils arpentent; quand ils gesticulent, ils ont l'air de décrire des figures; quand ils chantent, ils déclament avec emphase. *Mirzoza*. « En ce
» cas leur musique doit être mauvaise ». *Mangogul*. Et pourquoi cela, s'il vous plaît ? *Mirzoza*.
« C'est qu'elle doit être au-dessous de la décla-
» mation ».

A-peine eus-je fait quelques tours dans la grande

allée de leur jardin public, que je devins le sujet de l'entretien et l'objet de la curiosité. C'est un tombé de la lune, disoit l'un ; vous vous trompez, disoit l'autre, il vient de Saturne. Je le crois habitant de Mercure, disoit un troisième. Un quatrième s'approcha de moi, et me dit : « Etranger, » pourroit-on vous demander d'où vous êtes » ? = Je suis du Congo, lui répondis-je. = « Et où est » le Congo » ? = J'allois satisfaire à sa question, lorsqu'il s'éleva autour de moi un bruit de mille voix d'hommes et de femmes qui répétoient : C'est un Congo, c'est un Congo, c'est un Congo. Assourdi de ce tintamare, je mis mes mains sur mes oreilles, et je me hâtai de sortir du jardin. Cependant on avoit arrêté mon hôte, pour savoir de lui si un Congo étoit un animal ou un homme. Les jours suivans, sa porte fut obsédée d'une foule d'habitans qui demandoient à voir le Congo. Je me montrai ; je parlai ; et ils s'éloignèrent tous avec un mépris marqué par les huées, en s'écriant : *Fi donc ! c'est un homme.* Ici Mirzoza se mit à rire aux éclats. Puis elle ajouta : Et la toilette ?

Mangogul lui dit : Madame se rappelleroit-elle un certain brame noir, fort original, moitié sensé, moitié fou ? = « Oui, je me le rappelle. C'étoit un bon » homme qui mettoit de l'esprit à tout, et que les » autres brames noirs, ses confrères, firent mourir » de chagrin ». = Fort bien. Il n'est pas que vous n'ayez entendu parler ou peut-être même que vous n'ayez vu un certain clavecin où il avoit diapasoné les couleurs, selon l'échelle des sons, et sur lequel il prétendoit exécuter pour les yeux une sonate, un allégro, un presto, un adagio, un cantabile, aussi agréables que ces pièces bien faites le sont pour les oreilles. = « J'ai fait mieux ; » un jour je lui proposai de me traduire dans un » menuet de couleurs, un menuet de sons ; et il » s'en tira fort bien ». = Et cela vous amusa beaucoup ? = « Beaucoup ; car j'étois alors un enfant ». = Eh bien ! mes voyageurs ont retrouvé la même machine chez leurs insulaires, mais appliquée à son véritable usage. = « J'entends ; à la toilette ». = Il est vrai ; mais comment cela ? = « Com» ment ? le voici. Une pièce de notre ajustement » étant donnée, il ne s'agit que de frapper un cer» tain nombre de touches du clavecin, pour trou» ver les harmoniques de cette pièce, et déter» miner les couleurs différentes des autres ». = Vous êtes insupportable. On ne sauroit vous rien apprendre ; vous devinez tout. = « Je crois même » qu'il y a dans cette espèce de musique des dis» sonnances à préparer et à sauver ». = Vous l'avez dit. = « Je crois en conséquence que le ta» lent d'une femme-de-chambre suppose autant » de génie et d'expérience, autant de profondeur et » d'études que dans un maître de chapelle ». = Et ce qui s'en suit de là, le savez-vous ? = « Non ». = C'est qu'il ne me reste plus qu'à fermer mon journal, et qu'à prendre mon sorbet. Sultane, votre sagacité me donne de l'humeur. = « C'est-à-dire » que vous m'aimeriez un peu bête ». = Pourquoi pas? cela nous rapprocheroit; et nous nous en amuserions davantage. Il faut une terrible passion, pour tenir contre une humiliation qui ne finit point. Je changerai; prenez-y garde. = « Seigneur, » ayez pour moi la complaisance de reprendre » votre journal, et d'en continuer la lecture ». = Très-volontiers. C'est donc mon voyageur qui va parler.

Un jour, au sortir de table, mon hôte se jeta sur un sopha où il ne tarda pas à s'endormir; et j'accompagnai les dames dans leur appartement. Après avoir traversé plusieurs pièces, nous entrâmes dans un cabinet grand et bien éclairé, au milieu duquel il y avoit un clavecin. Madame s'assit, promena ses doigts sur le clavier, les yeux attachés sur l'intérieur de la caisse, et dit d'un air satisfait : « Je le crois d'accord »; et moi, je me disois tout bas : Je crois qu'elle rêve; car je n'avois point entendu de son..... Madame est musicienne, et sans-doute elle accompagne? = Non. = Qu'est-ce donc que cet instrument? = Vous l'allez voir. Puis se tournant vers ses filles : Sonnez, dit-elle à l'aînée, pour mes femmes. Il en vint trois, auxquelles elle tint à-peu-près ce discours : « Mesdemoiselles, je suis très-mécon- » tente de vous. Il y a plus de six mois que ni mes

» filles ni moi n'avons été mises avec goût. Ce-
» pendant vous me dépensez un argent immense.
» Je vous ai donné les meilleurs maîtres ; et il sem-
» ble que vous n'avez pas encore les premiers
» principes de l'harmonie. Je veux aujourd'hui
» que ma fontange soit verte et or. Trouvez-moi
» le reste ». La plus jeune pressa les touches, et fit
sortir un rayon blanc, un jaune, un cramoisi ; un
vert, d'une main ; et de l'autre, un bleu et un
violet. Ce n'est pas cela, dit la maîtresse d'un ton
impatient ; adoucissez-moi ces nuances. La femme-de-chambre toucha de nouveau, blanc, ci-
tron, bleu-turc, ponceau, couleur de rose, au-
rore et noir. Encore pis, dit la maîtresse. Cela
est à excéder. Faites le dessus. La femme-de-
chambre obéit ; et il en résulta : blanc, orangé,
bleu pâle, couleur de chair, soufre et gris. La
maîtresse s'écria : On n'y sauroit plus tenir. Si
madame vouloit faire attention, dit une des deux
autres femmes, qu'avec son grand panier et ses
petites mules... Mais oui, cela pourroit aller...
Ensuite la dame passa dans un arrière-cabinet,
pour s'habiller dans cette modulation. Cependant
l'aînée de ses filles prioit la suivante de lui jouer
un ajustement de fantaisie, ajoutant : « Je suis
» priée d'un bal ; et je me voudrois leste, singu-
» lière et brillante. Je suis lasse des couleurs plei-
» nes ». Rien n'est plus aisé, dit la suivante ; et
elle toucha gris-de-perle, avec un clair-obscur

qui ne ressembloit à rien ; et dit : Voyez, mademoiselle, comme cela fera bien avec votre coëffure de la Chine, votre mantelet de plumes de paon, votre jupon céladon et or, vos bas canelle, et vos souliers de jais ; sur-tout si vous vous coëffez en brun, avec votre aigrette de rubis. Tu vaux trop, ma chère, répliqua la jeune fille. Viens toi-même exécuter tes idées. Le tour de la cadette arriva ; la suivante qui restoit, lui dit : Votre grande sœur va au bal ; mais vous, n'allez-vous pas au temple ?.... Précisément ; et c'est par cette raison que je veux que tu me touches quelque chose de fort coquet. Eh bien! répondit la suivante, prenez votre robe de gaze couleur de feu, et je vais chercher le reste de l'accompagnement. Je n'y suis pas... m'y voici... non... c'est cela... oui, c'est cela ; vous serez à ravir.... Voyez, mademoiselle : jaune, vert, noir, couleur de feu, azur, blanc, et bleu ; cela fera à merveilles avec vos boucles d'oreilles de topaze de Bohême, une nuance de rouge, deux assassins, trois croissans et sept mouches,... Ensuite elles sortirent, en me faisant une profonde révérence. Seul, je me disois : « Elles » sont aussi folles ici que chez nous. Ce claveciu » épargne pourtant bien de la peine ».

Mirzoza interrompant la lecture, dit au sultan : Votre voyageur auroit bien dû nous apporter une ariette au-moins d'ajustemens notés, avec la basse chiffrée. *Le sultan.* C'est ce qu'il a fait. *Mirzoza.*

Et qui est-ce qui nous jouera cela ? *Le sultan.*
Mais quelques-uns des disciples du brame noir;
celui entre les mains duquel son instrument oculaire est resté. Mais en avez-vous assez ? *Mirzoza.* Y en a-t-il encore beaucoup ?... = Non;
encore quelques pages, et vous en serez quitte...
Lisez-les.

J'en étois là, dit mon journal, lorsque la porte
du cabinet où la mère étoit entrée, s'ouvrit, et
m'offrit une figure si étrangement déguisée, que
je ne la reconnus pas. Sa coëffure pyramidale et
ses mules en échasses l'avoient agrandie d'un pied
et demi; elle avoit avec cela une palatine blanche,
un mantelet orange, une robe de velours ras bleu
pâle, un jupon couleur de chair, des bas soufre,
et des mules petit gris; mais ce qui me frappa
sur-tout, ce fut un panier pentagone, à angles
saillans et rentrans, dont chacun portoit une toise
de projection. Vous eussiez dit que c'étoit un donjon ambulant, flanqué de cinq bastions. L'une des
filles parut ensuite. Miséricorde ! s'écria la mère;
qui est-ce qui vous a ajustée de la sorte ? Resterez-vous ?... vous me faites horreur. Si l'heure
du bal n'étoit pas si proche, je vous ferois déshabiller. J'espère du-moins que vous vous masquerez. Puis, s'adressant à la cadette : Pour cela,
dit-elle, en la parcourant de la tête aux pieds,
voilà qui est raisonnable et décent. Cependant,
monsieur qui avoit aussi fait sa toilette après sa

medianoche, se montra avec un chapeau couleur de feuille morte, sous lequel s'étendoit une longue perruque en volutes, un habit de drap à double broche, avec des paremens en quarré long, d'un pied et demi chacun, cinq boutons par-devant, quatre poches, mais point de plis ni de paniers; une culotte et des bas de chamois, des souliers de maroquin vert; le tout tenant ensemble, et formant un pantalon.

Ici Mangogul s'arrêta et dit à Mirzoza, qui se tenoit les côtés : Ces insulaires vous paroissent fort ridicules.... Mirzoza, lui coupant la parole, ajouta : Je vous dispense du reste; pour cette fois, sultan, vous avez raison; que ce soit, je vous prie, sans tirer à conséquence. Si vous vous avisez de devenir raisonnable, tout est perdu. Il est sûr que nous paroîtrions aussi bizarres à ces insulaires, qu'ils nous le paroissent; et qu'en fait de modes, ce sont les fous qui donnent la loi aux sages, les courtisannes qui la donnent aux honnêtes femmes; et qu'on n'a rien de mieux à faire que de la suivre. Nous rions en voyant les portraits de nos ayeux, sans penser que nos neveux riront en voyant les nôtres.

Mangogul. J'ai donc eu une fois en ma vie le sens commun... *Mirzoza.* Je vous le pardonne; mais n'y retournez pas... Avec toute votre sagacité, l'harmonie, la mélodie et le clavecin oculaires.... *Mirzoza.* Arrêtez, je vais continuer;

donnèrent lieu à un schisme qui divisa les hommes, les femmes et tous les citoyens. Il y eut une insurrection d'école contre école, de maître contre maître; on disputa, on s'injuria, on se haït.... Fort bien ; mais ce n'est pas tout.... Aussi n'ai-je pas tout dit... Achevez... ainsi qu'il est arrivé dernièrement à Banza, dans la querelle sur les sons, où les sourds se montrèrent les plus entêtés disputeurs. Dans la contrée de vos voyageurs, ceux qui crièrent le plus long-temps et le plus haut sur les couleurs, ce furent les aveugles... A cet endroit, le sultan dépité, prit les cahiers de ses voyageurs, et les mit en pièces... Et que faites-vous là ?..... Je me débarrasse d'un ouvrage inutile..... Pour moi, peut-être ; mais pour vous ?.... Tout ce qui n'ajoute rien à votre bonheur m'est indifférent..... Je vous suis donc bien chère ?..... Voilà une question à détacher de toutes les femmes. Non, elles ne sentent rien ; elles croient que tout leur est dû ; quoi qu'on fasse pour elles, on n'en a jamais fait assez. Un moment de contrariété efface une année de services. Je m'en vais...... Non, vous restez ; allons, approchez-vous ; et baisez-moi.... Le sultan l'embrassa, et dit : N'est-il pas vrai que nous ne sommes que des marionnettes ?..... Oui, quelquefois.

CHAPITRE XX.

Les deux Dévotes.

Le sultan laissoit depuis quelques jours les bijoux en repos. Des affaires importantes, dont il étoit occupé, suspendoient les effets de sa bague. Ce fut dans cet intervalle, que deux femmes de Banza apprêtèrent à rire à toute la ville.

Elles étoient dévotes de profession. Elles avoient conduit leurs intrigues avec toute la discrétion possible, et jouissoient d'une réputation que la malignité même de leurs semblables avoit respectée. Il n'étoit bruit dans les mosquées que de leur vertu. Les mères les proposoient en exemple à leurs filles ; les maris à leurs femmes. Elles tenoient l'une et l'autre, pour maxime principale, que le scandale est le plus grand de tous les péchés. Cette conformité de sentimens, mais sur-tout la difficulté d'édifier à peu de frais un prochain clairvoyant et malin, l'avoit emporté sur la différence de leurs caractères; et elles étoient très-bonnes amies.

Zélide recevoit le bramine de Sophie ; c'étoit chez Sophie que Zélide conféroit avec son directeur ; et en s'examinant un peu, l'une ne pouvoit guère ignorer ce qui concernoit le bijou de l'autre ; mais l'indiscrétion bizarre de ces bijoux les tenoient toutes deux dans de cruelles allarmes.

Elles se voyoient à la veille d'être démasquées, et de perdre cette réputation de vertu qui leur avoit couté quinze ans de dissimulation et de manège, et dont elles étoient alors fort embarrassées.

Il y avoit des momens où elles auroient donné leur vie, du-moins Zélide, pour être aussi décriées que la plus grande partie de leurs connoissances. « Que dira le monde ? Que fera mon mari ?... » Quoi ! cette femme si réservée, si modeste, si » vertueuse ; cette Zélide n'est comme les autres... » Ah ! cette idée me désespère !.... Oui, je vou- » drois n'en avoir point, n'en avoir jamais eu, » s'écrioit brusquement Zélide ».

Elle étoit alors avec son amie, que les mêmes réflexions occupoient, mais qui n'en étoit pas autant agitée. Les dernières paroles de Zélide la firent sourire. « Riez, madame, ne vous contrai- » gnez point. Eclatez, lui dit Zélide dépitée. Il » y a vraîment de quoi ». Je connois comme vous, lui répondit froidement Sophie, tout le danger qui nous menace ; mais le moyen de s'y soustraire ? car vous conviendrez, avec moi, qu'il n'y a pas d'apparence que votre souhait s'accomplisse.

« Imaginez donc un expédient, répartit Zé- » lide ». Oh ! reprit Sophie, je suis lasse de me creuser : je n'imagine rien..... S'aller confiner dans le fond d'une province, est un parti ; mais laisser à Banza les plaisirs, et renoncer à la vie, c'est ce que je ne ferai point. Je sens que mon

bijou ne s'accommodera jamais de cela. « Que
» faire donc » ?... Que faire ! Abandonner tout
à la providence, et rire, à mon exemple, du
qu'en dira-t-on. J'ai tout tenté pour concilier la
réputation et les plaisirs. Mais puisqu'il est dit
qu'il faut renoncer à la réputation, conservons au-
moins les plaisirs. Nous étions uniques. Eh bien !
ma chère, nous resssemblerons à cent mille autres ;
cela vous paroît-il donc si dur ?

« Oui, sans doute, répliqua Zélide ; il me pa-
» roît dur de ressembler à celles pour qui l'on
» avoit affecté un mépris souverain. Pour éviter
» cette mortification, je m'enfuirois, je crois, au
» bout du monde ».

Partez, ma chère, continua Sophie ; pour moi,
je reste... Mais à propos, je vous conseille de
vous pourvoir de quelque secret, pour empêcher
votre bijou de babiller en route.

« En vérité, reprit Zélide, la plaisanterie est
» ici de bien mauvaise grace ; et votre intré-
» pidité.... ».

Vous vous trompez, Zélide, il n'y a point d'intrépidité dans mon fait. Laisser prendre aux choses un
train dont on ne peut les détourner, c'est résigna-
tion. Je vois qu'il faut être déshonorée ; eh bien !
déshonorée pour déshonorée, je m'épargnerai du-
moins de l'inquiétude le plus que je pourrai.

« Déshonorée, reprit Zélide, fondant en larmes !
» Déshonorée... Quel coup ! Je n'y puis résis-

» ter... Ah! maudit bonze, c'est toi qui m'as
» perdue. J'aimois mon époux. J'étois née ver-
» tueuse; je l'aimerois encore, si tu n'avois abusé
» de ton ministère et de ma confiance. Désho-
» norée, chère Sophie »!....

Elle ne put achever. Les sanglots lui coupèrent la parole; et elle tomba sur un canapé, presque désespérée. Zélide ne reprit l'usage de la voix, que pour s'écrier douloureusement: « Ah! ma
» chère Sophie, j'en mourrai... Il faut que j'en
» meure. Non, je ne survivrai jamais à ma ré-
» putation »...

Mais Zélide, ma chère Zélide, ne vous pressez pourtant pas de mourir: peut-être que, lui dit Sophie... « Il n'y a peut-être qui tienne; il
» faut que j'en meure »... Mais peut-être qu'on pourroit..... « On ne pourra rien, vous
» dis-je... Mais parlez, ma chère, que pour-
» roit-on »? Peut-être qu'on pourroit empêcher un bijou de parler. « Ah! Sophie, vous cher-
» chez à me soulager par de fausses espérances;
» vous me trompez ». Non, non, je ne vous trompe point; écoutez-moi seulement, au-lieu de vous désespérer comme une folle. J'ai entendu parler de Frénicol, d'Eolipile, de bâillons et de muselières. « Eh, qu'ont de commun Frénicol,
» Eolipile et les Muselières, avec le danger qui
» nous menace? Qu'a à faire ici mon bijoutier,
» et qu'est-ce qu'une muselière »?

Le voici, ma chère. Une muselière est une machine imaginée par Frénicol, approuvée par l'académie, et perfectionnée par Eolipile, qui se fait toute-fois les honneurs de l'invention. « Eh bien !
» cette machine imaginée par Frénicol, approu-
» vée par l'académie, et perfectionnée par ce
» benét d'Eolipile » ?.... Oh ! vous êtes d'une vivacité qui passe l'imagination. Eh bien, cette machine s'applique, et rend un bijou discret, malgré qu'il en ait... « Seroit-il bien vrai, ma chère » ? On le dit. « Il faut savoir cela, reprit Zélide,
» et sur-le-champ ».

Elle sonna ; une de ses femmes parut ; et elle envoya chercher Frénicol. « Pourquoi pas Eolipile,
» dit Sophie » ? Frénicol marque moins, répondit Zélide.

Le bijoutier ne se fit pas attendre. « Ah ! Fré-
» nicol, vous voilà, lui dit Zélide ; soyez le bien-
» venu. Dépêchez-vous, mon cher, de tirer deux
» femmes d'un embarras cruel »..... De quoi s'agit-il, mesdames ?... Vous faudroit-il quelques rares bijoux ?... « Non, mais nous en avons
» deux, et nous voudrions bien ».... Vous en défaire, n'est-ce pas ? Eh bien ! mesdames, il faut les voir. Je les prendrai, ou nous ferons un échange... « Vous n'y êtes pas, monsieur Fré-
» nicol ; nous n'avons rien à troquer... ». Ah ! je vous entends, c'est quelques boucles d'oreilles que vous auriez envie de perdre, de manière que

vos époux les retrouvassent chez moi... « Point
» du tout. Mais Sophie, dites-lui donc de quoi
» il est question ? Frénicol, continua Sophie,
» nous avons besoin de deux..... Quoi ! vous
» n'entendez pas »?... Non, madame; comment
voulez-vous que j'entende ? Vous ne me dites
rien... « C'est, répondit Sophie, que quand une
» femme a de la pudeur, elle souffre à s'exprimer
» sur certaines choses »... Mais, reprit Frénicol,
encore faut-il qu'elle s'explique. Je suis bijoutier
et non pas devin... « Il faut pourtant que vous
» nous deviniez »... Ma foi, mesdames, plus
je vous envisage, et moins je vous comprends.
Quand on est jeunes, riches et jolies comme vous,
on n'en est pas réduites à l'artifice : d'ailleurs, je
vous dirai sincèrement que je n'en vends plus. J'ai
laissé le commerce de ces babioles à ceux de mes
confrères qui commencent.

Nos dévotes trouvèrent l'erreur du bijoutier si
ridicule, qu'elles lui firent toutes deux en-même-
temps un éclat de rire, qui le déconcerta. «Souffrez,
» mesdames, leur dit-il, que je vous fasse la révé-
» rence, et que je me retire. Vous pouviez vous
» dispenser de m'appeler d'une lieue, pour plai-
» santer à mes dépens ». Arrêtez, mon cher,
arrêtez, lui dit Zélide, en continuant de rire. Ce
n'étoit point notre dessein. Mais faute de nous entendre, il vous est venu des idées si burlesques...
« Il ne tient qu'à vous, mesdames, que j'en aie

» enfin de plus justes. De quoi s'agit-il » ? Oh ! mons Frénicol, souffrez que je rie tout à mon aise, avant que de vous répondre.

Zélide rit à s'étouffer. Le bijoutier songeoit en lui-même qu'elle avoit des vapeurs, ou qu'elle étoit folle, et prenoit patience. Enfin Zélide cessa..... « Eh bien, lui dit-elle, il est ques-
» tion de nos bijoux ; des nôtres, entendez-vous,
» monsieur Frénicol. Vous savez apparemment
» que, depuis quelque temps, il y en a plusieurs
» qui se sont mis à jaser comme des pies ; or
» nous voudrions bien que les nôtres ne suivissent
» point ce mauvais exemple ». Ah ! j'y suis maintenant ; c'est-à-dire, reprit Frénicol, qu'il vous faut une muselière.... « Fort bien, vous y êtes
» en effet. On m'avoit bien dit que monsieur Fré-
» nicol n'étoit pas un sot »... Madame, vous avez bien de la bonté. Quant à ce que vous me demandez, j'en ai de toutes sortes, et de ce pas je vais vous en chercher.

Frénicol partit ; cependant Zélide embrassoit son amie, et la remercioit de son expédient : et moi, dit l'auteur africain, j'allois me reposer en attendant qu'il revînt.

CHAPITRE XXI.

Retour du Bijoutier.

Le bijoutier revint, et présenta à nos dévotes deux muselières des mieux conditionnées.... « Ah !
» miséricorde ! s'écria Zélide. Quelles muselières !
» Quelles énormes muselières sont-ce là ! Et qui
» sont les malheureuses à qui cela servira ? Cela a
» une toise de long. Il faut en vérité, mon ami, que
» vous ayez pris mesure sur la jument du sultan ».

Oui, dit nonchalamment Sophie, après les avoir considérées et compassées avec les doigts : vous avez raison ; et il n'y a que la jument du sultan ou la vieille Rimosa, à qui elles puissent convenir...
» Je vous jure, mesdames, reprit Frénicol, que
» c'est la grandeur ordinaire ; et que Zelmaïde,
» Zyrphile, Amiane, Zulique et cent autres en
» ont pris de pareilles »... Cela est impossible, repliqua Zelide... « Cela est pourtant, repartit
» Frénicol : mais toutes ont dit comme vous ; et
» comme elles, si vous voulez vous détromper,
» vous le pouvez à l'essai »... Monsieur Frénicol en dira tout ce qu'il voudra ; mais il ne me persuadera jamais que cela me convienne, dit Zélide ; ni à moi, dit Sophie. Qu'il nous en montre d'autres, s'il en a.

Frénicol, qui avoit éprouvé plusieurs fois qu'on ne convertissoit pas les femmes sur cet article,

leur présenta des muselières de treize ans. « Ah !
» voilà ce qu'il nous faut, s'écrièrent-elles toutes
deux en-même-temps ». Je le souhaite, répondit
tout bas Frénicol. « Combien les vendez-vous,
dit Zélide »?.. Madame, ce n'est que dix ducats..
» Dix ducats ; vous n'y pensez pas, Frénicol »...
Madame, c'est en conscience..... « Vous nous
» faites payer la nouveauté »…. Je vous jure,
mesdames, que c'est argent troqué. … « Il est
» vrai qu'elles sont joliment travaillées ; mais dix
» ducats, c'est une somme »... Je n'en rabattrai
» rien. « Nous irons chez Eolipile ». Vous le pouvez, mesdames : mais il y a ouvrier et ouvrier,
muselières et muselières. Frénicol tint ferme, et
Zélide en passa par-là. Elle paya les deux muselières ; et le bijoutier s'en retourna, bien persuadé
qu'elles leur seroient trop courtes, et qu'elles ne
tarderoient pas à lui revenir pour le quart de ce
qu'il les avoit vendues. Il se trompa. Mangogul ne
s'étant point trouvé à portée de tourner sa bague
sur ces deux femmes, il ne prit aucune envie à
leurs bijoux de parler plus haut qu'à l'ordinaire :
heureusement pour elles ; car Zélide, ayant essayé
sa muselière, la trouva la moitié trop petite. Cependant elle ne s'en défit pas, imaginant presqu'autant d'inconvénient à la changer qu'à ne s'en
point servir.

On a su ces circonstances d'une de ses femmes,
qui les dit en confidence à son amant, qui les redit

en confidence à d'autres, qui les confièrent sous le secret à tout Banza. Frénicol parla de son côté ; l'aventure de nos dévotes devint publique, et occupa quelque temps les médisans du Congo.

Zélide en fut inconsolable. Cette femme, plus à plaindre qu'à blâmer, prit son bramine en aversion, quitta son époux, et s'enferma dans un couvent. Pour Sophie, elle leva le masque, brava les discours, mit du rouge et des mouches, se répandit dans le grand monde, et eut des aventures.

CHAPITRE XXII.

Septième essai de l'anneau.

LE BIJOU SUFFOQUÉ.

Quoique les bourgeoises de Banza se doutassent que les bijoux de leur espèce n'auroient pas l'honneur de parler, toutes cependant se munirent de muselières. On eut à Banza sa muselière, comme on prend ici le deuil de cour.

En cet endroit l'auteur africain remarque avec étonnement, que la modicité du prix, et la roture des muselières n'en firent point cesser la mode au serrail. « Pour cette fois, dit-il, l'utilité l'emporta « sur le préjugé ». Une réflexion aussi commune ne valoit pas la peine qu'il se répétât : mais il m'a semblé que c'étoit le défaut de tous les anciens auteurs du Congo, de tomber dans des redites, soit qu'ils se fussent proposé de donner ainsi un air de vraisemblance et de facilité à leurs productions; soit qu'ils n'eussent pas, à beaucoup près, autant de fécondité que leurs admirateurs le supposent.

Quoiqu'il en soit, un jour Mangogul se promenant dans ses jardins, accompagné de toute sa cour, s'avisa de tourner sa bague sur Zélais. Elle étoit jolie, et soupçonnée de plusieurs aventures; cependant son bijou ne fit que bégayer, et ne proféra que quelques mots entrecoupés qui ne signifioient rien, et que les persifleurs interprétèrent comme il voulurent... « Ouais, dit le sultan, » voici un bijou qui a la parole bien mal-aisée. Il » faut qu'il y ait ici quelque chose qui lui gêne la prononciation ». Il appliqua donc plus fortement son anneau. Le bijou fit un second effort pour s'exprimer; et surmontant en partie l'obstacle qui lui fermoit la bouche, on entendit très-distinctement, « Ahi... Ahi... J'ét... J'ét... J'étouffe. » Je n'en puis plus... Ahi, ahi... J'étouffe.

Zélais se sentit aussitôt suffoquer : son visage pâlit, sa gorge s'enfla; et elle tomba les yeux fermés et la bouche entr'ouverte, entre les bras de ceux qui l'environnoient.

Par-tout ailleurs Zélais eût été promptement soulagée. Il ne s'agissoit que de la débarrasser de sa muselière, et de rendre à son bijou la respiration : mais le moyen de lui porter une main secourable

E *

en présence de Mangogul. « Vîte, vîte, des médecins, s'écrioit le sultan, Zélais se meurt ».

Des pages coururent au palais, et revinrent les docteurs s'avançant gravement sur leurs traces; Orcotome étoit à leur tête. Les uns opinèrent pour la saignée, les autres pour le kermès; mais le pénétrant Orcotome fit transporter Zélais dans un cabinet voisin, la visita, et coupa les courroies de de son caveçon. Ce bijou emmuselé fut un de ceux qu'il se vanta d'avoir vu dans le paroxisme.

Cependant le gonflement étoit excessif, et Zélais eût continué de souffrir, si le sultan n'eût eu pitié de son état. Il retourna sa bague ; les humeurs se remirent en équilibre ; Zélais revint ; et Orcotome s'attribua le miracle de cette cure.

L'accident de Zélais et l'indiscrétion de son médecin décréditèrent beaucoup les muselières. Orcotome, sans égard pour les intérêts d'Eolipile, se proposa d'élever sa fortune sur les débris de la sienne; se fit annoncer pour médecin attitré des bijoux enrhumés; et l'on voit encore son affiche dans les rues détournées. Il commença par gagner de l'argent, et finit par être méprisé. Le sultan s'étoit fait un plaisir de rabattre la présomption de l'empirique. Orcotome se vantoit-il d'avoir réduit au silence quelque bijou qui n'avoit jamais soufflé le mot? Mangogul avoit la cruauté de le faire parler. On en vint jusqu'à remarquer que tout bijou qui s'ennuyoit de se taire, n'avoit qu'à recevoir deux ou trois visites d'Orcotome. Bientôt on le mit, avec Eolipile, dans la classe des charlatans; et tous deux y demeureront, jusqu'à ce qu'il plaise à Brama de les en tirer.

On préféra la honte à l'apoplexie. « On meurt » de celle-ci, disoit-on ». On renonça donc aux muselières; on laissa parler les bijoux; et personne n'en mourut.

CHAPITRE XXIII.

Huitième essai de l'anneau.

LES VAPEURS.

Il y eut un temps, comme on voit, que les femmes, craignant que leurs bijoux ne parlassent, étoient suffoquées, se mouroient : mais il en vint un autre, qu'elles se mirent au-dessus de cette frayeur, se défirent des muselières, et n'eurent plus que des vapeurs.

La favorite avoit, entre ses complaisantes, une fille singulière. Son humeur étoit charmante, quoiqu'inégale. Elle changeoit de visage dix fois par jour; mais quelque fût celui qu'elle prît, il plaisoit. Unique dans sa mélancolie, ainsi que dans sa gaîté, il lui échappoit, dans ses momens les plus extravagans, des propos d'un sens exquis; et il lui venoit, dans les accès de sa tristesse, des extravagances très-réjouissantes.

Mirzoza s'étoit si bien faite à Callirhoé (c'étoit le nom de cette jeune folle) qu'elle ne pouvoit presque s'en passer. Une fois que le sultan se plaignoit à la favorite de je ne sais quoi d'inquiet et de froid qu'il lui remarquoit : « Prince, lui dit-
» elle, embarrassée de ses reproches, sans mes
» trois bêtes, mon serin, ma chartreuse et Calli-
» rhoé, je ne vaux rien ; et vous voyez bien que
» la dernière me manque »…. Eh pourquoi n'est-elle pas ici ? lui demanda Mangogul…. « Je ne
» sais, répondit Mirzoza, mais il y a quelques
» mois qu'elle m'annonça que, si Mazul faisoit la
» campagne, elle ne pourroit se dispenser d'a-
» voir des vapeurs ; et Mazul partit hier »….
Passe encore pour celle-là, répliqua le sultan. Voilà ce qui s'appelle des vapeurs bien fondées. Mais vis-à-vis de quoi s'avisent d'en avoir cent autres, dont les maris sont tout jeunes, et qui ne se laissent pas manquer d'amans ? « Prince,
» répondit un courtisan, c'est une maladie à la
» mode. C'est un air à une femme que d'avoir des
» vapeurs. Sans amans et sans vapeurs, on n'a
» aucun usage du monde ; et il n'y a pas une bour-
» geoise à Banza qui ne s'en donne ».

Mangogul sourit, et se détermina sur-le-champ à visiter quelques-unes de ces vaporeuses. Il alla droit chez Salica. Il la trouva couchée, la gorge découverte, les yeux allumés, la tête échevelée, et à son chevet le petit médecin bègue et bossu

Farfadi, qui lui faisoit des contes. Cependant elle allongeoit un bras, puis un autre, bâilloit, soupiroit, se portoit la main sur le front, et s'écrioit douloureusement : Ahi.... Je n'en puis plus.... Ouvrez les fenêtres.... Donnez-moi de l'air.... Je n'en puis plus ; je me meurs....

Mangogul prit le moment que ses femmes troublées aidoient Farfadi à alléger ses couvertures, pour tourner sa bague sur elle ; et l'on entendit à l'instant : « Oh ! que je m'ennuie de ce train !
» Voilà-t-il pas que Madame s'est mis en tête
» d'avoir des vapeurs ! Cela durera la huitaine ; et
» je veux mourir, si je sais à propos de quoi : car
» après les efforts de Farfadi pour déraciner ce mal,
» il me semble qu'il a tort de persister »... Bon, dit le sultan en retournant sa bague ; j'entends. Celle-ci a des vapeurs en faveur de son médecin. Voyons ailleurs.

Il passa de l'hôtel de Salica dans celui d'Arsinoé, qui n'en est pas éloigné. Il entendit, dès l'entrée de son appartement, de grands éclats de rire, et s'avança, comptant la trouver en compagnie : cependant elle étoit seule ; et Mangogul n'en fut pas trop surpris. « Une femme se donnant des va-
» peurs, elle se les donne apparemment, dit-il,
» tristes ou gaies, selon qu'il est à propos ».

Il tourna sa bague sur elle, et sur-le-champ son bijou se mit à rire à gorge déployée. Il passa brusquement de ces ris immodérés à des lamentations ridicules sur l'absence de Narcès à qui il conseilloit en bon ami de hâter son retour, et continua sur nouveaux frais à sangloter, pleurer, gémir, soupirer, se désespérer, comme s'il eût enterré tous les siens.

Le sultan se contenant à-peine d'éclater d'une affliction si bizarre, retourna sa bague, et partit, laissant Arsinoé et son bijou se lamenter tout à leur aise, et concluant en lui-même la fausseté du proverbe.

CHAPITRE XXIV.

Neuvième essai de l'anneau.

DES CHOSES PERDUES ET RETROUVÉES.

Pour servir de supplément au savant traité de Pancirolle, et aux Mémoires de l'académie des Inscriptions.

Mangogul s'en revenoit dans son palais, occupé des ridicules que les femmes se donnent, lorsqu'il se trouva, soit distraction de sa part, soit méprise de son anneau, sous les portiques du somptueux édifice que Thélis a décoré des riches dépouilles de ses amans. Il profita de l'occasion, pour interroger son bijou.

Thélis étoit femme de l'émir Sambuco, dont les ancêtres avoient régné dans la Guinée. Sambuco s'étoit acquis de la considération dans le Congo, par cinq ou six victoires célèbres qu'il avoit remportées sur les ennemis d'Erguebzed. Non moins habile négociateur que grand capitaine, il avoit été chargé des ambassades les plus distinguées, et s'en étoit tiré supérieurement. Il vit Thélis au retour de Loango ; et il en fut épris. Il touchoit alors à la cinquantaine ; et Thélis ne passoit pas vingt-cinq ans. Elle avoit plus d'agrémens que de beauté ; les femmes disoient qu'elle étoit très-bien, et les hommes la trouvoient adorable. De puissans partis l'avoient recherchée ; mais soit qu'elle eût déjà ses vues, soit qu'il y eût entre elle et ses soupirans disproportion de fortune, ils avoient tous été réfusés. Sambuco la vit, mit à ses pieds des richesses immenses, un nom, des lauriers et des titres qui ne le cédoient qu'à ceux des souverains, et l'obtint.

Thélis fut ou parut vertueuse pendant six semaines entières après son mariage. Mais un bijou né voluptueux se dompte rarement de lui-même ; et un mari quinquagénaire, quelque héros qu'il soit d'ailleurs, est un insensé, s'il se promet de vaincre cet ennemi. Quoique Thélis mît dans sa conduite de la prudence, ses premières aventures ne furent point ignorées. C'en fut assez dans la suite pour lui en supposer de secrètes ; et Mangogul, curieux de ces vérités, se hâta de passer du vestibule de son palais dans son appartement.

On étoit alors au milieu de l'été. Il faisoit une chaleur extrême ; et Thélis, après le dîner, s'étoit jetée sur un lit de repos, dans un arrière-cabinet orné de glaces et de peintures. Elle dormoit, et sa main étoit encore appuyée sur un recueil de contes persans qui l'avoient assoupie.

Mangogul la contempla quelque temps, convint qu'elle avoit des graces, et tourna sa bague sur elle. « Je m'en souviens encore comme si j'y étois,
» dit incontinent le bijou de Thélis : neuf preuves
» d'amour en quatre heures. Ah ! quels momens !
» que Zermounzaïd est un homme divin ! Ce n'est
» point là le vieux et glacé Sambuco. Cher Zer-
» mounzaïd, j'avois ignoré les vrais plaisirs, le
» bien réel ; c'est toi qui me l'as fait connoître ».

Mangogul, qui desiroit s'instruire des particularités du commerce de Thélis avec Zermounzaïd, que le bijou lui déroboit, en ne s'attachant qu'à ce qui frappe le plus un bijou, frotta quelque temps le chaton de sa bague contre sa veste, et l'appliqua sur Thélis, tout étincelant de lumière. L'effet en parvint bientôt jusqu'à son bijou, qui mieux instruit de ce qu'on lui demandoit, reprit d'un ton plus historique :

« Sambuco commandoit l'armée du Monoé-
» mugi, et je le suivois en campagne. Zermoun-
» zaïd servoit sous lui en qualité de colonel ; et le
» général, qui l'honoroit de sa confiance, nous
» avoit mis sous son escorte. Le zélé Zermoun-

» zaïd ne désempara pas de son poste : il lui pa-
» rut trop doux, pour le céder à quelqu'autre ; et
» le danger de le perdre fut le seul qu'il craignit
» de toute la campagne.

— « Pendant le quartier d'hiver, je reçus quel-
» ques nouveaux hôtes ; Cacil, Jékia, Almamoun,
» Jasub, Sélim, Manzora, Néreskim, tous mi-
» litaires que Zermounzaïd avoit mis à la mode,
» mais qui ne le valoient pas. Le crédule Sam-
» buco s'en reposoit de la vertu de sa femme sur
» elle-même, et sur les soins de Zermounzaïd ;
» et tout occupé des détails immenses de la guerre,
» et des grandes opérations qu'il méditoit pour
» la gloire du Congo, il n'eut jamais le moindre
» soupçon que Zermounzaïd le trahît, et que
» Thélis lui fût infidelle.

« La guerre continua ; les armées rentrèrent en
» campagne; et nous reprîmes nos litières. Comme
» elles alloient très-lentement, insensiblement le
» corps d'armée gagna de l'avance sur nous, et
» nous nous trouvâmes à l'arrière-garde. Zer-
» munzaïd la commandoit. Ce brave garçon, que
» la vue des plus grands périls n'avoit jamais écarté
» du chemin de la gloire, ne put résister à celle du
» plaisir. Il abandonna à un subalterne le soin de
» veiller aux mouvemens de l'ennemi qui nous
» harceloit, et passa dans notre litière ; mais à-
» peine y fut-il, que nous entendîmes un bruit
» confus d'armes et de cris. Zermounzaïd, lais-

Bij. indisc. F

» sant son ouvrage à demi, veut sortir; il est
» étendu par terre; et nous restons au pouvoir
» du vainqueur.

« Je commençai donc par engloutir l'honneur
» et les services d'un officier qui pouvoit atten-
» dre de sa bravoure et de son mérite les premiers
» emplois de la guerre, s'il n'eût jamais connu
» la femme de son général. Plus de trois mille
» hommes périrent en cette occasion. C'est en-
» core autant de bons sujets que nous avons ravis
» à l'état ».

Qu'on imagine la surprise de Mangogul à ce discours! Il avoit entendu l'oraison funèbre de Zermounzaïd; et il ne le reconnoissoit point à ces traits. Erguebzed son père avoit regretté cet officier: les nouvelles à la main, après avoir prodigué les derniers éloges à sa belle retraite, avoient attribué sa défaite et sa mort à la supériorité des ennemis, qui, disoient-elles, s'étoient trouvés six contre un. Tout le Gongo avoit plaint un homme qui avoit si bien fait son devoir. Sa femme avoit obtenu une pension; on avoit accordé son régiment à son fils aîné; et l'on promettoit un bénéfice au cadet.

Que d'horreurs! s'écria tout bas Mangogul; un époux déshonoré, l'état trahi, des citoyens sacrifiés, ces forfaits ignorés, récompensés même comme des vertus: et tout cela à propos d'un bijou!

Le bijou de Thélis, qui s'étoit interrompu pour reprendre haleine, continua : « Me voilà donc
» abandonné à la discrétion de l'ennemi. Un ré-
» giment de dragons étoit prêt à fondre sur nous.
» Thélis en parut éplorée, et ne souhaita rien
» tant ; mais les charmes de la proie semèrent la
» discorde entre les prédateurs. On tira les cime-
» terres ; et trente à quarante hommes furent mas-
» sacrés en un clin-d'œil. Le bruit de ce désordre
» parvint jusqu'à l'officier général. Il accourut, cal-
» ma ces furieux, et nous mit en séquestre sous une
» tente, où nous n'avions pas eu le temps de nous
» reconnoître, qu'il vint solliciter le prix de ses
» services. Malheur aux vaincus, s'écria Thélis,
» en se renversant sur le lit ; et toute la nuit fut
» employée à ressentir son infortune.

« Nous nous trouvâmes le lendemain sur le ri-
» vage du Niger. Une saïque nous y attendoit ; et
» nous partîmes ma maîtresse et moi, pour être
» présentés à l'empereur de Benin. Dans ce voyage
» de vingt-quatre heures, le capitaine du bâti-
» ment s'offrit à Thélis, fut accepté ; et je con-
» nus par expérience que le service de mer étoit
» infiniment plus vif que celui de terre.

« Nous vîmes l'empereur de Benin. Il étoit jeune,
» ardent, voluptueux. Thélis fit encore sa con-
» quête ; mais celles de son mari l'effrayèrent. Il
» demanda la paix, et il ne lui en coûta, pour l'ob-
» tenir, que trois provinces et ma rançon.

« Autre temps, autres fatigues. Sambuco ap-
» prit, je ne sais comment, la raison des malheurs
» de la campagne précédente ; et pendant celle-
» ci, il me mit en dépôt sur la frontière chez un
» chef de bramines, de ses amis. L'homme saint
» ne se défendit guère ; il succomba aux agaceries
» de Thélis ; et en moins de six mois j'engloutis
» ses revenus immenses, trois étangs, et deux
» bois de haute futaye ».

Miséricorde ! s'écria Mangogul, trois étangs et
deux bois ! Quel appétit pour un bijou !

« C'est une bagatelle, reprit celui-ci. La paix
» se fit ; et Thélis suivit son époux en ambassade
» au Monomotapa. Elle jouoit et perdoit fort bien
» cent mille séquins en un jour, que je regagnois en
» une heure. Un ministre, dont les affaires de son
» maître ne remplissoient pas tous les momens, me
» tomba sous la dent ; et je lui dévorai en trois ou
» quatre mois une fort belle terre, le château tout
» meublé, le parc, un équipage avec les petits
» chevaux pies. Une faveur de quatre minutes,
» bien filée, nous valoit des fêtes, des présens,
» des pierreries ; et l'aveugle ou politique Sam-
» buco ne nous tracassoit point.

« Je ne mettrai point en ligne de compte, ajouta
» le bijou, les marquisats, les comtés, les titres,
» les armoiries, etc. qui se sont éclipsés devant
» moi. Adressez-vous à mon secrétaire, qui vous
» dira ce qu'ils sont devenus. J'ai fort écorné le

» domaine du Biafara ; et je possède une province
» entière du Bélégnanze. Erguebzed me proposa
» sur la fin de ses jours.... A ces mots, Mangogul retourna sa bague, et fit taire le gouffre; il respectoit la mémoire de son père, et ne voulut rien entendre qui pût ternir dans son esprit l'éclat des grandes qualités qu'il lui reconnoissoit.

De retour dans son serrail, il entretint la favorite des vaporeuses, et de l'essai de son anneau sur Thélis. « Vous admettez, lui dit-il, cette femme
» à votre familiarité ; mais vous ne la connoissez
» pas apparemment aussi bien que moi.... Je
» vous entends, seigneur, répondit la sultane. Son
» bijou vous aura sottement conté ses aventures
» avec le général Micokof, l'émir Féridour, le sé-
» nateur Marsupha, et le grand bramine Rama-
» danutio. Eh ! qui ne sait qu'elle soutient le
» jeune Alamir ; et que le vieux Sambuco, qui ne
» dit rien, en est aussi bien informé que vous ».

Vous n'y êtes pas, reprit Mangogul. Je viens de faire rendre gorge à son bijou. « Vous avoit-il
» enlevé quelque chose, répondit Mirzoza » ? Non pas à moi, dit le sultan, mais bien à mes sujets, aux grands de mon empire, aux potentats mes voisins, des terres, des provinces, des châteaux, des étangs, des bois, des diamans, des équipages, avec les petits chevaux pies. « Sans compter, sei-
» gneur, ajouta Mirzoza, la réputation et les ver-
» tus. Je ne sais quel avantage vous apportera

» votre bague ; mais plus vous en multipliez les
» essais, plus mon sexe me devient odieux : celles
» même, à qui je croyois devoir quelque consi-
» dération, n'en sont pas exceptées. Je suis con-
» tr'elles d'une humeur à laquelle je demande à
» votre hautesse de m'abandonner pour quelques
» momens ». Mangogul, qui connoissoit la favorite
pour ennemie de toute contrainte, lui baisa trois
fois l'oreille droite, et se retira.

CHAPITRE XXV.

Échantillon de la morale de Mangogul.

MANGOGUL, impatient de revoir la favorite,
dormit peu, se leva plus matin qu'à l'ordinaire,
et parut chez elle au petit jour. Elle avoit déjà
sonné : on venoit d'ouvrir ses rideaux ; et ses femmes se disposoient à la lever. Le sultan regarda
beaucoup autour d'elle, et ne lui voyant point de
chien, il lui demanda la raison de cette singularité.

« C'est, lui répondit Mirzoza, que vous sup-
» posez que je suis singulière en cela, et qu'il
» n'en est rien ». Je vous assure, repliqua le
sultan, que je vois des chiens à toutes les femmes de ma cour, et que vous m'obligeriez de
m'apprendre pourquoi elles en ont, ou pourquoi
vous n'en avez point. La plûpart d'entr'elles en
ont même plusieurs ; et il n'y en a pas une qui

ne prodigue au sien des caresses qu'elle semble n'accorder qu'avec peine à son amant. Par où ces bêtes méritent-elles la préférence ? Qu'en fait-on ?

Mirzoza ne savoit que répondre à ces questions. « Mais, lui disoit-elle, on a un chien comme
» un perroquet ou un serin. Il est peut-être ridi-
» cule de s'attacher aux animaux ; mais il n'est pas
» étrange qu'on en ait : ils amusent quelquefois,
» et ne nuisent jamais. Si on leur fait des caresses,
» c'est qu'elles sont sans conséquence. D'ailleurs
» croyez-vous, prince, qu'un amant se contentât
» d'un baiser, tel qu'une femme le donne à son
» gredin » ? Sans doute, je le crois, dit le sultan. Il faudroit parbleu qu'il fût bien difficile, s'il n'en étoit pas satisfait.

Une des femmes de Mirzoza, qui avoit gagné l'affection du sultan et de la favorite par de la douceur, des talens et du zèle, dit : « Ces animaux
» sont incommodes et mal-propres ; ils tachent
» les habits, gâtent les meubles, arrachent les
» dentelles, et font en un quart-d'heure plus de
» dégât qu'il n'en faudroit pour attirer la disgrace
» de la femme-de-chambre la plus fidelle ; cepen-
» dant on les garde ».

Quoique, selon madame, ils ne soient bons qu'à cela, ajouta le sultan.

« Prince, répondit Mirzoza, nous tenons à nos
» fantaisies ; et il faut que, d'avoir un gredin, c'en
» soit une ; telle que nous en avons beaucoup

» d'autres, qui ne seroient plus des fantaisies, si
» l'on en pouvoit rendre raison. Le règne des sin-
» ges est passé; les perruches se soutiennent en-
» core. Les chiens étoient tombés; les voilà qui
» se relèvent. Les écureuils ont eu leur temps;
» et il en est des animaux, comme il en a été suc-
» cessivement de l'italien, de l'anglois, de la géo-
» métrie, des pretintailles, et des falbalas ».

Mirzoza, repliqua le sultan en secouant la tête, n'a pas là-dessus toutes les lumières possibles; et les bijoux....

« Votre hautesse ne va-t-elle pas s'imaginer,
» dit la favorite, qu'elle apprendra du bijou d'Ha-
» ria, pourquoi cette femme, qui a vu mourir son
» fils, une de ses filles et son époux sans verser
» une larme, a pleuré pendant quinze jours la
» perte de son doguin ».

Pourquoi non, répondit Mangogul?

« Vraiment, dit Mirzoza, si nos bijoux pou-
» voient expliquer toutes nos fantaisies, ils se-
» roient plus savans que nous-mêmes ».

Et qui vous le dispute, répartit le sultan? Aussi crois-je que le bijou fait faire à une femme cent choses, sans qu'elle s'en apperçoive; et j'ai re-marqué dans plus d'une occasion, que telle qui croyoit suivre sa tête, obéissoit à son bijou. Un grand philosophe plaçoit l'âme, la nôtre s'entend, dans la glande pinéale. Si j'en accordois une aux femmes, je sais bien, moi, où je la placerois.

« Je vous dispense de m'en instruire, reprit
» aussi-tôt Mirzoza ».

Mais vous me permettrez au-moins, dit Mangogul, de vous communiquer quelques idées que mon anneau m'a suggérées sur les femmes, dans la supposition qu'elles ont une ame. Les épreuves que j'ai faites de ma bague m'ont rendu grand moraliste. Je n'ai ni l'esprit de la Bruyère, ni la logique de Port-Royal, ni l'imagination de Montaigne, ni la sagesse de Charron : mais j'ai recueilli des faits qui leur manquoient peut-être.

« Parlez, prince, répondit ironiquement Mir-
» zoza : je vous écouterai de toutes mes oreilles.
» Ce doit être quelque chose de curieux, que les
» essais de morale d'un sultan de votre âge ».

Le système d'Orcotome est extravagant, n'en déplaise au célèbre Hiragu son confrère : cependant je trouve du sens dans les réponses qu'il a faites aux objections qui lui ont été proposées. Si j'accordois une ame aux femmes, je supposerois volontiers, avec lui, que les bijoux ont parlé de tout temps, bas à-la-vérité, et que l'effet de l'anneau du génie Cucufa se réduit à leur hausser le ton. Cela posé, rien ne seroit plus facile que de vous définir toutes tant que vous êtes.

La femme sage, par exemple, seroit celle dont le bijou est muet, ou n'en est pas écouté....

La prude, celle qui fait semblant de ne pas écouter son bijou.

La galante, celle à qui le bijou demande beaucoup, et qui lui accorde trop.

La voluptueuse, celle qui écoute son bijou avec complaisance.

La courtisanne, celle à qui son bijou demande à tout moment, et qui ne lui refuse rien.

La coquette, celle dont le bijou est muet, ou n'en est point écouté; mais qui fait espérer à tous les hommes qui l'approchent, que son bijou parlera quelque jour, et qu'elle pourra ne pas faire la sourde-oreille.

Eh bien ! délices de mon ame, que pensez-vous de mes définitions.

« Je pense, dit la favorite, que votre hautesse
» a oublié la femme tendre ».

Si je n'en ai point parlé, répondit le sultan, c'est que je ne sais pas encore bien ce que c'est, et que d'habiles gens prétendent que le mot tendre, pris sans aucun rapport au bijou, est vide de sens.

« Comment ! vide de sens ? s'écria Mirzoza.
» Quoi ! il n'y a point de milieu; et il faut abso-
» lument qu'une femme soit prude, galante, co-
» quette, voluptueuse ou libertine ».

Délices de mon ame, dit le sultan, je suis prêt à convenir de l'inexactitude de mon énumération, et j'ajouterai la femme tendre aux caractères précédens; mais à condition que vous m'en donnerez une définition qui ne retombe dans aucune des miennes.

« Très-volontiers, dit Mirzoza. Je compte en
» venir à bout sans sortir de votre système ».

Voyons, ajouta Mangogul.

« Eh bien! reprit la favorite... La femme tendre
» est celle.... ».

Courage, Mirzoza, dit Mangogul.

« Oh! ne me troublez point, s'il vous plaît. La
» femme tendre est celle... qui a aimé sans que
» son bijou parlât, ou.... dont le bijou n'a ja-
» mais parlé, qu'en faveur du seul homme qu'elle
» aimoit ».

Il n'eût pas été galant au sultan de chicaner la
favorite, et de lui demander ce qu'elle entendoit
par aimer : aussi n'en fit-il rien. Mirzoza prit son
silence pour un aveu, et ajouta, toute fière de
s'être tirée d'un pas qui lui paroissoit difficile :
« Vous croyez, vous autres hommes, parce que
» nous n'argumentons pas, que nous ne raison-
» nons point. Apprenez une bonne fois que nous
» trouverions aussi facilement le faux de vos para-
» doxes, que vous celui de nos raisons, si nous
» voulions nous en donner la peine. Si votre hau-
» tesse étoit moins pressée de satisfaire sa curio-
» sité sur les gredins, je lui donnerois à mon tour
» un petit échantillon de ma philosophie. Mais
» elle n'y perdra rien ; ce sera pour quelqu'un
» de ces jours, qu'elle aura plus de temps à
» m'accorder ».

Mangogul lui répondit qu'il n'avoit rien de

mieux à faire, que de profiter de ses idées philosophiques ; que la métaphysique d'une sultane de vingt-deux ans ne devoit pas moins être singulière que la morale d'un sultan de son âge.

Mais Mirzoza appréhendant qu'il n'y eût de la complaisance de la part de Mangogul, lui demanda quelque temps pour se préparer, et fournit ainsi au sultan un prétexte pour voler où son impatience pouvoit l'appeler.

CHAPITRE XXVI.

Dixième essai de l'anneau.

LES GREDINS.

Mangogul se transporta sur-le-champ chez Haria ; et comme il parloit très-volontiers seul, il disoit en soi-même : « Cette femme ne se couche » point sans ses quatre mâtins ; et les bijoux ne » savent rien de ces animaux, ou le sien m'en » dira quelque chose ; car, dieu merci, on n'i- » gnore point qu'elle aime ses chiens à l'adoration ». Il se trouva dans l'anti-chambre d'Haria, sur la fin de ce monologue, et pressentit de loin que madame reposoit avec sa compagnie ordinaire. C'étoit un petit gredin, une danoise et deux doguins. Le sultan tira sa tabatière, se précautionna de deux prises de son tabac d'Espagne, et s'approcha d'Ha-

ria. Elle dormoit; mais la meute, qui avoit l'oreille au guet, entendant quelque bruit, se mit à aboyer, et la réveilla. « Taisez-vous, mes enfans, leur
» dit-elle d'un ton si doux, qu'on ne pouvoit
» la soupçonner de parler à ses filles; dormez,
» dormez, et ne troublez point mon repos ni
» le vôtre ».

Jadis Haria fut jeune et jolie; elle eut des amans de son rang; mais ils s'éclipsèrent plus vite encore que ses graces. Pour se consoler de cet abandon, elle donna dans une espèce de faste bizarre, et ses laquais étoient les mieux tournés de Banza. Elle vieillit de plus en plus; les années la jetèrent dans la réforme; elle se restreignit à quatre chiens et à deux bramines, et devint un modèle d'édification. En effet, la satyre la plus envenimée n'avoit pas là de quoi mordre; et Haria jouissoit en paix, depuis plus de dix ans, d'une haute réputation de vertu, et de ces animaux. On savoit même sa tendresse si décidée pour les gredins, qu'on ne soupçonnoit plus les bramines de la partager.

Haria réitéra sa prière à ses bêtes, et elles eurent la complaisance d'obéir. Alors Mangogul porta la main sur son anneau, et le bijou suranné se mit à raconter la dernière de ses aventures. Il y avoit si long-temps que les premières s'étoient passées, qu'il en avoit presque perdu la mémoire. « Retire-toi, Médor, dit-il d'une voix enrouée;
» tu me fatigues. J'aime mieux Lisette; je la trouve

» plus douce ». Médor, à qui la voix du bijou étoit inconnue, alloit toujours son train ; mais Haria se réveillant, continua. « Ote-toi donc, petit » fripon, tu m'empêches de reposer. Cela est bon » quelquefois ; mais trop est trop ». Médor se retira, Lisette prit sa place, et Haria se rendormit.

Mangogul, qui avoit suspendu l'effet de son anneau, le retourna ; et le très-antique bijou, poussant un soupir profond, se mit à radoter, et dit : « Ah ! que je suis fâché de la mort de la » grande levrette ; c'étoit bien la meilleure petite » femme, la créature la plus caressante ; elle ne » cessoit de m'amuser : c'étoit tout esprit et toute » gentillesse ; vous n'êtes que des bêtes en com- » paraison. Ce vilain monsieur l'a tuée..... la » pauvre Zinzoline ; je n'y pense jamais sans avoir » la larme à l'œil..... Je crus que ma maîtresse » en mourroit. Elle passa deux jours sans boire et » sans manger ; la cervelle lui en tournoit : jugez de » sa douleur. Son directeur, ses amis, ses gredins » même ne m'approchèrent pas. Ordre à ses fem- » mes de refuser l'entrée de son appartement à » monsieur, sous peine d'être chassées.... Ce » monstre m'a ravi ma chère Zinzoline, s'écrioit- » elle ; qu'il ne paroisse pas ; je ne veux le voir de » ma vie ».

Mangogul, curieux des circonstances de la mort de Zinzoline, ranima la force électrique de son anneau, en le frottant contre la basque de son ha-

bit, le dirigea sur Haria; et le bijou reprit: « Haria,
» veuve de Ramadec, se coëffa de Sindor. Ce
» jeune homme avoit de la naissance, peu de bien,
» mais un mérite qui plaît aux femmes, et qui fai-
» soit, après les gredins, le goût dominant d'Haria.
» L'indigence vainquit la répugnance de Sindor
» pour les années et pour les chiens d'Haria. Vingt
» mille écus de rente dérobèrent à ses yeux les
» rides de ma maîtresse, et l'incommodité des gre-
» dins ; et il l'épousa.

« Il s'étoit flatté de l'emporter sur nos bêtes par
» ses talens et ses complaisances, et de les disgra-
» cier dès le commencement de son règne; mais
» il se trompa. Au bout de quelques mois qu'il
» crut avoir bien mérité de nous, il s'avisa de
» remontrer à madame que ses chiens n'étoient pas
» au lit aussi bonne compagnie pour lui que pour
» elle; qu'il étoit ridicule d'en avoir plus de trois ;
» et que c'étoit faire de la couche nuptiale un che-
» nil, que d'y en admettre plus d'un à tour de rôle.

« Je vous conseille, répondit Haria d'un ton
» courroucé, de m'adresser de pareils discours.
» Vraiment, il sied bien à un misérable cadet de
» Gascogne, que j'ai tiré d'un galetas qui n'étoit
» pas assez bon pour mes chiens, de faire ici le
» délicat ! On parfumoit apparemment vos draps,
» mon petit seigneur, quand vous logiez en cham-
» bre garnie. Sachez, une bonne fois pour toujours,
» que mes chiens étoient long-temps avant vous

» en possession de mon lit; et que vous pouvez
» en sortir, ou vous résoudre à le partager avec
» eux.

« La déclaration étoit précise; et nos chiens res-
» tèrent maîtres de leur poste. Mais une nuit que
» nous reposions tous, Sindor, en se retournant,
» frappa malheureusement du pied Zinzoline. La
» levrette, qui n'étoit point faite à ces traitemens,
» lui mordit le gras de la jambe; et madame fut
» aussi-tôt réveillée par les cris de Sindor. =
» Qu'avez-vous donc, monsieur, lui dit-elle? il
» semble qu'on vous égorge. Rêvez-vous? = Ce
» sont vos chiens, madame, lui répondit Sindor,
» qui me dévorent; et votre levrette vient de
» m'emporter un morceau de la jambe. = N'est-ce
» que cela, dit Haria en se retournant; vous faites
» bien du bruit pour rien ».

Sindor, piqué de ce discours, sortit du lit,
jurant de ne point y remettre le pied que la meute
n'en fût bannie. Il employa des amis communs
pour obtenir l'exil des chiens; mais tous échouèrent
dans cette négociation importante. Haria leur répondit « que Sindor étoit un freluquet qu'elle avoit
» tiré d'un grenier qu'il partageoit avec des souris
» et des rats; qu'il ne lui convenoit point de faire
» tant le difficile ; qu'il dormoit toute la nuit;
» qu'elle aimoit ses chiens; qu'ils l'amusoient;
» qu'elle avoit pris goût à leurs caresses dès la
» plus tendre enfance, et qu'elle étoit résolue de

» ne s'en séparer qu'à la mort. Encore dites-lui,
» continua-t-elle en s'adressant aux médiateurs,
» que, s'il ne se soumet humblement à mes vo-
» lontés, il s'en repentira toute sa vie ; que je
» rétracterai la donation que je lui ai faite, et que
» je l'ajouterai aux sommes que je laisse par mon
» testament pour la subsistance et l'entretien de
» mes chers enfans.

« Entre nous, ajoutoit le bijou, il falloit que
» Sindor fût un grand sot d'espérer qu'on feroit
» pour lui ce que n'avoient pu obtenir vingt
» amans, un directeur, un confesseur, avec une
» kirielle de bramines, qui tous y avoient perdu
» leur latin. Cependant, toutes les fois que Sindor
» rencontroit nos animaux, il lui prenoit des im-
» patiences qu'il avoit peine à contenir. Un jour
» l'infortunée Zinzoline lui tomba sous la main ;
» il la saisit par le col, et la jeta par la fenêtre :
» la pauvre bête mourut de sa chûte. Ce fut alors
» qu'il se fit un beau bruit. Haria, le visage en-
» flammé, les yeux baignés de pleurs... ».

Le bijou alloit reprendre ce qu'il avoit déjà dit, car les bijoux tombent volontiers dans des répétitions ; mais Mangogul lui coupa la parole : son silence ne fut pas de longue durée. Lorsque le prince crut avoir dérouté ce bijou radoteur, il lui rendit la liberté de parler ; et le babillard, éclatant de rire, reprit comme par réminiscence: « Mais, à propos, j'oubliois de vous raconter ce

» qui se passa la première nuit des noces d'Haria.
» J'ai bien vu des choses ridicules en ma vie,
» mais jamais aucune qui le fût autant. Après
» un grand souper, les époux sont conduits à leur
» appartement ; tout le monde se retire, à l'ex-
» ception des femmes de madame, qui la dés-
» habillent. La voilà déshabillée ; on la met au lit,
» et Sindor reste seul avec elle. S'appercevant
» que, plus alertes que lui, les gredins, les do-
» guins, les levrettes s'emparoient de son épouse :
» Permettez, madame, lui dit-il, que j'écarte
» un peu ces rivaux. Mon cher, faites ce que
» vous pourrez, lui dit Haria ; pour moi, je n'ai
» pas le courage de les chasser. Ces petits ani-
» maux me sont attachés ; et il y a si long-temps
» que je n'ai d'autre compagnie... Ils auront peut-
» être, reprit Sindor, la politesse de me céder
» aujourd'hui une place que je dois occuper.
» Voyez, monsieur, lui répondit Haria.

« Sindor employa d'abord les voies de douceur,
» et supplia Zinzoline de se retirer dans un coin ;
» mais l'animal indocile se mit à gronder. L'al-
» larme se répandit parmi le reste de la troupe ;
» et le doguin et les gredins aboyèrent comme
» si l'on eût égorgé leur maîtresse. Impatienté de
» ce bruit, Sindor culbute le doguin, écarte un
» des gredins, et saisit Médor par la patte. Mé-
» dor, le fidèle Médor, abandonné de ses alliés,
» avoit tenté de réparer cette perte par les avan-

» tages du poste. Collé sur les cuisses de sa maî-
» tresse, les yeux enflammés, le poil hérissé, et
» la gueule béante, il fronçoit le mufle, et pré-
» sentoit à l'ennemi deux rangs de dents des plus
» aiguës. Sindor lui livra plus d'un assaut ; plus
» d'une fois Médor le repoussa, les doigts pin-
» cés et les manchettes déchirées. L'action avoit
» duré plus d'un quart-d'heure avec une opiniâ-
» treté qui n'amusoit qu'Haria, lorsque Sindor
» recourut au stratagême contre un ennemi qu'il
» désespéroit de vaincre par la force. Il agaça
» Médor de la main droite. Médor, attentif à ce
» mouvement, n'apperçut point celui de la gauche,
» et fut pris par le col. Il fit pour se dégager des
» efforts inouis, mais inutiles ; il fallut abandon-
» ner le champ de bataille, et céder Haria. Sin-
» dor s'en empara, mais non sans effusion de
» sang ; Haria avoit apparemment résolu que la
» première nuit de ses noces fût sanglante. Ses
» animaux firent une fort belle défense, et ne
» trompèrent point son attente ».

, Voilà, dit Mangogul, un bijou qui écriroit la gazette mieux que mon secrétaire. Sachant alors à quoi s'en tenir sur les gredins, il revint chez la favorite. « Apprêtez-vous, lui dit-il du plus
» loin qu'il l'apperçut, à entendre les choses du
» monde les plus extravagantes. C'est bien pis que
» les magots de Palabria. Pourrez-vous croire que
» les quatre chiens d'Haria ont été les rivaux, et

» les rivaux préférés de son mari ; et que la mort
» d'une levrette a brouillé ces gens-là, à n'en
» jamais revenir »?

Que dites-vous, reprit la favorite, de rivaux et de chiens ? Je n'entends rien à cela. Je sais qu'Haria aime éperdûment les gredins ; mais aussi je connois Sindor pour un homme vif, qui peut-être n'aura pas eu toutes les complaisances qu'exigent d'ordinaire les femmes à qui l'on doit sa fortune. Du reste, quelle qu'ait été sa conduite, je ne conçois pas qu'elle ait pu lui attirer des rivaux. Haria est si vénérable, que je voudrois bien que votre hautesse daignât s'expliquer plus intelligiblement.

Écoutez, lui répondit Mangogul, et convenez que les femmes ont des goûts bizarres à l'excès, pour ne rien dire de pis. Il lui fit tout de suite l'histoire d'Haria, mot pour mot, comme le bijou l'avoit racontée. Mirzoza ne put s'empêcher de rire du combat de la première nuit. Cependant reprenant un air sérieux : « Je ne sais, dit-elle
» à Mangogul, quelle indignation s'empare de
» moi. Je vais prendre en aversion ces animaux
» et toutes celles qui en auront, et déclarer à
» mes femmes que je chasserai la première qui
» sera soupçonnée de nourrir un gredin ».

Eh pourquoi, lui répondit le sultan, étendre ainsi les haines ? Vous voilà bien, vous autres femmes, toujours dans les extrêmes. Ces animaux sont bons pour la chasse, sont nécessaires dans les campagnes, et ont je ne sais combien d'autres usages, sans compter celui qu'en fait Haria.

En vérité, dit Mirzoza, je commence à croire que votre hautesse aura peine à trouver une femme sage.

Je vous l'avois bien dit, répondit Mangogul ; mais ne précipitons rien : vous pourriez un jour me reprocher de tenir de votre impatience un aveu que je prétends devoir uniquement aux essais de ma bague. J'en médite qui vous étonneront. Tous les secrets ne sont pas dévoilés ; et je compte arracher des choses plus importantes aux bijoux qui me restent à consulter.

Mirzoza craignoit toujours pour le sien. Le discours de Mangogul la jeta dans un trouble qu'elle ne fut pas la maîtresse de lui dérober : mais le sultan qui s'étoit lié par un serment, et qui avoit de la religion dans le fond de l'ame, la rassura de son mieux, lui donna quelques baisers fort tendres, et se rendit à son conseil, où des affaires de conséquence l'appeloient.

CHAPITRE XXVII.

Onzième essai de l'anneau.

LES PENSIONS.

Le Congo avoit été troublé par des guerres sanglantes, sous les règnes de Kanoglou et d'Erguebzed ; et ces deux monarques s'étoient immortalisés par les conquêtes qu'ils avoient faites sur leurs voisins. Les empereurs d'Abex et d'Angoté regardèrent la jeunesse de Mangogul et le commencement de son règne, comme des conjonctures favorables pour prendre les provinces qu'on leur avoit enlevées. Ils déclarèrent donc la guerre au Congo, et l'attaquèrent de toutes parts. Le conseil de Mangogul étoit le meilleur qu'il y eût en Afrique ; et le vieux Sambuco et l'émir Mirzala, qui avoient vu les anciennes guerres, furent mis à la tête des troupes, remportèrent victoires sur victoires, et formèrent des généraux capables de les remplacer ; avantage plus important encore que leurs succès.

Grace à l'activité du conseil et à la bonne conduite des généraux, l'ennemi, qui s'étoit promis d'envahir l'empire, n'approcha pas de nos frontières, défendit mal les siennes, et vit ses places et ses provinces ravagées. Mais, malgré des succès si constans et si glorieux, le Congo s'affoiblissoit en s'agrandissant : les fréquentes levées de troupes avoient dépeuplé les villes et les campagnes ; et les finances étoient épuisées.

Les sièges et les combats avoient été fort meurtriers : le grand-visir, peu ménager du sang de ses soldats, étoit accusé d'avoir risqué des batailles qui ne menoient à rien. Toutes les familles étoient dans le deuil ; il n'y en avoit aucune où l'on ne pleurât un père, un frère ou un ami. Le nombre des officiers tués avoit été prodigieux, et ne pouvoit être comparé qu'à celui de leurs veuves qui sollicitoient des pensions. Les cabinets des ministres en étoient assaillis. Elles accabloient le sultan même de placets, où le mérite et les services des morts, la douleur des veuves, la triste situation des enfans, et les autres motifs touchans, n'étoient pas oubliés. Rien ne paroissoit plus juste que leurs demandes : mais sur quoi asseoir des pensions qui montoient à des millions ?

Les ministres, après avoir épuisé les belles paroles, et quelquefois l'humeur et les brusqueries, en étoient venus à des délibérations sur les moyens de finir cette affaire ; mais il y avoit une excellente raison pour ne rien conclure. On n'avoit pas un sol.

Mangogul, ennuyé des faux raisonnemens de ses ministres, et des lamentations des veuves, rencontra l'expédient qu'on cherchoit depuis si long-temps. « Messieurs, dit-il à son conseil, il me

» semble qu'avant que d'accorder des pensions, il
» seroit à propos d'examiner si elles sont légitime-
» ment dues »...... Cet examen, répondit le
grand-sénéchal, sera immense, et d'une discussion
prodigieuse. Cependant comment résister aux cris
et à la poursuite de ces femmes, dont vous êtes,
seigneur, le premier excédé ? = « Cela ne sera
» pas aussi difficile que vous pensez, monsieur
» le sénéchal, répliqua le sultan; et je vous pro-
» mets que demain à midi tout sera terminé, se-
» lon les loix de l'équité la plus exacte. Faites-
» les seulement entrer à mon audience, à neuf
» heures ».

On sortit du conseil; le sénéchal rentra dans
son bureau, rêva profondément, et minuta le pla-
card suivant, qui fut trois heures après imprimé,
publié à son de trompe, et affiché dans les carre-
fours de Banza.

DE PAR LE SULTAN,

ET MONSEIGNEUR LE GRAND-SÉNÉCHAL:

Nous Bec-d'Oison, grand-sénéchal du Congo,
visir du premier banc, porte-queue de la grande
Manimonbanda, chef et surintendant des balayeurs
du divan, savoir faisons que demain, à neuf heures du matin, le magnanime sultan donnera audience aux veuves des officiers tués à son service,

pour, sur le vû de leurs demandes, ordonner ce que de raison. En notre *sénéchallerie*, le douze de la lune de Régeb, l'an 147200000009.

Toutes les désolées du Congo, et il y en avoit beaucoup, ne manquèrent pas de lire l'affiche, ou de l'envoyer lire par leurs laquais, et moins encore de se trouver à l'heure marquée dans l'antichambre de la salle du trône... « Pour éviter le
» tumulte, qu'on ne fasse entrer, dit le sultan,
» que six de ces dames à-la-fois. Quand nous les
» aurons écoutées, on leur ouvrira la porte du
» fond qui donne sur mes cours extérieures. Vous,
» messieurs, soyez attentifs, et prononcez sur leurs
» demandes ».

Cela dit, il fit signe au premier huissier audiencier; et les six, qui se trouvèrent les plus voisines de la porte, furent introduites. Elles entrèrent en long habit de deuil, et saluèrent profondément sa hautesse. Mangogul s'adressa à la plus jeune et la plus jolie. Elle se nommoit Isec. « Madame,
» lui dit-il, y a-t-il long-temps que vous
» avez perdu votre mari »? Il y a trois mois, seigneur, répondit Isec en pleurant. Il étoit lieutenant-général au service de votre hautesse. Il a été tué à la dernière bataille; et six enfans sont tout ce qui me reste de lui.... « De lui, inter-
» rompit une voix qui, pour venir d'Isec, n'a-
» voit pas tout-à-fait le même son que la sienne ?
» Madame sait mieux qu'elle ne dit. Ils ont tous

» été commencés et terminés par un jeune bra-
» mine qui la venoit consoler, tandis que mon-
» sieur étoit en campagne ».

On devine aisément d'où partoit la voix indis-
crète qui prononça cette réponse. La pauvre Isec
décontenancée, pâlit, chancela, se pâma. « Ma-
» dame est sujette aux vapeurs, dit tranquillement
» Mangogul; qu'on la transporte dans un appar-
» tement du serrail, et qu'on la secoure ». Puis
s'adressant tout de suite à Phénice : « Madame,
» lui demanda-t-il, votre mari n'étoit-il pas
» pacha » ? Oui, seigneur, répondit Phénice
d'une voix tremblante. « Et comment l'avez-vous
» perdu ? »..... Seigneur, il est mort dans son
lit, épuisé des fatigues de la dernière campagne...
» Des fatigues de la dernière campagne, reprit
» le bijou de Phénice. Allez, madame, votre
» mari a rapporté du camp une santé ferme et
» vigoureuse; et il en jouiroit encore, si deux ou
» trois baladins.... vous m'entendez; et songez à
» vous ». Écrivez, dit le sultan, que Phénice demande une pension pour les bons services qu'elle
a rendus à l'état et à son époux.

Une troisième fut interrogée sur l'âge et le nom
de son mari, qu'on disoit mort à l'armée de la petite vérole.... De la petite vérole, dit le bijou ;
en voilà bien d'une autre. Dites, madame, de deux
bons coups de cimeterre qu'il a reçus du sangiac
Cavagli, parce qu'il trouvoit mauvais que l'on

dit que son fils aîné ressembloit au sangiac comme deux gouttes d'eau : et madame sait, aussi bien que moi, ajouta le bijou, que jamais ressemblance ne fut mieux fondée.

La quatrième alloit parler sans que Mangogul l'interrogeât, lorsqu'on entendit par bas son bijou s'écrier que, depuis dix ans que la guerre duroit, elle avoit assez bien employé son temps ; que deux pages et un grand coquin de laquais avoient suppléé à son mari, et qu'elle destinoit sans-doute la pension qu'elle sollicitoit, à l'entretien d'un acteur de l'opéra comique.

Une cinquième s'avança avec intrépidité, et demanda d'un ton assuré la récompense des services de feu monsieur son époux, aga des janissaires, qui avoit laissé la vie sous les murs de Matatras. Le sultan tourna sa bague sur elle, mais inutilement. Son bijou fut muet. Il faut avouer, dit l'auteur africain qui l'avoit vue, qu'elle étoit si laide, qu'on eût été fort étonné que son bijou eût eu quelque chose à dire.

Mangogul en étoit à la sixième ; et voici les propres mots de son bijou : « Vraiment, madame
» a bonne grace, dit-il en parlant de celle dont le
» bijou avoit obstinément gardé le silence, de sol-
» liciter des pensions, tandis qu'elle vit de la poule;
» qu'elle tient chez elle un breland qui lui donne
» plus de trois mille sequins par an ; qu'on y fait
» de petits soupers aux dépens des joueurs ; et

» qu'elle a reçu six cents sequins d'Osman, pour
» m'attirer à un de ces soupers, où le traître
» d'Osman »....

On fera droit sur vos demandes, mesdames,
leur dit le sultan ; vous pouvez sortir à-présent.
Puis, adressant la parole à ses conseillers, il leur
demanda s'ils ne trouveroient pas ridicule d'accorder
des pensions à une foule de petits bâtards de
bramines et d'autres, et à des femmes qui s'étoient
occupées à déshonorer de braves gens qui étoient
allés chercher de la gloire à son service, aux dépens
de leur vie.

Le sénéchal se leva, répondit, pérora, résuma
et opina obscurément, à son ordinaire. Tandis
qu'il parloit, Isec revenue de son évanouissement,
et furieuse de son aventure, mais qui, n'attendant
point de pension, eût été désespérée qu'une
autre en obtînt une, ce qui seroit arrivé, selon
toute apparence, rentra dans l'anti-chambre,
glissa dans l'oreille à deux ou trois de ses amies
qu'on ne les avoit rassemblées, que pour entendre
à l'aise jaser leurs bijoux; qu'elle-même, dans la
salle d'audience, en avoit ouï un débiter des horreurs ;
qu'elle se garderoit bien de le nommer ;
mais qu'il faudroit être folle pour s'exposer au
même danger.

Cet avis passa de main en main, et dispersa la
foule des veuves. Lorsque l'huissier ouvrit la porte
pour la seconde fois, il ne s'en trouva plus. « Eh

» bien! sénéchal, me croirez-vous une autre fois,
» dit Mangogul instruit de la désertion, à ce bon-
» homme, en lui frappant sur l'épaule ? Je vous
» avois promis de vous délivrer de toutes ces pleu-
» reuses ; et vous en voilà quitte. Elles étoient
» pourtant très-assidues à vous faire leur cour,
» malgré vos quatre-vingt-quinze ans sonnés. Mais
» quelques prétentions que vous y puissiez avoir,
» car je connois la facilité que vous aviez d'en
» former vis-à-vis de ces dames, je compte que
» vous me saurez gré de leur évasion. Elles vous
» donnoient plus d'embarras que de plaisir ».

L'auteur africain nous apprend que la mémoire de cet essai s'est conservée dans le Congo, et que c'est par cette raison que le gouvernement y est si réservé à accorder des pensions ; mais ce ne fut pas le seul bon effet de l'anneau de Cucufa, comme on va voir dans le chapitre suivant.

CHAPITRE XXVIII.

Douzième essai de l'anneau.

QUESTION DE DROIT.

Le viol étoit sévèrement puni dans le Congo ; or il en arriva un très-célèbre sous le règne de Mangogul. Ce prince, à son avènement à la couronne, avoit juré, comme tous ses prédécesseurs, de ne point accorder de pardon pour ce crime ; mais quelque sévères que soient les loix, elles n'arrêtent guère ceux qu'un grand intérêt pousse à les enfreindre. Le coupable étoit condamné à perdre la partie de lui-même par laquelle il avoit péché, opération cruelle dont il périssoit ordinairement ; celui qui la faisoit y prenant moins de précaution que Petit.

Kersael, jeune homme de naissance, languissoit depuis six mois au fond d'un cachot, dans l'attente de ce supplice. Fatmé, femme jeune et jolie, étoit sa Lucrèce et son accusatrice. Ils avoient été fort bien ensemble ; personne ne l'ignoroit : l'indulgent époux de Fatmé n'y trouvoit point à redire. Ainsi le public auroit eu mauvaise grace de se mêler de leurs affaires.

Après deux ans d'un commerce tranquille, soit inconstance, soit dégoût, Kersael s'attacha à une danseuse de l'opéra de Banza, et négligea Fatmé, sans toute-fois rompre ouvertement avec elle. Il vouloit que sa retraite fût décente ; ce qui l'obligeoit à fréquenter encore dans la maison. Fatmé, furieuse de cet abandon, médita sa vengeance, et profita de ce reste d'assiduités pour perdre son infidèle.

Un jour que le commode époux les avoit laissés seuls, et que Kersael, ayant déceint son cimeterre, tâchoit d'assoupir les soupçons de Fatmé par ces protestations qui ne coûtent rien aux

amans, mais qui ne surprennent jamais la crédulité d'une femme allarmée ; celle-ci, les yeux égarés, et mettant en cinq ou six coups de main le désordre dans sa parure, poussa des cris effrayans, et appela à son secours son époux et ses domestiques qui accoururent, et devinrent les témoins de l'offense que Fatmé disoit avoir reçue de Kersael, en montrant le cimeterre, « que l'in-
» fâme a levé dix fois sur ma tête, ajoutoit-elle,
» pour me soumettre à ses desirs ».

Le jeune homme, interdit de la noirceur de l'accusation, n'eut ni la force de répondre, ni celle de s'enfuir. On le saisit; et il fut conduit en prison, et abandonné aux poursuites de la justice du cadilesker.

Les loix ordonnoient que Fatmé seroit visitée. Elle le fut donc ; et le rapport des matrones se trouva très-défavorable à l'accusé. Elles avoient un protocole pour constater l'état d'une femme violée; et toutes les conditions requises concoururent contre Kersael. Les juges l'interrogèrent; Fatmé lui fut confrontée ; on entendit les témoins. Il avoit beau protester de son innocence, nier le fait, et démontrer par le commerce qu'il avoit entretenu plus de deux ans avec son accusatrice, que ce n'étoit pas une femme qu'on violât : la circonstance du cimeterre, la solitude du tête-à-tête, les cris de Fatmé, l'embarras de Kersael à la vue de l'époux et des domestiques; toutes ces choses formoient, selon les juges, des présomptions violentes. De son côté, Fatmé, loin d'avouer des faveurs accordées, ne convenoit pas même d'avoir donné des lueurs d'espérance, et soutenoit que l'attachement opiniâtre à son devoir, dont elle ne s'étoit jamais relâchée, avoit sans-doute poussé Kersael à lui arracher de force ce qu'il avoit désespéré d'obtenir par séduction. Le procès-verbal des duègnes étoit encore une pièce terrible; il ne falloit que le parcourir et le comparer avec les dispositions du code criminel, pour y lire la condamnation du malheureux Kersael. Il n'attendoit son salut ni de ses défenses, ni du crédit de sa famille; et les magistrats avoient fixé le jugement définitif de son procès, au treize de la lune de Rébeg. On l'avoit même annoncé au peuple à son de trompe, selon la coutume.

Cet événement fut le sujet des conversations, et partagea long-temps les esprits. Quelques vieilles bégueules, qui n'avoient jamais eu à redouter le viol, alloient criant : « Que l'attentat de Ker-
» sael étoit énorme; que si l'on n'en faisoit un
» exemple sévère, l'innocence ne seroit plus en
» sûreté, et qu'une honnête femme risqueroit
» d'être insultée jusqu'aux pieds des autels ». Puis elles citoient des occasions où de petits audacieux avoient osé attaquer la vertu de plusieurs dames respectables; les détails ne laissoient aucun doute que les dames respectables dont elles parloient, c'étoient elles-mêmes : et tous ces propos se

tenoient avec des bramines moins innocens que Kersael, et par des dévotes aussi sages que Fatmé, par forme d'entretiens édifians.

Les petits-maîtres, au contraire, et même quelques petites-maîtresses, avançoient que le viol étoit une chimère; qu'on ne se rendoit jamais que par capitulation; et que, pour peu qu'une place fût défendue, il étoit de toute impossibilité de l'emporter de vive force. Les exemples venoient à l'appui des raisonnemens; les femmes en connoissoient, les petits-maîtres en créoient; et l'on ne finissoit point de citer des femmes qui n'avoient point été violées. « Le pauvre Kersael !
» disoit-on, de quoi diable s'est-il avisé, d'en
» vouloir à la petite Bimbreloque (c'étoit le nom
» de la danseuse) ? que ne s'en tenoit-il à Fatmé ?
» Ils étoient au mieux; et l'époux les laissoit aller
» leur chemin, que c'étoit une bénédiction....
» Les sorcières de matrones ont mal mis leurs
» lunettes, ajoutoit-on, et n'y ont vu goute; car
» qui est-ce qui voit clair là ? Et puis messieurs
» les sénateurs vont le priver de sa joie, pour
» avoir enfoncé une porte ouverte. Le pauvre
» garçon en mourra; cela n'est pas douteux. Et
» voyez, après cela, à quoi les femmes mécon-
» tentes ne seront point autorisées.... Si cette
» exécution a lieu, interrompoit un autre, je me
» fais Fri-Maçon. ».

Mirzoza, naturellement compatissante, repré-

senta à Mangogul qui plaisantoit, lui, de l'état futur de Kersael, que si les loix parloient contre Kersael, le bon sens déposoit contre Fatmé. « Il
» est inouï, d'ailleurs, ajoutoit-elle, que, dans
» un gouvernement sage, on s'arrête tellement à
» la lettre des loix, que la simple allégation d'une
» accusatrice suffise pour mettre en péril la vie
» d'un citoyen. La réalité d'un viol ne sauroit
» être trop bien constatée ; et vous conviendrez,
» seigneur, que ce fait est du-moins autant de la
» compétence de votre anneau que de vos séna-
» teurs. Il seroit assez singulier que les matrones en
» sussent sur cet article plus que les bijoux mêmes.
» Jusqu'à-présent, seigneur, la bague de votre
» hautesse n'a presque servi qu'à satisfaire votre
» curiosité. Le génie dont vous la tenez ne se
» seroit-il point proposé de fin plus importante ?
». Si vous l'employiez à la découverte de la vé-
» rité et au bonheur de vos sujets, croyez-vous
» que Cucufa s'en offensât ? Essayez. Vous avez
» en main un moyen infaillible de tirer de Fatmé
» l'aveu de son crime, ou la preuve de son in-
» nocence ». Vous avez raison, reprit Mangogul, et vous allez être satisfaite.

Le sultan partit sur-le-champ : il n'y avoit pas de temps à perdre ; car c'étoit le 12 au soir de la lune de Rébeg, et le sénat devoit prononcer le 13. Fatmé venoit de se mettre au lit ; ses rideaux étoient entr'ouverts. Une bougie de nuit

jetoit sur son visage une lueur sombre. Elle parut belle au sultan, malgré l'agitation violente qui la défiguroit. La compassion et la haine, la douleur et la vengeance, l'audace et la honte se peignoient dans ses yeux, à mesure qu'elles se succédoient dans son cœur. Elle poussoit de profonds soupirs, versoit des larmes, les essuyoit, en répandoit de nouvelles, restoit quelques momens la tête abattue et les yeux baissés, les relevoit brusquement, et lançoit vers le ciel des regards furieux. Cependant, que faisoit Mangogul ? Il se parloit à lui-même, et se disoit tout bas : « Voilà
» tous les symptômes du désespoir. Son ancienne
» tendresse pour Kersael s'est réveillée dans toute
» sa violence. Elle a perdu de vue l'offense qu'on
» lui a faite, et elle n'envisage plus que le sup-
» plice réservé à son amant ». En achevant ces mots, il tourna sur Fatmé le fatal anneau ; et son bijou s'écria vivement :

« Encore douze heures ; et nous serons vengés.
» Il périra le traître, l'ingrat ; et son sang versé »... Fatmé effrayée du mouvement extraordinaire qui se passoit en elle, et frappée de la voix sourde de son bijou, y porta les deux mains, et se mit en devoir de lui couper la parole. Mais l'anneau puissant continuoit d'agir, et l'indocile bijou repoussant tout obstacle, ajouta : « Oui, nous serons
» vengés. O toi qui m'as trahis, malheureux Ker-
» sael, meurs ; et toi qu'il m'a préférée, Bim-

» breloque, désespère-toi..... Encore douze
» heures! Ah! que ce temps va me paroître long.
» Hâtez-vous, doux momens, où je verrai le
» traître, l'ingrat Kersael sous le fer des bour-
» reaux, son sang couler.... Ah! malheureux,
» qu'ai-je dit?.... Je verrois, sans frémir,
» périr l'objet que j'ai le plus aimé. Je verrois le
» couteau funeste levé... Ah! loin de moi cette
» cruelle idée... Il me hait, il est vrai; il m'a
» quittée pour Bimbreloque; mais peut-être qu'un
» jour..... Que dis-je, peut-être? l'amour le
» ramènera sans-doute sous ma loi. Cette petite
» Bimbreloque est une fantaisie qui lui passera;
» il faut qu'il reconnoisse tôt ou tard l'injustice de
» sa préférence, et le ridicule de son nouveau
» choix. Console-toi, Fatmé, tu reverras ton Ker-
» sael. Oui, tu le reverras. Lève-toi promptement;
» cours, vole détourner l'affreux péril qui le
» menace. Ne trembles-tu point d'arriver trop
» tard?... Mais où courrai-je, lâche que je suis.
» Les mépris de Kersael ne m'annoncent-ils pas
» qu'il m'a quittée sans retour. Bimbreloque le
» possède; et c'est pour elle que je le conservois!
» ah! qu'il périsse plutôt de mille morts. S'il ne
» vit plus pour moi, que m'importe qu'il meu-
» re?...... Oui, je le sens, mon courroux
» est juste. L'ingrat Kersael a mérité toute ma
» haine. Je ne me repens plus de rien. J'avois
» tout fait pour le conserver, je ferai tout pour le

» perdre. Cependant un jour plus tard, et ma
» vengeance étoit trompée. Mais son mauvais gé-
» nie me l'a livré, au moment même qu'il m'é-
» chappoit. Il est tombé dans le piège que je lui
» préparois. Je le tiens. Le rendez-vous où je sus
» t'attirer, étoit le dernier que tu me destinois:
» mais tu n'en perdras pas si-tôt la mémoire...
» Avec quelle adresse tu sus l'amener où tu le
» voulois ? Fatmé, que ton désordre fut bien pré-
» paré ? Tes cris, ta douleur, tes larmes, ton
» embarras, tout, jusqu'à ton silence, a pros-
» crit Kersael. Rien ne peut le soustraire au destin
» qui l'attend. Kersael est mort... Tu pleures,
» malheureuse. Il en aimoit une autre, que t'im-
» porte qu'il vive ».

Mangogul fut pénétré d'horreur à ce discours ; il retourna sa bague ; et tandis que Fatmé reprenoit ses esprits, il revola chez la sultane. « Eh
» bien ! seigneur, lui dit-elle, qu'avez-vous en-
» tendu ? Kersael est-il toujours coupable ; et la
» chaste Fatmé »... Dispensez-moi, je vous prie, répondit le sultan, de vous répéter les forfaits que je viens d'entendre ! Qu'une femme irritée est à craindre ! Qui croiroit qu'un corps formé par les graces renfermât quelquefois un cœur pétri par les furies ? Mais le soleil ne se couchera pas demain sur mes états, qu'ils ne soient purgés d'un monstre plus dangereux que ceux qui naissent dans mes déserts.

Le sultan fit appeler aussi-tôt le grand-sénéchal, et lui ordonna de saisir Fatmé, de transférer Kersael dans un des appartemens du serrail, et d'annoncer au sénat que sa hautesse se réservoit la connoissance de son affaire. Ses ordres furent exécutés dans la nuit même.

Le lendemain au point du jour, le sultan, accompagné du sénéchal et d'un effendi, se rendit à l'appartement de Mirzoza, et y fit amener Fatmé. Cette infortunée se précipita aux pieds de Mangogul, avoua son crime avec toutes ses circonstances, et conjura Mirzoza de s'intéresser pour elle. Dans ces entrefaites on introduisit Kersael. Il n'attendoit que la mort; il parut néanmoins avec cette assurance que l'innocence seule peut donner. Quelques mauvais plaisans dirent qu'il eût été plus consterné, si ce qu'il étoit menacé de perdre, en eût valu la peine. Les femmes furent curieuses de savoir ce qui en étoit. Il se prosterna respectueusement devant sa hautesse. Mangogul lui fit signe de se relever; et lui tendant la main : « Vous êtes innocent, lui dit-il, soyez
» libre. Rendez grace à Brama de votre salut.
» Pour vous dédommager des maux que vous avez
» soufferts, je vous accorde deux mille sequins
» de pension sur mon trésor, et la première com-
» manderie vacante dans l'ordre de Crocodile ».

Plus on répandoit de graces sur Kersael, plus Fatmé craignoit le supplice. Le grand-sénéchal opinoit à la mort, par la loi *si fœmina ff. de vi C. calumniatrix*. Le sultan inclinoit pour la prison perpétuelle. Mirzoza trouvant trop de rigueur dans l'un de ces jugemens, et trop d'indulgence dans l'autre, condamna le bijou de Fatmé au cadenas. L'instrument florentin lui fut appliqué publiquement, et sur l'échafaud même dressé pour l'exécution de Kersael. Elle passa de-là dans une maison de force, avec les matrones qui avoient décidé dans cette affaire avec tant d'intelligence.

CHAPITRE XXIX.

Métaphysique de Mirzoza.

LES AMES.

Tandis que Mangogul interrogeoit les bijoux d'Haria, des veuves, et de Fatmé, Mirzoza avoit eu le temps de préparer sa leçon de philosophie. Une soirée que la Manimonbanda faisoit ses dévotions; qu'il n'y avoit ni tables de jeu, ni cercle chez elle; et que la favorite étoit presque sûre de la visite du sultan, elle prit deux jupons noirs, en mit un à l'ordinaire, et l'autre sur ses épaules, passa ses deux bras par les fentes, se coëffa de la perruque du sénéchal de Mangogul et du bonnet quarré de son chapelain, et se crut habillée en philosophe, lorsqu'elle se fut déguisée en chauve-souris.

Sous cet équipage, elle se promenoit en long et en large dans ses appartemens, comme un professeur du collège royal qui attend des auditeurs. Elle affectoit jusqu'à la physionomie sombre et réfléchie d'un savant qui médite. Mirzoza ne conserva pas long-temps ce sérieux forcé. Le sultan entra avec quelques-uns de ses courtisans, et fit une révérence profonde au nouveau philosophe, dont la gravité déconcerta celle de son auditoire, et fut à son tour déconcertée par les éclats de rire qu'elle avoit excités. « Madame, lui dit
» Mangogul, n'aviez-vous pas assez d'avantage
» du côté de l'esprit et de la figure, sans em-
» prunter celui de la robe ? Vos paroles auroient
» eu, sans elle, tout le poids que vous leur eussiez
» desiré ». Il me paroît, seigneur, répondit Mirzoza, que vous ne la respectez guère cette robe, et qu'un disciple doit plus d'égards à ce qui fait au-moins la moitié du mérite de son maître. « Je
» m'apperçois, répliqua le sultan, que vous avez
» déjà l'esprit et le ton de votre nouvel état. Je ne
» fais à-présent nul doute que votre capacité ne
» réponde à la dignité de votre ajustement; et
» j'en attends la preuve avec impatience »... Vous serez satisfait dans la minute, répondit Mirzoza en s'asseyant au milieu d'un grand canapé. Le sultan et les courtisans se placèrent autour d'elle; et elle commença.

Les philosophes de Monoémugi, qui ont présidé à l'éducation de votre hautesse, ne l'ont-elle jamais entretenue de la nature de l'ame ? Oh ! très-souvent, répondit Mangogul; mais tous leurs systèmes n'ont abouti qu'à m'en donner des notions incertaines; et sans un sentiment intérieur qui semble me suggérer que c'est une substance différente de la matière, ou j'en aurois nié l'existence, ou je l'aurois confondue avec le corps. Entreprendriez-vous de nous débrouiller ce chaos ?

Je n'ai garde, reprit Mirzoza; et j'avoue que je ne suis pas plus avancée de ce côté-là que vos pédagogues. La seule différence qu'il y ait entr'eux et moi, c'est que je suppose l'existence d'une substance différente de la matière, et qu'ils la tiennent pour démontrée. Mais cette substance, si elle existe, doit être nichée quelque part. Ne vous ont-ils pas encore débité là-dessus bien des extravagances ?

Non, dit Mangogul; tous convenoient assez généralement qu'elle réside dans la tête; et cette opinion m'a paru vraisemblable. C'est la tête qui pense, imagine, réfléchit, juge, dispose, ordonne; et l'on dit tous les jours d'un homme qui ne pense pas, qu'il n'a point de cervelle, ou qu'il manque de tête.

Voilà donc, reprit la sultane, où se réduisent vos longues études et toute votre philosophie, à supposer un fait, et à l'appuyer sur des expressions populaires. Prince, que diriez-vous de votre

G *

premier géographe, si, présentant à votre hautesse la carte de ses états, il avoit mis l'orient à l'occident, ou le nord au midi ?

C'est une erreur trop grossière, répondit Mangogul; et jamais géographe n'en a commis une pareille.

Cela peut être, continua la favorite; et en ce cas vos philosophes ont été plus mal-adroits, que le géographe le plus mal-adroit ne peut l'être. Ils n'avoient point un vaste empire à lever; il ne s'agissoit point de fixer les limites des quatre parties du monde; il n'étoit question que de descendre en eux-mêmes, et d'y marquer le vrai lieu de leur ame. Cependant ils ont mis l'est à l'ouest, ou le sud au nord. Ils ont prononcé que l'ame est dans la tête, tandis que la plûpart des hommes meurent, sans qu'elle ait habité ce séjour, et que sa première résidence est dans les pieds.

Dans les pieds, interrompit le sultan! voilà bien l'idée la plus creuse que j'aie jamais entendue.

Oui, dans les pieds, reprit Mirzoza; et ce sentiment qui vous paroît si fou, n'a besoin que d'être approfondi pour devenir sensé, au contraire de tous ceux que vous admettez comme vrais, et qu'on reconnoît pour faux en les approfondissant. Votre hautesse convenoit avec moi tout-à-l'heure, que l'existence de notre ame n'étoit fondée que sur le témoignage intérieur qu'elle s'en rendoit à elle-même; et je vais lui démontrer que toutes les preuves imaginables de sentiment concourent à fixer l'ame dans le lieu que je lui assigne.

C'est où nous vous attendons, dit Mangogul.

Je ne demande point de graces, continua-t-elle; et je vous invite tous à me proposer vos difficultés.

Je vous disois donc que l'ame fait sa première résidence dans les pieds; que c'est là qu'elle commence à exister; et que c'est par les pieds qu'elle s'avance dans le corps. C'est à l'expérience que j'en appellerai de ce fait; et je vais peut-être jeter les premiers fondemens d'une métaphysique expérimentale.

Nous avons tous éprouvé dans l'enfance que l'ame assoupie reste des mois entiers dans un état d'engourdissement. Alors les yeux s'ouvrent sans voir, la bouche sans parler, et les oreilles sans entendre. C'est ailleurs que l'ame cherche à se détendre et à se réveiller, c'est dans d'autres membres qu'elle exerce ses premières fonctions. C'est avec ses pieds qu'un enfant annonce sa formation. Son corps, sa tête et ses bras sont immobiles dans le sein de sa mère; mais ses pieds s'alongent, se replient, et manifestent son existence et ses besoins peut-être. Est-il sur-le-point de naître, que deviendroient la tête, le corps et les bras? Ils ne sortiroient jamais de leur prison, s'ils n'étoient aidés par les pieds: ce sont ici les pieds qui jouent le rôle principal, et qui chassent devant eux le reste du corps. Tel est l'ordre de la nature; et lorsque quelque membre veut se mêler de commander, et que la tête, par exemple, prend la place des pieds, alors tout s'exécute de travers; et Dieu sait ce qui en arrive quelquefois à la mère et à l'enfant.

L'enfant est-il né? c'est encore dans les pieds que se font les principaux mouvemens. On est contraint de les assujettir, et ce n'est jamais sans quelque indocilité de leur part. La tête est un bloc dont on fait tout ce qu'on veut : mais les pieds sentent, secouent le joug, et semblent jaloux de la liberté qu'on leur ôte.

L'enfant est-il en état de se soutenir? Les pieds font mille efforts pour se mouvoir; ils mettent tout en action : ils commandent aux autres membres; et les mains obéissantes vont s'appuyer contre les murs, et se portent en avant pour prévenir les chûtes, et faciliter l'action des pieds.

Où se tournent toutes les pensées d'un enfant, et quels sont ses plaisirs, lorsqu'affermi sur ses jambes, ses pieds ont acquis l'habitude de se mouvoir? C'est de les exercer, d'aller, de venir, de courir, de sauter, de bondir. Cette turbulence nous plaît, c'est pour nous une marque d'esprit; et nous augurons qu'un enfant ne sera qu'un stupide, lorsque nous le voyons indolent et morne. Voulez-vous contrister un enfant de quatre ans, asséyez-le pour un quart-d'heure, ou tenez-le emprisonné entre quatre chaises : l'humeur et le dépit le saisiront ; aussi ne sont-ce pas seulement ses jambes que vous privez d'exercice, c'est son ame que vous tenez captive.

L'ame reste dans les pieds jusqu'à l'âge de deux ou trois ans ; elle habite les jambes à quatre ; elle gagne les genous et les cuisses à quinze. Alors on aime la danse, les armes, les courses, et les autres violens exercices du corps. C'est la passion dominante de tous les jeunes gens, et c'est la fureur de quelques-uns. Quoi ! l'ame ne résideroit pas dans les lieux où elle se manifeste presqu'uniquement, et où elle éprouve ses sensations les plus agréables ? Mais si sa résidence varie dans l'enfance et dans la jeunesse, pourquoi ne varieroit-elle pas pendant toute la vie ?

Mirzoza avoit prononcé cette tirade avec une rapidité qui l'avoit essoufflée. Sélim, un des favoris du sultan, profita du moment qu'elle reprenoit haleine, et lui dit : « Madame, je vais user
» de la liberté que vous avez accordée de vous
» proposer ses difficultés. Votre système est in-
» génieux, et vous l'avez présenté avec autant de
» grace que de netteté : mais je n'en suis pas sé-
» duit au point de le croire démontré. Il me sem-
» ble qu'on pourroit vous dire que dans l'enfance
» même c'est la tête qui commande aux pieds ; et
» que c'est de-là que partent les esprits qui, se
» répandant par le moyen des nerfs dans tous les

» autres membres, les arrêtent ou les meuvent
» au gré de l'ame assise sur la glande pinéale,
» ainsi qu'on voit émaner de la sublime Porte,
» les ordres de sa hautesse qui font agir tous ses
» sujets ».

Sans-doute, répliqua Mirzoza ; mais on me diroit une chose assez obscure, à laquelle je ne répondrois que par un fait d'expérience. On n'a dans l'enfance aucune certitude que la tête pense ; et vous-même, seigneur, qui l'avez si bonne, et qui dans vos plus tendres années passiez pour un prodige de raison, vous souvient-il d'avoir pensé pour lors ? Mais vous pourriez bien assurer que, quand vous gambadiez comme un petit démon, jusqu'à désespérer vos gouvernantes, c'étoit alors les pieds qui gouvernoient la tête.

« Cela ne conclut rien, dit le sultan. Sélim étoit
» vif, et mille enfans le sont de même. Ils ne ré-
» fléchissent point, mais ils pensent : le temps
» s'écoule ; la mémoire des choses s'efface ; et ils
» ne se souviennent plus d'avoir pensé ».

Mais par où pensoient-ils, répliqua Mirzoza ; car c'est-là le point de la question ?

« Par la tête, répondit Sélim ».

Et toujours cette tête où l'on ne voit goutte, répliqua la sultane. Laissez-là votre lanterne sourde, dans laquelle vous supposez une lumière qui n'apparoît qu'à celui qui la porte ; écoutez mon expérience ; et convenez de la vérité de mon hypothèse. Il est si constant que l'ame commence par les pieds son progrès dans le corps, qu'il y a des hommes et des femmes en qui elle n'a jamais remonté plus haut. Seigneur, vous avez admiré mille fois la légéreté de Nini et le vol de Saligo ; répondez-moi donc sincèrement : croyez-vous que ces créatures aient l'ame ailleurs que dans les jambes ? Et n'avez-vous pas remarqué que dans Volucer et Zélindor, la tête est soumise aux pieds ? La tentation continuelle d'un danseur, c'est de se considérer les jambes. Dans tous ses pas, l'œil attentif suit la trace du pied, et la tête s'incline respectueusement devant les pieds, ainsi que devant sa hautesse, ses invincibles pachas.

« Je conviens de l'observation, dit Sélim ; mais » je nie qu'elle soit générale ».

Aussi ne prétends-je pas, répliqua Mirzoza, que l'ame se fixe toujours dans les pieds : elle s'avance, elle voyage, elle quitte une partie, elle y revient pour la quitter encore ; mais je soutiens que les autres membres sont toujours subordonnés à celui qu'elle habite. Cela varie selon l'âge, le tempérament, les conjonctures ; et de-là naissent la différence des goûts, la diversité des inclinations, et celle des caractères. N'admirez-vous pas la fécondité de mon principe ? Et la multitude des phénomènes auxquels il s'étend, ne prouve-t-elle pas sa certitude ?

Madame, lui répondit Sélim, si vous en faisiez

l'application à quelques-uns, nous en recevrions peut-être un dégré de conviction que nous attendons encore.

Très-volontiers, répliqua Mirzoza qui commençoit à sentir ses avantages : vous allez être satisfait ; suivez seulement le fil de mes idées. Je ne me pique pas d'argumenter. Je parle sentiment : c'est notre philosophie à nous autres femmes ; et vous l'entendez presqu'aussi bien que nous. Il est assez vraisemblable, ajouta-t-elle, que jusqu'à huit ou dix ans l'ame occupe les pieds et les jambes : mais alors, ou même un peu plus tard, elle abandonne ce logis ou de son propre mouvement, ou par force. Par force, quand un précepteur emploie des machines pour la chasser de son pays natal, et la conduire dans le cerveau, où elle se métamorphose communément en mémoire et presque jamais en jugement. C'est le sort des enfans de collège. Pareillement, s'il arrive qu'une gouvernante imbécille se travaille à former une jeune personne, lui farcisse l'esprit de connoissances, et néglige le cœur et les mœurs, l'ame vole rapidement vers la tête, s'arrête sur la langue, ou se fixe dans les yeux ; et son élève n'est qu'une babillarde ennuyeuse, ou qu'une coquette. Ainsi la femme voluptueuse est celle dont l'ame occupe le bijou, et ne s'en écarte jamais.

La femme galante, celle dont l'ame est tantôt dans le bijou, et tantôt dans les yeux.

La femme tendre, celle dont l'ame est habituellement dans le cœur, mais quelquefois aussi dans le bijou.

La femme vertueuse, celle dont l'ame est tantôt dans la tête, tantôt dans le cœur, mais jamais ailleurs.

Si l'ame se fixe dans le cœur, elle formera les caractères sensibles, compatissans, vrais, généreux. Si, quittant le cœur pour n'y plus revenir, elle se relègue dans la tête, alors elle constituera ceux que nous traitons d'hommes durs, ingrats, fourbes et cruels.

La classe de ceux en qui l'ame ne visite la tête que comme une maison de campagne où son séjour n'est pas long, est très-nombreuse. Elle est composée des petits-maîtres, des coquettes, des musiciens, des poëtes, des romanciers, des courtisans, et de tout ce qu'on appelle les jolies femmes. Ecoutez raisonner ces êtres, et vous reconnoîtrez sur-le-champ des ames vagabondes, qui se ressentent des différens climats qu'elles habitent.

« S'il est ainsi, dit Sélim, la nature a fait
» bien des inutilités. Nos sages tiennent toute-
» fois pour constant, qu'elle n'a rien produit en-
» vain ».

Laissons-là vos sages et leurs grands mots, répondit Mirzoza ; et quant à la nature, ne la considérons qu'avec les yeux de l'expérience, et nous en apprendrons qu'elle a placé l'ame dans le corps de l'homme, comme dans un vaste palais, dont elle n'occupe pas toujours le plus bel appartement. La tête et le cœur lui sont principalement destinés, comme le centre des vertus et le séjour de la vérité : mais le plus souvent elle s'arrête en chemin, et préfère un galetas, un lieu suspect, une misérable auberge, où elle s'endort dans une ivresse perpétuelle. Ah ! s'il m'étoit donné seulement pour vingt-quatre heures d'arranger le monde à ma fantaisie, je vous divertirois par un spectacle bien étrange : en un moment j'ôterois à chaque ame les parties de sa demeure qui lui sont superflues ; et vous verriez chaque personne caractérisée par celle qui lui resteroit. Ainsi les danseurs seroient réduits à deux pieds ou à deux jambes tout au plus ; les chanteurs à un gosier ; la plûpart des femmes à un bijou ; les héros et les spadassins à une main armée ; certains savans à un crâne sans cervelle ; il ne resteroit à une joueuse que deux bouts de mains qui agiteroient sans cesse des cartes ; à un glouton, que deux mâchoires toujours en mouvement ; à une coquette, que deux yeux ; à un débauché, que le seul instrument de ses passions : les ignorans et les paresseux seroient réduits à rien.

Pour peu que vous laissassiez de mains aux femmes, interrompit le sultan, ceux que vous réduiriez au seul instrument de leurs passions, seroient courus. Ce seroit une chasse plaisante à voir ; et si l'on étoit par-tout ailleurs aussi avide de ces oiseaux que dans le Congo, bientôt l'espèce en seroit éteinte.

« Mais les personnes tendres et sensibles, les
» amans constans et fidèles, de quoi les compo-
» seriez-vous, demanda Sélim à la favorite » ?

D'un cœur, répondit Mirzoza ; et je sais bien, ajouta-t-elle en regardant tendrement Mangogul, quel est celui à qui le mien chercheroit à s'unir. Le sultan ne put résister à ce discours ; il s'élança de son fauteuil vers sa favorite : ses courtisans disparurent ; et la chaire du nouveau philosophe devint le théâtre de leurs plaisirs : il lui témoigna à plusieurs reprises qu'il n'étoit pas moins enchanté de ses sentimens que de ses discours ; et l'équipage philosophique en fut mis en désordre. Mirzoza rendit à ses femmes les jupons noirs, renvoya au lord sénéchal son énorme perruque, et à M. l'abbé son bonnet quarré, avec assurance qu'il seroit sur la feuille à la nomination prochaine. A quoi ne fût-il point parvenu, s'il eût été bel-esprit ? Une place à l'académie étoit la moindre récompense qu'il pouvoit espérer : mais malheureusement il ne savoit que deux ou trois cents mots, et n'avoit jamais pu parvenir à en composer deux ritournelles.

CHAPITRE XXX.

Suite de la conversation précédente.

Mangogul étoit le seul qui eût écouté la leçon de philosophie de Mirzoza, sans l'avoir interrompue. Comme il contredisoit assez volontiers, elle en fut étonnée. « Le sultan admettoit-il mon
» système d'un bout à l'autre, disoit-elle à elle-
» même ? Non, il n'y a pas de vraisemblance à
» cela. L'auroit-il trouvé trop mauvais, pour dai-
», gner le combattre ? Cela pourroit être. Mes
» idées ne sont pas les plus justes qu'on ait eues
» jusqu'à-présent ; d'accord : mais ce ne sont pas
» non plus les plus fausses ; et je pense qu'on a
» quelquefois imaginé plus mal ».

Pour sortir de ce doute, la favorite se détermina à questionner Mangogul. « Eh bien, prince, lui
» dit-elle, que pensez-vous de mon système » ? Il est admirable, lui répondit le sultan ; je n'y trouve qu'un seul défaut. « Et quel est ce défaut, lui de-
» manda la favorite » ? C'est, dit Mangogul, qu'il est faux de toute fausseté. Il faudroit, en suivant vos idées, que nous eussions tous des ames : or voyez donc, délices de mon cœur, qu'il n'y a pas le sens commun dans cette supposition. « J'ai une
» ame : voilà un animal qui se conduit la plûpart
» du temps comme s'il n'en avoit point : et peut-
» être encore n'en a-t-il point, lors même qu'il

» agit comme s'il en avoit une. Mais il a un nez
» fait comme le mien; je sens que j'ai une ame et
» que je pense : donc cet animal a une âme, et
» pense aussi de son côté ». Il y a mille ans qu'on
fait ce raisonnement, et il y en a tout autant qu'il
est impertinent.

« J'avoue, dit la favorite, qu'il n'est pas tou-
» jours évident que les autres pensent »; et ajoutez,
reprit Mangogul, qu'en cent occasions il est évident qu'ils ne pensent pas. « Mais ce seroit, ce
» me semble, aller bien vîte, reprit Mirzoza, que
» d'en conclure qu'ils n'ont jamais pensé, ni ne
» penseront jamais. On n'est point toujours une
» bête pour l'avoir été quelquefois; et votre hau-
» tesse »......

Mirzoza craignant d'offenser le sultan, s'arrêta
là tout court. « Achevez, madame, lui dit Man-
» gogul, je vous entends; et ma hautesse n'a-
» t-elle jamais fait la bête, voulez-vous dire, n'est-
» ce pas? Je vous répondrai que je l'ai fait quel-
» quefois, et que je pardonnois même alors aux
» autres de me prendre pour telle; car vous vous
» doutez bien qu'ils n'y manquoient pas, quoi-
» qu'ils n'osassent pas me le dire »......Ah!
prince, s'écria la favorite, si les hommes refusoient une ame au plus grand monarque du monde,
à qui en pourroient-ils accorder une ?

« Trève de complimens, dit Mangogul. J'ai dé-
» posé pour un moment la couronne et le sceptre.

» J'ai cessé d'être sultan pour être philosophe, et
» je puis entendre et dire la vérité. Je vous ai, je
» crois, donné des preuves de l'un; et vous m'a-
» vez insinué, sans m'offenser, et tout à votre aise,
» que je n'avois été quelquefois qu'une bête. Souf-
» frez que j'achève de remplir les devoirs de mon
» nouveau caractère ».

« Loin de convenir avec vous, continua-t-il,
» que tout ce qui porte des pieds, des bras, des
» mains, des yeux et des oreilles ; comme j'en
» ai, possède une ame comme moi, je vous
» déclare que je suis persuadé, à n'en jamais
» démordre, que les trois quarts des hommes
» et toutes les femmes ne sont que des auto-
» mates ».

Il pourroit bien y avoir dans ce que vous dites
là, répondit la favorite, autant de vérité que de
politesse.

« Oh! dit le sultan, voilà-t-il pas que madame
» se fâche ; et de quoi diable vous avisez-vous
» de philosopher, si vous ne voulez pas qu'on
» vous parle vrai ? Est-ce dans les écoles qu'il
» faut chercher la politesse ? Je vous ai laissé
» vos coudées franches ; que j'aie les miennes
» libres, s'il vous plaît. Je vous disois donc que
» vous êtes toutes des bêtes ».

Oui, prince ; et c'est ce qui vous restoit à
prouver, ajouta Mirzoza.

« C'est le plus aisé, répondit le sultan ».

Alors il se mit à débiter toutes les impertinences qu'on a dites et redites, avec le moins d'esprit et de légèreté qu'il est possible, contre un sexe qui possède au souverain dégré ces deux qualités. Jamais la patience de Mirzoza ne fut mise à une plus forte épreuve ; et vous ne vous seriez jamais tant ennuyé de votre vie, si je vous rapportois tous les raisonnemens de Mangogul. Ce prince, qui ne manquoit pas de bon sens, fut ce jour-là d'une absurdité qui ne se conçoit pas. Vous en allez juger. « Il est si vrai, morbleu, di-
» soit-il, que la femme n'est qu'un animal,
» que je gage qu'en tournant l'anneau de Cucufa
» sur ma jument, je la fais parler comme une
» femme ».

Voilà, sans contredit, lui répondit Mirzoza, l'argument le plus fort qu'on ait fait et qu'on fera jamais contre nous. Puis elle se mit à rire comme une folle. Mangogul dépité de ce que ses ris ne finissoient point, sortit brusquement, résolu de tenter la bizarre expérience qui s'étoit présentée à son imagination.

CHAPITRE XXXI.

Treizième essai de l'anneau.

LA PETITE JUMENT.

Je ne suis pas grand faiseur de portraits. J'ai épargné au lecteur celui de la sultane favorite ; mais je ne me résoudrai jamais à lui faire grace de celui de la jument du sultan. Sa taille étoit médiocre : elle se tenoit assez bien ; on lui reprochoit seulement de laisser un peu tomber sa tête en devant. Elle avoit le poil blond, l'œil bleu, le pied petit, la jambe sèche, le jarret ferme, et la croupe légère. On lui avoit appris long-temps à danser; et elle faisoit la révérence comme un président à la messe rouge. C'étoit en somme une assez jolie bête ; douce sur-tout : on la montoit aisément ; mais il falloit être excellent écuyer, pour n'en être pas désarçonné. Elle avoit appartenu au sénateur Aaron ; mais un beau soir, voilà la petite quinteuse qui prend le mors aux dents, jette monsieur le rapporteur les quatre fers en l'air ; et s'enfuit à toute bride dans les haras du sultan, emportant sur son dos, selle, bride, harnois, housse et caparaçon de prix, qui lui alloient si bien, qu'on ne jugea pas à propos de les renvoyer.

Mangogul descendit dans ses écuries, accom-

pagné de son premier secrétaire Ziguezague. « Ecoutez attentivement, lui dit-il, et écrivez »....
A l'instant il tourna sa bague sur la jument, qui se mit à sauter, caracoler, ruer, volter en hennissant sous queue.... « A quoi pensez-vous, » dit le prince à son secrétaire; écrivez donc »... Sultan, répondit Ziguezague, j'attends que votre hautesse commence... « Ma jument, dit Man-
» gogul, vous dictera pour cette fois; écrivez ».

Ziguezague, que cet ordre humilioit trop à son avis, prit la liberté de représenter au sultan qu'il se tiendroit toujours fort honoré d'être son secrétaire, mais non celui de sa jument... « Ecrivez,
» vous dis-je, lui réitéra le sultan ». Prince, je ne puis, répliqua Ziguezague ; je ne sais point l'orthographe de ces sortes de mots... « Ecrivez
» toujours, dit encore le sultan »... Je suis au désespoir de désobéir à votre hautesse, ajouta Ziguezague ; mais.... « Mais, vous êtes un fa-
» quin, interrompit Mangogul irrité d'un refus
» si déplacé; sortez de mon palais, et n'y re-
» paroissez point ».

Le pauvre Ziguezague disparut, instruit, par son expérience, qu'un homme de cœur ne doit point entrer chez la plûpart des grands, où doit laisser ses sentimens à la porte. On appela son second. C'étoit un provençal franc, honnête, mais sur-tout désintéressé. Il vola où il crut que son devoir et sa fortune l'appeloient, fit un profond salut au sultan, un plus profond à sa jument, et écrivit tout ce qu'il plut à la cavale de dicter.

On trouvera bon que je renvoie ceux qui seront curieux de son discours, aux archives du Congo. Ce prince en fit distribuer sur-le-champ des copies à tous ses interprètes et professeurs en langues étrangères, tant anciennes que modernes. L'un dit que c'étoit une scène de quelques vieilles tragédies grecques qui lui paroissoit fort touchante ; un autre parvint, à force de tête, à découvrir que c'étoit un fragment important de la théologie des Egyptiens : celui-ci prétendoit que c'étoit l'exorde de l'oraison funèbre d'Annibal en carthaginois : celui-là assura que la pièce étoit écrite en chinois, et que c'étoit une prière fort dévote à Confucius.

Tandis que les érudits impatientoient le sultan avec leurs savantes conjectures, il se rappela les voyages de Gulliver, et ne douta point qu'un homme qui avoit séjourné aussi long-temps que cet anglois dans une île où les chevaux ont un gouvernement, des loix, des rois, des dieux, des prêtres, une religion, des temples et des autels, et qui paroissoit si parfaitement instruit de leurs mœurs et de leurs coutumes, n'eût une intelligence parfaite de leur langue. En effet, Gulliver lut et interpréta tout courant le discours de la jument, malgré les fautes d'écriture dont il fourmilloit. C'est même la seule bonne traduction qu'on ait dans tout le Congo. Mangogul apprit, à sa propre satisfaction et à l'honneur de son système, que c'étoit un abrégé historique des amours d'un vieux pacha à trois queues avec une petite jument, qui avoit été saillie par une multitude innombrable de baudets, avant lui; anecdote singulière, mais dont la vérité n'étoit ignorée, ni du sultan, ni d'aucun autre, à la cour, à Banza, et dans le reste de l'empire.

CHAPITRE XXXII.

Le meilleur peut-être, et le moins lu de cette histoire.

Rêve de Mangogul, ou voyage dans la région des hypothèses.

AHI, dit Mangogul en bâillant et se frottant les yeux, j'ai mal à la tête. Qu'on ne me parle jamais philosophie. Ces conversations sont mal-saines. Hier, je me couchai sur des idées creuses, et au-lieu de dormir en sultan, mon cerveau a plus travaillé que ceux de mes ministres ne travailleront en un an. Vous riez; mais pour vous convaincre que je n'exagère point, et me venger de la mauvaise nuit que vos raisonnemens m'ont procurée, vous allez essuyer mon rêve tout du long.

Je commençois à m'assoupir, et mon imagination à prendre son essor, lorsque je vis bondir à mes côtés un animal singulier. Il avoit la tête de l'aigle, les pieds du griffon, le corps du cheval, et la queue du lion. Je le saisis malgré ses caracoles ; et m'attachant à sa crinière, je sautai légèrement sur son dos. Aussi-tôt il déploya de longues ailes qui partoient de ses flancs, et je me sentis porter dans les airs avec une vitesse incroyable.

Notre course avoit été longue, lorsque j'apperçus dans le vague de l'espace, un édifice suspendu comme par enchantement. Il étoit vaste. Je ne dirai point qu'il péchât par les fondemens ; car il ne portoit sur rien. Ses colonnes, qui n'avoient pas un demi-pied de diamètre, s'élevoient à perte de vue, et soutenoient des voûtes qu'on ne distinguoit qu'à la faveur des jours dont elles étoient symmétriquement percées.

C'est à l'entrée de cet édifice que ma monture s'arrêta. Je balançai d'abord à mettre pied à terre ; car je trouvois moins de hasard à voltiger sur mon hippogryfe, qu'à me promener sous ce portique. Cependant encouragé par la multitude de ceux qui l'habitoient, et par une sécurité remarquable qui régnoit sur tous les visages, je descends, je m'avance, je me jette dans la foule, et je considère ceux qui la faisoient.

C'étoient des vieillards ou bouffis ou fluets, sans embonpoint et sans force, et presque tous contrefaits. L'un avoit la tête trop petite ; l'autre, les bras trop courts. Celui-ci péchoit par le corps ;

celui-là manquoit par les jambes. La plûpart n'avoient point de pieds, et n'alloient qu'avec des béquilles. Un souffle les faisoit tomber; et ils demeuroient à terre, jusqu'à ce qu'il prît envie à quelque nouveau débarqué de les relever. Malgré tous ces défauts, ils plaisoient au premier coup-d'œil. Ils avoient dans la physionomie je ne sais quoi d'intéressant et de hardi. Ils étoient presque nuds, car tout leur vêtement consistoit en un petit lambeau d'étoffe qui ne couvroit pas la centième partie de leur corps.

Je continue de fendre la presse, et je parviens au pied d'une tribune à laquelle une grande toile d'araignée servoit de dais. Du reste, sa hardiesse répondoit à celle de l'édifice. Elle me parut posée comme sur la pointe d'une aiguille; et s'y soutenir en équilibre. Cent fois je tremblai pour le personnage qui l'occupoit. C'étoit un vieillard à longue barbe, aussi sec et plus nud qu'aucun de ses disciples. Il trempoit, dans une coupe pleine d'un fluide subtil, un chalumeau qu'il portoit à sa bouche, et souffloit des bulles à une foule de spectateurs qui l'environnoient, et qui travailloient à les porter jusqu'aux nues.

« Où suis-je, me dis-je à moi-même, confus
» de ces puérilités ? Que veut dire ce souffleur
» avec ses bulles, et tous ces enfans décrépits,
» occupés à les faire voler ? Qui me développera
» ces choses » ?.....Les petits échantillons d'é-

toffes m'avoient encore frappé, et j'avois observé que plus ils étoient grands, moins ceux qui les portoient s'intéressoient aux bulles. Cette remarque singulière m'encouragea à aborder celui qui me paroîtroit le moins déshabillé.

J'en vis un dont les épaules étoient à moitié couvertes de lambeaux si bien rapprochés, que l'art déroboit aux yeux les coutures. Il alloit et venoit dans la foule, s'embarrassant assez peu de ce qui s'y passoit. Je lui trouvai l'air affable, la bouche riante, la démarche noble, le regard doux; et j'allai droit à lui. « Qui êtes-vous ? où suis-je ? » et qui sont tous ces gens ? lui demandai-je sans » façon »..... Je suis Platon, me répondit-il. Vous êtes dans la région des hypothèses; et ces gens-là sont des systématiques. « Mais par quel » hasard, lui répliquai-je, le divin Platon se trou- » ve-t-il ici; et que fait-il parmi ces insensés » ?.... Des recrues, me dit-il. J'ai loin de ce portique un petit sanctuaire, où je conduis ceux qui reviennent des systêmes. « Et à quoi les occupez- » vous »?..... A connoître l'homme, à pratiquer la vertu, et à sacrifier aux graces.... « Ces » occupations sont belles : mais que signifient tous » ces petits lambeaux d'étoffes par lesquels vous » ressemblez mieux à des gueux qu'à des philo- » sophes »? Que me demandez-vous là, dit-il en soupirant, et quel souvenir me rappelez-vous ? Ce temple fut autrefois celui de la philosophie.

Hélas ! que ces lieux sont changés ! La chaire de Socrate étoit dans cet endroit.... « Quoi donc, » lui dis-je en l'interrompant, Socrate avoit-il » un chalumeau, et souffloit-il aussi des bul- » les » ?..... Non, non, me répondit Platon ; ce n'est pas ainsi qu'il mérita des dieux le nom du plus sage des hommes ; c'est à faire des têtes, c'est à former des cœurs, qu'il s'occupa tant qu'il vécut. Le secret s'en perdit à sa mort. Socrate mourut, et les beaux jours de la philosophie passèrent. Ces pièces d'étoffes que ces systématiques même se font honneur de porter, sont des lambeaux de son habit. Il avoit à-peine les yeux fermés, que ceux qui aspiroient au titre de philosophes, se jetèrent sur sa robe et la déchirèrent. » J'entends, repris-je ; et ces pièces leur ont servi » d'étiquette à eux, et à leur longue postérité »...... Qui rassemblera ces morceaux, continua Platon, et nous restituera la robe de Socrate ?

Il en étoit à cette exclamation pathétique, lorsque j'entrevis dans l'éloignement un enfant qui marchoit vers nous à pas lents, mais assurés. Il avoit la tête petite, le corps menu, les bras foibles et les jambes courtes ; mais tous ses membres grossissoient et s'alongeoient à mesure qu'il s'avançoit. Dans le progrès de ses accroissemens successifs, il m'apparut sous cent formes diverses ; je le vis diriger vers le ciel un long télescope, estimer à l'aide d'une pendule la chûte des corps, constater avec un tube rempli de mercure la pesanteur de l'air, et le prisme à la main décomposer la lumière. C'étoit alors un énorme colosse; sa tête touchoit aux cieux, ses pieds se perdoient dans l'abîme, et ses bras s'étendoient de l'un à l'autre pole. Il secouoit de la main droite un flambeau dont la lumière se répandoit au loin dans les airs, éclairoit au fond des eaux, et pénétroit dans les entrailles de la terre. Quelle est, demandai-je à Platon, cette figure gigantesque qui vient à nous? Reconnoissez l'Expérience, me répondit-il; c'est elle-même. A-peine m'eut-il fait cette courte réponse, que je vis l'Expérience approcher, et les colonnes du portique des hypothèses chanceler, ses voûtes s'affaiser, et son pavé s'entr'ouvrir sous nos pieds. « Fuyons, me » dit encore Platon; fuyons: cet édifice n'a plus » qu'un moment à durer ». A ces mots, il part; je le suis. Le colosse arrive, frappe le portique, il s'écroule avec un bruit effroyable, et je me réveille.

Ah! prince, s'écria Mirzoza, c'est à faire à vous de rêver. Je serois fort aise que vous eussiez passé une bonne nuit; mais à-présent que je sais votre rêve, je serois bien fâchée que vous ne l'eussiez point eu.

Madame, lui dit Mangogul, je connois des nuits mieux employées que celle de ce rêve qui vous plaît tant; et si j'avois été le maître de mon voyage, il y a toute apparence que n'espérant point vous trouver dans la région des hypothèses, j'aurois tourné mes pas ailleurs. Je n'aurois point actuellement le mal de tête qui m'afflige, ou du-moins j'aurois lieu de m'en consoler.

Prince, lui répondit Mirzoza, il faut espérer que ce ne sera rien, et qu'un ou deux essais de votre anneau vous en délivreront. Il faut voir, dit Mangogul; la conversation dura quelques mo-mens encore entre le sultan et Mirzoza; et il ne la quitta que sur les onze heures, pour devenir ce que l'on verra dans le chapitre suivant.

CHAPITRE XXXIII.

Quatorzième essai de l'anneau.

LE BIJOU MUET.

DE toutes les femmes qui brilloient à la cour du sultan, aucune n'avoit plus de graces et d'es-prit que la jeune Eglé, femme du grand échan-son de sa hautesse. Elle étoit de toutes les par-ties de Mangogul, qui aimoit la légèreté de sa conversation; et comme s'il ne dût point y avoir de plaisirs et d'amusemens par-tout où Eglé ne se trouvoit point, Eglé étoit encore de toutes les parties des grands de sa cour. Bals, spectacles, cercles, festins, petits soupers, chasses, jeux;

H *

par-tout on vouloit Eglé ; on la rencontroit par-tout ; il sembloit que le goût des amusemens la multipliât au gré de ceux qui la désiroient. Il n'est donc pas besoin que je dise que s'il n'y avoit aucune femme autant souhaitée qu'Eglé, il n'y en avoit point d'aussi répandue.

Elle avoit toujours été poursuivie d'une foule de soupirans, et l'on s'étoit persuadé qu'elle ne les avoit pas tous maltraités. Soit inadvertance, soit facilité de caractère, ses simples politesses ressembloient souvent à des attentions marquées, et ceux qui cherchoient à lui plaire, supposoient quelquefois de la tendresse dans des regards où elle n'avoit jamais prétendu mettre plus que de l'affabilité. Ni caustique, ni médisante, elle n'ouvroit la bouche que pour dire des choses flatteuses : et c'étoit avec tant d'ame et de vivacité, qu'en plusieurs occasions, ses éloges avoient fait naître le soupçon qu'elle avoit un choix à justifier ; c'est-à-dire, que ce monde dont Eglé faisoit l'ornement et les délices, n'étoit pas digne d'elle.

On croiroit aisément qu'une femme en qui l'on n'avoit peut-être à reprendre qu'un excès de bonté, ne devoit point avoir d'ennemis. Cependant elle en eut, et de cruels. Les dévotes de Banza lui trouvèrent un air trop libre, je ne sais quoi de dissipé dans le maintien ; ne virent dans sa conduite que la fureur des plaisirs du siècle ; en conclurent que ses mœurs étoient au-moins équivoques, et le suggérèrent charitablement à qui voulut les entendre.

Les femmes de la cour ne la traitèrent pas plus favorablement. Elles suspectèrent les liaisons d'Eglé, lui donnèrent des amans, l'honorèrent même de quelques grandes aventures, la mirent pour quelque chose dans d'autres; on savoit des détails, on citoit des témoins. « Eh ! bon, se disoit-on
» à l'oreille, on l'a surprise tête-à-tête avec
» Melraim dans un des bosquets du grand parc.
» Eglé ne manque pas d'esprit, ajouta-t-on,
» mais Melraim en a trop pour s'amuser de ses
» discours, à dix heures du soir, dans un bos-
» quet... Vous vous trompez, répondoit un petit-
» maître; je me suis promené cent fois sur la
» brune avec elle, et je m'en suis assez bien
» trouvé. Mais à propos, savez-vous que Zulé-
» mar est assidu à sa toilette?... Sans-doute,
» nous le savons, et qu'elle ne fait de toilette
» que quand son mari est de service chez le sul-
» tan... Le pauvre Célébi, continuoit une autre,
» sa femme l'affiche, en vérité, avec cette aigrette
» et ces boucles qu'elle a reçues du pacha Ismael...
» Est-il bien vrai, madame?.... C'est la pure
» vérité : je le tiens d'elle-même; mais au nom
» de Brama, que ceci ne nous passe point; Eglé
» est mon amie, et je serois bien fâchée......
» Hélas! s'écrioit douloureusement une troisième:
» la pauvre petite créature se perd de gaîté de

» cœur. C'est dommage pourtant. Mais aussi vingt
» intrigues à-la-fois. Cela me paroît fort ».

Les petits-maîtres ne la ménageoient pas davantage. L'un racontoit une partie de chasse où ils s'étoient égarés ensemble. Un autre dissimuloit, par respect pour le sexe, les suites d'une conversation fort vive qu'il avoit eue sous le masque avec elle, dans un bal où il l'avoit accrochée. Celui-ci faisoit l'éloge de son esprit et de ses charmes, et le terminoit en montrant son portrait, qu'à l'en croire il tenoit de la meilleure main. « Ce portrait, disoit celui-là, est plus res-
» semblant que celui dont elle a fait présent à
» Jénaki ».

Ces discours passèrent jusqu'à son époux. Célébi aimoit sa femme, mais décemment toute-fois, et sans que personne eu eût le moindre soupçon : il se refusa d'abord aux premiers rapports ; mais on revint à la charge, et de tant de côtés, qu'il crut ses amis plus clairvoyans que lui : plus il avoit accordé de liberté à Eglé, plus il eut de soupçon qu'elle en avoit abusé. La jalousie s'empara de son ame. Il commença par gêner sa femme. Eglé souffrit d'autant plus impatiemment ce changement de procédé, qu'elle se sentoit innocente. Sa vivacité et les conseils de ses bonnes amies, la précipitèrent dans des démarches inconsidérées, qui mirent toutes les apparences contre elle, et qui pensèrent lui couter la vie. Le violent

Célébi roula quelque temps dans sa tête mille projets de vengeance, et le fer, et le poison, et le lacet fatal; et se détermina pour un supplice plus lent et plus cruel, une retraite dans ses terres. C'est une mort véritable pour une femme de cour. En un mot, les ordres sont donnés; un soir Eglé apprend son sort; on est insensible à ses larmes; on n'écoute plus ses raisons; et la voilà reléguée à quatre-vingt lieues de Banza, dans un vieux château, où on ne lui laisse pour toute compagnie, que deux femmes et quatre eunuques noirs qui la gardent à vue.

A-peine fut-elle partie, qu'elle fut innocente. Les petits-maîtres oublièrent ses aventures, les femmes lui pardonnèrent son esprit et ses charmes, et tout le monde la plaignit. Mangogul apprit de la bouche même de Célébi, les motifs de la terrible résolution qu'il avoit prise contre sa femme, et parut seul l'approuver.

Il y avoit près de six mois que la malheureuse Eglé gémissoit dans son exil, lorsque l'aventure de Kersael arriva. Mirzoza souhaitoit qu'elle fût innocente, mais elle n'osoit s'en flatter. Cependant elle dit un jour au sultan : « Votre anneau
» qui vient de conserver la vie à Kersael, ne
» pourroit-il pas finir l'exil d'Eglé ? Mais je n'y
» pense pas; il faudroit pour cela consulter son
» bijou ; et la pauvre recluse périt d'ennui à
» quatre-vingt lieues d'ici »... Vous intéressez-

vous beaucoup, lui répondit Mangogul, au sort d'Eglé ? « Oui, prince ; sur-tout si elle est inno- » cente, dit Mirzoza »... Vous en saurez des nouvelles avant une heure d'ici, répliqua Mangogul. Ne vous souvient-il plus des propriétés de ma bague ?.... A ces mots, il passa dans ses jardins, tourna son anneau, et se trouva en moins de quinze minutes dans le parc du château qu'habitoit Eglé.

Il y découvrit Eglé seule et accablée de douleur ; elle avoit la tête appuyée sur sa main ; elle proféroit tendrement le nom de son époux ; et elle arrosoit de ses larmes un gazon sur lequel elle étoit assise. Mangogul s'approcha d'elle en tournant son anneau, et le bijou d'Eglé dit tristement : » J'aime Célébi ». Le sultan attendit la suite ; mais la suite ne venant point, il s'en prit à son anneau, qu'il frotta deux ou trois fois contre son chapeau, avant que de le diriger sur Eglé : mais sa peine fut inutile. Le bijou reprit : « J'aime » Célébi » ; et s'arrêta tout court. Voilà, dit le sultan, un bijou bien discret. Voyons encore, et serrons-lui de plus près le bouton. En-même-temps il donna à sa bague toute l'énergie qu'elle pouvoit recevoir, et la tourna subitement sur Eglé : mais son bijou continua d'être muet. Il garda constamment le silence, ou ne l'interrompit que pour répéter ces paroles plaintives : « J'aime » Célébi, et n'en ai jamais aimé d'autres ».

Mangogul prit son parti, et revint en quinze minutes chez Mirzoza. « Quoi ! prince, lui dit-elle, déjà de retour ? Eh bien ! qu'avez-vous appris ? Rapportez-vous matière à nos conversations » ?.... Je ne rapporte rien, lui répondit le sultan..... Quoi ! rien ?.... Précisément rien. Je n'ai jamais entendu de bijou plus taciturne, et n'en ai pu tirer que ces mots : J'aime » Célébi ; j'aime Célébi, et n'en ai jamais aimé » d'autres. = Ah ! prince, reprit vivement Mirzoza ; que me dites-vous là ? Quelle heureuse » nouvelle ! Voilà donc enfin une femme sage. » Souffrirez-vous qu'elle soit plus long-temps » malheureuse » ? Non, répondit Mangogul : son exil va finir, mais ne craignez-vous point que ce soit aux dépens de sa vertu ? Eglé est sage ; mais voyez, délices de mon cœur, ce que vous exigez de moi ; que je la rappelle à ma cour, afin qu'elle continue de l'être : cependant vous serez satisfaite.

Le sultan manda sur-le-champ Célébi, et lui dit : Qu'ayant approfondi les bruits répandus sur le compte d'Eglé, il les avoit reconnus faux, calomnieux, et qu'il lui ordonnoit de la ramener à la cour. Célébi obéit, et présenta sa femme à Mangogul : elle voulut se jeter aux pieds de sa hautesse ; mais le sultan l'arrêtant : « Madame, » lui dit-il, remerciez Mirzoza. Son amitié pour » vous m'a déterminé à éclaircir la vérité des faits

» qu'on vous imputoit. Continuez d'embellir ma
» cour ; mais souvenez-vous qu'une jolie femme
» se fait quelquefois autant de tort par des im-
»' prudences que par des aventures ».

Dès le lendemain Eglé reparut chez la Manimonbanda, qui l'accueillit d'un souris. Les petits-maîtres redoublèrent auprès d'elle de fadeurs, et les femmes coururent toutes l'embrasser, la féliciter, et recommencèrent de la déchirer.

CHAPITRE XXXIV.

Mangogul avoit-il raison ?

DEPUIS que Mangogul avoit reçu le présent fatal de Cucufa, les ridicules et les vices du sexe étoient devenus la matière éternelle de ses plaisanteries : il ne finissoit pas ; et la favorite en fut souvent ennuyée. Mais deux effets cruels de l'ennui sur Mirzoza, ainsi que sur bien d'autres qu'elle, c'étoit de la mettre en mauvaise humeur, et de jeter de l'aigreur dans ses propos. Alors malheur à ceux qui l'approchoient ; elle ne distinguoit personne ; et le sultan même n'étoit pas épargné.

« Prince, lui disoit-elle un jour dans un de ces
» momens fâcheux, vous qui savez tant de choses,
» vous ignorez peut-être la nouvelle du jour »....
Et quelle est-elle, demanda Mangogul ?.....
« C'est que vous apprenez par cœur tous les

» matins, trois pages de Brantome ou d'Ouville :
» on n'assure pas de ces deux profonds écrivains
» quel est le préféré »…. On se trompe, madame, répondit Mangogul, c'est le Crébillon
qui…. « Oh ! ne vous défendez pas de cette lec-
» ture, interrompit la favorite. Les nouvelles mé-
» disances qu'on fait de nous sont si maussades,
» qu'il vaut encore mieux réchauffer les vieilles.
» Il y a vraîment de fort bonnes choses dans ce
» Brantome : si vous joigniez à ses historiettes
» trois ou quatre chapitres de Bayle, vous auriez
» incessamment à vous seul autant d'esprit que
» le marquis D'….. et le chevalier de Mouhi.
» Cela répandroit dans vos entretiens une variété
» surprenante. Lorsque vous auriez équipé les
» femmes de toute pièce, vous reviendriez sur les
» pagodes ; des pagodes, vous tomberiez sur les
» femmes. En vérité, il ne vous manque qu'un
» petit recueil d'impiétés, pour être tout-à-fait
» amusant ».

Vous avez raison, madame, lui répondit Mangogul ; et je m'en ferai pourvoir. Celui qui craint
d'être dupe dans ce monde et dans l'autre, ne peut
trop se méfier de la puissance des pagodes, de la
probité des hommes, et de la sagesse des femmes.

« C'est donc, à votre avis, quelque chose de
» bien équivoque que cette sagesse, reprit Mir-
» zoza »?..... Au-delà de tout ce que vous imaginez, répondit Mangogul.

« Prince, répartit Mirzoza, vous m'avez donné
» cent fois vos ministres pour les plus honnêtes
» gens du Congo. J'ai tant essuyé les éloges de
» votre sénéchal, des gouverneurs de vos provin-
» ces, de vos secrétaires, de votre trésorier,
» en un mot de tous vos officiers, que je suis en
» état de vous les répéter mot pour mot. Il est
» étrange que l'objet de votre tendresse soit seul
» excepté de la bonne opinion que vous avez con-
» çue de ceux qui ont l'honneur de vous approcher ».

Et qui vous a dit que cela soit, lui répliqua le sultan ? Songez donc, madame, que vous n'entrez pour rien dans les discours, vrais ou faux, que je tiens des femmes, à-moins qu'il ne vous plaise de représenter le sexe en général....

Je ne le conseillerois pas à madame, ajouta Sélim, qui étoit présent à cette conversation. Elle n'y pourroit gagner que des défauts.

« Je ne reçois point, répondit Mirzoza, les
» complimens que l'on m'adresse aux dépens de mes
» semblables. Quand on s'avise de me louer, je
» voudrois qu'il n'en coûtât rien à personne. La
» plûpart des galanteries qu'on nous débite, res-
» semblent aux fêtes somptueuses que votre hau-
» tesse reçoit de ses pachas : ce n'est jamais qu'à
» la charge du public ».

Laissons cela, dit Mangogul. Mais en bonne foi, n'êtes-vous pas convaincue que la vertu des femmes du Congo n'est qu'une chimère ? Voyez donc, délices de mon ame ; quelle est aujourd'hui l'éducation à la mode, quels exemples les jeunes personnes reçoivent de leurs mères, et comment on vous coëffe une jolie femme du préjugé que de se renfermer dans son domestique, régler sa maison, et s'en tenir à son époux, c'est mener une vie lugubre, périr d'ennui, et s'enterrer toute vive. Et puis nous sommes si entreprenans, nous autres hommes, et une jeune enfant sans expérience est si comblée de se voir entreprise. J'ai prétendu que les femmes sages étoient rares, excessivement rares ; et, loin de m'en dédire, j'ajouterois volontiers qu'il est surprenant qu'elles ne le soient pas davantage. Demandez à Sélim ce qu'il en pense.

« Prince, répondit Mirzoza, Sélim doit trop
» à notre sexe, pour le déchirer impitoyable-
» ment ».

Madame, dit Sélim, sa hautesse, à qui il n'a pas été possible de rencontrer des cruelles, doit naturellement penser des femmes, comme elle fait ; et vous, qui avez la bonté de juger des autres par vous-même, n'en pouvez guère avoir d'autres idées que celles que vous défendez. J'avouerai cependant que je ne suis pas éloigné de croire qu'il y a des femmes de jugement à qui les avantages de la vertu sont connus par expérience, et que la réflexion a éclairées sur les suites fâcheuses du désordre ; des femmes heureusement nées, bien élevées, qui ont appris à sentir leur devoir, qui l'aiment, et qui ne s'en écarteront jamais.

« Et sans se perdre en raisonnemens, ajouta
» la favorite, Églé, vive, aimable, charmante,
» n'est-elle pas en-même-temps un modèle de sa-
» gesse ? Prince, vous n'en pouvez douter, et
» tout Banza le sait de votre bouche : or, s'il y a
» une femme sage, il peut y en avoir mille ».

Oh ! pour la possibilité, dit Mangogul, je ne la dispute point.

« Mais si vous convenez qu'elles sont possi-
» bles, reprit Mirzoza, qui vous a révélé qu'elles
» n'existoient pas » ?

Rien que leurs bijoux, répondit le sultan. Je conviens toute-fois que ce témoignage n'est pas de la force de votre argument. Que je devienne taupe, si vous ne l'avez pris à quelque bramine. Faites appeler le chapelain de la Manimonbanda, et il vous dira que vous m'avez prouvé l'existence des femmes sages, à-peu-près comme on démontre celle de Brama en braminologie. Par hasard, n'auriez-vous point fait un cours dans cette sublime école, avant que d'entrer au serrail ?

« Point de mauvaises plaisanteries, reprit Mir-
» zoza. Je ne conclus pas seulement de la pos-
» sibilité ; je pars d'un fait, d'une expérience ».

Oui, continua Mangogul ; d'un fait mutilé, d'une expérience isolée, tandis que j'ai pour moi une foule d'essais que vous connoissez bien : mais je ne veux point ajouter à votre humeur, par une plus longue contradiction.

« Il est heureux, dit Mirzoza d'un ton chagrin, » qu'au bout de deux heures vous vous lassiez de » me persécuter ».

Si j'ai commis cette faute, répondit Mangogul, je vais tâcher de la réparer. Madame, je vous abandonne tous mes avantages passés; et si je rencontre dans la suite des épreuves qui me restent à tenter, une seule femme vraiment et constamment sage..... « Que ferez-vous, interrompit vivement Mirzoza »?...

Je publierai, si vous voulez, que je suis enchanté de votre raisonnement sur la possibilité des femmes sages; j'accréditerai votre logique de tout mon pouvoir, et je vous donnerai mon château d'Amara, avec toutes les porcelaines de Saxe dont il est orné, sans en excepter le petit sapajou en émail, et les autres colifichets précieux qui me viennent du cabinet de madame de Verrue.

« Prince, dit Mirzoza, je me contenterai des » porcelaines du château et du petit sapajou ».

Soit, répondit Mangogul; Sélim nous jugera. Je ne demande que quelque délai, avant que d'interroger le bijou d'Eglé. Il faut bien laisser à l'air de la cour, et à la jalousie de son époux, le tems d'opérer.

Mirzoza accorda le mois à Mangogul; c'étoit la moitié plus qu'il ne demandoit; et ils se séparèrent également remplis d'espérance. Tout Banza l'eût été de paris pour et contre, si la promesse du sultan se fût divulguée. Mais Sélim se tut, et Mangogul se mit clandestinement en devoir de gagner ou de perdre. Il sortoit de l'appartement de la favorite, lorsqu'il l'entendit qui, lui crioit du fond de son cabinet : « Prince, et le » petit sapajou ». Et le petit sapajou, lui répondit Mangogul, en s'éloignant. Il alloit de ce pas dans la petite maison d'un sénateur, où nous le suivrons.

CHAPITRE XXXV.

Quinzième essai de l'anneau.

ALPHANE.

Le sultan n'ignoroit pas que les jeunes seigneurs de la cour avoient tous des petites maisons ; mais il apprit que ces réduits étoient aussi à l'usage de quelques sénateurs. Il en fut étonné. « Que » fait-on là ? se dit-il en lui-même (car il » conservera dans ce volume l'habitude de parler » seul, qu'il a contractée dans le premier). Il » me semble qu'un homme, à qui je confie la tran- » quillité, la fortune, la liberté et la vie de mon » peuple, ne doit point avoir de petite maison. » Mais la petite maison d'un sénateur est peut-

» être autre chose que celle d'un petit-maître...
» Un magistrat devant qui l'on discute les inté-
» rêts les plus grands de mes sujets, et qui tient
» en ses mains l'urne fatale d'où il tirera le sort
» de la veuve, oublieroit la dignité de son état,
» l'importance de son ministère; et tandis que
» Cochin fatigue vainement ses poumons à porter
» jusqu'à ses oreilles les cris de l'orphelin, il mé-
» diteroit dans sa tête les sujets galans qui doivent
» orner les dessus de porte d'un lieu de débauches
» secrettes!... Cela ne peut être.... Voyons
» pourtant ».

Il dit, et part pour Alcanto. C'est là qu'est située la petite maison du sénateur Hyppomanès. Il entre; il parcourt les appartemens, il en examine l'ameublement. Tout lui paroît galant. La petite maison d'Agésile, le plus délicat et le plus voluptueux de ses courtisans, n'est pas mieux. Il se déterminoit à sortir, ne sachant que penser; car après tous les lits de repos, les alcoves à glace, les sophas mollets, et le cabinet de liqueurs ambrées, le reste n'étoit que des témoins muets de ce qu'il avoit envie d'apprendre, lorsqu'il apperçut une grosse figure étendue sur une duchesse, et plongée dans un sommeil profond. Il tourna son anneau sur elle, et tira de son bijou les anecdotes suivantes.

« Alphane est fille d'un robin. Si sa mère eût
» moins vécu, je ne serois pas ici. Les biens im-

» menses de la famille se sont éclipsés entre les
», mains de la vieille folle ; et elle n'a presque rien
» laissé à quatre enfans qu'elle avoit, trois garçons
» et une fille dont je suis le bijou. Hélas! c'est bien
» pour mes péchés ! Que d'affronts j'ai soufferts !
» qu'il m'en reste encore à souffrir ! On disoit
» dans le monde que le cloître convenoit assez à
» la fortune et à la figure de ma maîtresse ; mais
» je sentois qu'il ne me convenoit point à moi : je
» préférai l'art militaire à l'état monastique, et je
» fis mes premières campagnes sous l'émir Aza-
» laph. Je me perfectionnai sous le grand Nanga-
» zaki. Mais l'ingratitude du service m'en a dé-
» taché, et j'ai quitté l'épée pour la robe. Je vais
» donc appartenir à un petit faquin de sénateur
» tout bouffi de ses talens, de son esprit, de sa
» figure, de son équipage et de ses ayeux. Depuis
» deux heures je l'attends. Il viendra apparem-
» ment ; car son intendant m'a prévenu que,
» quand il vient, c'est sa manie que de se faire at-
» tendre long-temps ».

Le bijou d'Alphane en étoit là, lorsqu'Hyppomanès arriva. Au fracas de son équipage, et aux
caresses de sa familière levrette, Alphane s'éveilla.

« Enfin vous voilà donc, ma reine, lui dit le
» petit président. On a bien de la peine à vous
» avoir. Parlez, comment trouvez-vous ma pe-
» tite maison ; elle en vaut bien une autre, n'est-
» ce pas »?

Alphane jouant la niaise, la timide, la désolée, comme si nous n'eussions jamais vu de petites maisons, disoit son bijou, et que je ne fusse jamais entré pour rien dans ses aventures, s'écria douloureusement : « Monsieur le président, je fais pour vous
» une démarche étrange. Il faut que je sois entraî-
» née par une terrible passion, pour en être aveu-
» glée sur les dangers que je cours ; car enfin, que
» ne diroit-on pas, si l'on me soupçonnoit ici » ?

Vous avez raison, lui dit Hyppomanès ; votre démarche est équivoque. Mais vous pouvez compter sur ma discrétion.

« Mais, reprit Alphane, je compte aussi sur
» votre sagesse ».

Oh ! pour cela, lui dit Hyppomanès en ricannant, je serai fort sage ; et le moyen de n'être pas dévot comme un ange dans une petite maison ? Sans mentir, vous avez là une gorge charmante....

« Finissez donc, lui répondit Alphane ; déjà
» vous manquez à votre parole ».

Point du tout, lui répliqua le président : mais vous ne m'avez pas répondu. Que vous semble de cet ameublement ? Puis s'adressant à sa levrette : Viens ici, Favorite ; donne la patte, ma fille. C'est une bonne fille que Favorite..... Mademoiselle voudroit-elle faire un tour de jardin ? Allons sur ma terrasse, elle est charmante. Je suis dominé par quelques voisins ; mais peut-être qu'ils ne vous connoîtront pas....

« Monsieur le président, je ne suis pas curieuse,
» lui répondit Alphane d'un ton piqué. Il me sem-
» ble qu'on est mieux ici ».

Comme il vous plaira, reprit Hyppomanès. Si vous êtes fatiguée, voilà un lit. Pour peu que le cœur vous en dise, je vous conseille de l'essayer. La jeune Astérie, la petite Phénice, qui s'y connoissent, m'ont assuré qu'il étoit bon. Tout en tenant ces impertinens propos à Alphane, Hyppomanès tiroit sa robe par les manches, délaçoit son corset, détachoit ses jupes, et dégageoit ses deux gros pieds de deux petites mules.

Lorsqu'Alphane fut presque nue, elle s'apperçut qu'Hyppomanès la déshabilloit... « Que faites-
» vous-là, s'écria-t-elle toute surprise ? Président,
» vous n'y pensez pas. Je me fâcherai tout de bon ».

Ah ! ma reine, lui répondit Hyppomanès, vous fâcher contre un homme qui vous aime comme moi, cela seroit d'une bizarrerie dont vous n'êtes pas capable. Oserois-je vous prier de passer dans ce lit ?

« Dans ce lit, reprit Alphane. Ah ! monsieur le
» président, vous abusez de ma tendresse. Que
» j'aille dans un lit, moi, dans un lit » !

Eh ! non, ma reine, lui répondit Hyppomanès. Ce n'est pas cela; qui vous dit d'y aller? Mais il faut, s'il vous plaît, que vous vous y laissiez conduire ; car vous comprenez bien que de la taille dont vous êtes, je ne puis être d'humeur à vous y porter...

Cependant il la prit à brasse-corps; et faisant quelqu'effort.... Oh ! qu'elle pèse, disoit-il ! Mais, mon enfant, si tu ne t'aides pas, nous n'arriverons jamais.

Alphane sentit qu'il disoit vrai, parvint à se faire lever, et s'avança vers ce lit qui l'avoit tant effrayée, moitié à pied, moitié sur les bras d'Hyppomanès, à qui elle balbutioit en minaudant : « En » vérité, il faut que je sois folle pour être venue. » Je comptois sur votre sagesse, et vous êtes d'une » extravagance inouïe »…. Point du tout, lui répondoit le président, point du tout. Vous voyez bien que je ne fais rien qui ne soit décent, très-décent.

Je pense qu'ils se dirent encore beaucoup d'autres gentillesses; mais le sultan n'ayant pas jugé à propos de suivre leur conversation plus long-temps, elles seront perdues pour la postérité : c'est dommage !

CHAPITRE XXXVI.

Seizième essai de l'anneau.

LES PETITS-MAÎTRES.

Deux fois la semaine il y avoit cercle chez la favorite. Elle nommoit la veille les femmes qu'elle y desiroit, et le sultan donnoit la liste des hommes. On y venoit fort paré. La conversation étoit générale, ou se partageoit. Lorsque l'histoire galante de la cour ne fournissoit pas des aventures amusantes, on en imaginoit, ou l'on s'embarquoit dans quelques mauvais contes; ce qui s'appeloit continuer les Mille et une Nuits. Les hommes avoient le privilège de dire toutes les extravagances qui leur venoient, et les femmes celui de faire des nœuds en les écoutant. Le sultan et la favorite étoient confondus parmi leurs sujets; leur présence n'interdisoit rien de ce qui pouvoit amuser; et il étoit rare qu'on s'ennuyât. Mangogul avoit compris de bonne heure que ce n'étoit qu'au pied du trône qu'on trouve le plaisir; et personne n'en descendoit de meilleure grace, et ne savoit déposer plus à propos la majesté.

Tandis qu'il parcouroit la petite maison du sénateur Hyppomanès, Mirzoza l'attendoit dans le salon couleur de rose, avec la jeune Zaïde, l'enjouée Léocris, la vive Sérica, Amine et Benzaïre, femmes de deux émirs, la prude Orphise et la grande-sénéchale Vétula, mère temporelle de tous les bramines. Il ne tarda pas à paroître. Il entra accompagné du comte Hannetillon et du chevalier Fadaès. Alciphenor, vieux libertin, et le jeune Marmolin son disciple, le suivoient; et deux minutes après, arrivèrent le pacha Grisgrif, l'aga Fortimbek, et le sélictar Patte-de-velours. C'étoit bien les petits-maîtres les plus déterminés de la cour. Mangogul les avoit rassemblés à dessein. Rebattu du récit de leurs galans exploits, il s'étoit proposé de s'en instruire à n'en pouvoir douter plus long-temps. « Eh bien ! messieurs, leur dit-il ; » vous qui n'ignorez rien de ce qui se passe dans » l'empire galant, qu'y fait-on de nouveau ? Où » en sont les bijoux parlans » ?...

Seigneur, répondit Alciphenor, c'est un charivari qui va toujours en augmentant : si cela continue, bientôt on ne s'entendra plus. Mais rien n'est si réjouissant que l'indiscrétion du bijou de Zobeïde. Il a fait à son mari un dénombrement d'aventures. Cela est prodigieux, continua Marmolin : on compte cinq agas, vingt capitaines, une compagnie de janissaires presqu'entière, douze bramines : on ajoute qu'il n'a nommé ; mais c'est une mauvaise plaisanterie. Le bon de l'affaire, reprit Grisgrif, c'est que l'epoux effrayé s'est enfui en se bouchant les oreilles.

« Voilà qui est bien horrible, dit Mirzoza ». Oui, madame, interrompit Fortimbek, horrible, affreux, exécrable ! « Plus que tout cela, si vous vou- » lez, reprit la favorite, de déshonorer une fem- » me sur un ouï-dire ».

Madame, cela est à la lettre ; Marmolin n'a pas ajouté un mot à la vérité, dit Patte-de-velours : cela est positif, dit Grisgrif. Bon, ajouta Hannetillon, il en court déjà une épigramme ; et l'on ne fait pas une épigramme sur rien. Mais pourquoi Marmolin seroit-il à l'abri du caquet des bijoux ?

Celui de Cynare s'est bien avisé de parler à son tour, et de me mêler avec des gens qui ne me vont point du tout. Mais comment obvier à cela ? C'est plus-tôt fait de s'en consoler, dit Patte-de-velours. Vous avez raison, répondit Hannetillon; et tout de suite il se mit à chanter : « Mon bonheur fut si grand, que j'ai peine à le croire.

« Comte, dit Mangogul, en s'adressant à Han-
» netillon, vous avez donc connu particulièrement
» Cynare » ?

Seigneur, répondit Patte-de-velours, qui en doute ? Il l'a promenée pendant plus d'une lune : ils ont été chansonnés; et cela dureroit encore, s'il ne s'étoit enfin apperçu qu'elle n'étoit point jolie, et qu'elle avoit la bouche grande. D'accord, reprit Hannetillon; mais ce défaut étoit réparé par un agrément qui n'est pas ordinaire.

Y a-t-il long-temps de cette aventure, demanda la prude Orphise ? Madame, lui répondit Hannetillon, je n'en ai pas l'époque présente. Il faudroit recourir aux tables chronologiques de mes bonnes fortunes. On y verroit le jour et le moment; mais c'est un gros volume, dont mes gens s'amusent dans mon anti-chambre.

Attendez, dit Alciphenor; je me rappelle que c'est précisément un an après que Grisgrif s'est brouillé avec madame la sénéchale. Elle a une mémoire d'ange, et elle va vous apprendre au juste... que rien n'est plus faux que votre date, répondit gravement la sénéchale. On sait assez que les étourdis n'ont jamais été de mon goût. Cependant, madame, reprit Alciphenor, vous ne nous persuaderez jamais que Marmolin fût excessivement sage, lorsqu'on l'introduisoit dans votre appartement par un escalier dérobé, toutes les fois que sa hautesse appeloit M. le sénéchal au conseil. Je ne vois pas de plus grande extravagance, ajouta Patte-de-velours, que d'entrer furtivement chez une femme, à propos de rien : car on ne pensoit de ses visites que ce qui en étoit; et madame jouissoit déjà de cette réputation de vertu qu'elle a si bien soutenue depuis.

Mais il y a un siècle de cela, dit Fadaès. Ce fut à-peu-près dans ce temps que Zulica fit faux-bond à M. le sélictar qui étoit bien son serviteur, pour occuper Grisgrif qu'elle a planté là six mois après ; elle en est maintenant à Fortimbek. Je ne suis pas fâché de la petite fortune de mon ami ; je la vois, je l'admire, et le tout sans prétention.

Zulica, dit la favorite, est pourtant fort aimable. Elle a de l'esprit, du goût, et je ne sais quoi d'intéressant dans la physionomie, que je préférerois à des charmes. J'en conviens, répondit Fadaès; mais elle est maigre, elle n'a point de gorge, et la cuisse si décharnée, que cela fait pitié.

Vous en savez apparemment des nouvelles, ajouta la sultane. Bon, madame, reprit Hannetillon, cela se devine. J'ai peu fréquenté chez Zulica, et si, j'en sais là-dessus autant que Fadaès. Je le croirois volontiers, dit la favorite.

Mais à propos, pourroit-on demander à Grisgrif, dit le sélictar, si c'est pour long-temps qu'il s'est emparé de Zirphile ? Voilà ce qui s'appelle une jolie femme. Elle a le corps admirable. Ah! qui en doute, ajouta Marmolin ?

Que le sélictar est heureux, continua Fadaès ! Je vous donne Fadaès, interrompit le sélictar, pour le galant le mieux pourvû de la cour. Je lui connois la femme du visir, les deux plus jolies actrices de l'opéra, et une grisette adorable qu'il a placée dans une petite maison. Et je donnerois, reprit Fadaès, et la femme du visir, et les deux actrices, et la grisette, pour un regard d'une certaine femme avec laquelle le sélictar est assez bien, et qui ne se doute seulement pas que tout le monde en est instruit; et s'avançant ensuite vers Léocris : En vérité, madame, lui dit-il, les couleurs vous vont à ravir....

Il y avoit je ne sais combien, dit Marmolin, qu'Hannetillon balançoit entre Mélisse et Fatime; ce sont deux femmes charmantes. Il étoit aujourd'hui pour la blonde Mélisse; demain pour la brune Fatime. Voilà, continua Fadaès, un homme bien embarrassé; que ne les prenoit-il l'une et l'autre. C'est ce qu'il a fait, dit Alciphenor.

Nos petits-maîtres étoient, comme on voit, en assez bon train pour n'en pas rester là, lorsque

Zobeïde, Cynare, Zulica, Mélisse, Fatmé et Zirphile, se firent annoncer. Ce contre-temps les déconcerta pour un moment; mais ils ne tardèrent pas à se remettre, et à tomber sur d'autres femmes qu'ils n'avoient épargnées dans leurs médisances, que parce qu'ils n'avoient pas eu le temps de les déchirer.

Mirzoza, impatientée de leurs discours, leur dit: « Messieurs; avec le mérite et la probité
» sur-tout qu'on est forcé de vous accorder,
» il n'y a pas à douter que vous n'ayez eu toutes
» les bonnes fortunes dont vous vous vantez. Je
» vous avouerai toute-fois que je serois bien aise
» d'entendre là-dessus les bijoux de ces dames;
» et que je remercîrois Brama de grand cœur,
» s'il lui plaisoit de rendre justice à la vérité,
» par leur bouche ».

— C'est-à-dire, reprit Hannetillon, que madame desireroit entendre deux fois les mêmes choses; eh bien! nous allons les lui répéter.

Cependant Mangogul tournoit son anneau suivant le rang d'ancienneté; il débuta par la sénéchale, dont le bijou toussa trois fois, et dit d'une voix tremblante et cassée: « Je dois au
» grand sénéchal les prémices de mes plaisirs;
» mais il y avoit à-peine six mois que je lui ap-
» partenois qu'un jeune bramine fit entendre à
» ma maîtresse qu'on ne manquoit point à son
» époux tant qu'on pensoit à lui. Je goûtai sa

» morale, et je crus pouvoir admettre, dans la
» suite, en sûreté de conscience, un sénateur,
» puis un conseiller d'état, puis un pontife, puis
» un ou deux maîtres de requêtes, puis un mu-
» sicien »..... Et Marmolin ? dit Fadaès; Marmolin, répondit le bijou, je ne le connois pas; à-moins que ce ne soit ce jeune fat que ma maîtresse fit chasser de son hôtel, pour quelques insolences dont je n'ai pas mémoire....

Le bijou de Cynare prit la parole, et dit :
« Alciphenor, Fadaès, Grisgrif, demandez-vous?
» j'étois assez bien faufilé ; mais voilà la pre-
» mière fois de ma vie que j'entends nommer
» ces gens-là; au reste, j'en saurai des nouvelles
» par l'émir Amalek, le financier Ténélor ou le
» visir Abdiram, qui voient toute la terre, et
» qui sont mes amis ».

Le bijou de Cynare est discret, dit Hannetillon ; il passe sous silence Zarafis, Ahiram, et le vieux Trébister, et le jeune Mahmoud qui n'est pas fait pour être oublié ; et n'accuse pas le moindre petit bramine, quoiqu'il y ait dix à douze ans qu'il court les monastères.

« J'ai reçu quelques visites en ma vie, dit le
» bijou de Melisse, mais jamais aucune de
» Grisgrif et de Fortimbek, et moins encore
» d'Hannetillon ».

Bijou, mon cœur, lui répondit Grisgrif, vous vous trompez. Vous pouvez renier Fortimbek et moi tant qu'il vous plaira ; mais pour Hannetillon , il est un peu mieux avec vous que vous n'en convenez. Il m'en a dit un mot ; et c'est le garçon du Congo le plus vrai, qui vaut mieux qu'aucun de ceux que vous avez connus, et qui peut encore faire la réputation d'un bijou.

Celle d'imposteur ne peut lui manquer, non plus qu'à son ami Fadaès, dit en sanglotant le bijou de Fatime. Qu'ai-je fait à ces monstres pour me déshonorer ? Le fils de l'empereur des Abyssins vint à la cour d'Erguebzed ; je lui plûs, il me rendit des soins ; mais il eût échoué, et j'aurois continué d'être fidelle à mon époux qui m'étoit cher, si le traître de Patte-de-velours et son lâche complice Fadaès n'eussent corrompu mes femmes et introduit le jeune prince dans mes bains.

Les bijoux de Zirphile et de Zulica, qui avoient la même cause à défendre , parlèrent tous deux en-même-tems , mais avec tant de rapidité, qu'on eut toutes les peines du monde à rendre à chacun ce qui lui appartenoit..... Des faveurs ! s'écrioit l'un.... A Patte-de-velours, disoit l'autre.... passe pour Zinzim.... Cerbélon.... Bénengel.... Agarias.... l'esclave françois Riqueli.... le jeune éthiopien Thézaea ;... Mais pour le fade Patte-de-velours.... l'insolent Fadaès.... j'en jure par Brama ; j'en atteste la grande pagode et le génie Cucufa.... je ne les connois point... je n'ai jamais rien eu à demêler avec eux...

Zirphile et Zulica parleroient encore, si Mangogul n'eût retourné son anneau; mais sa bague mystérieuse cessant d'agir sur elles, leurs bijoux se turent subitement ; et un silence profond succéda au bruit qu'ils faisoient. Alors le Sultan se leva, et lançant sur nos jeunes étourdis des regards furieux : « Vous êtes bien osés, leur
» dit-il, de déchirer des femmes dont vous n'a-
» vez jamais eu l'honneur d'approcher, et qui
» vous connoissent à-peine de nom. Qui vous
» a fait assez hardis pour mentir en ma pré-
» sence ? tremblez, malheureux ». A ces mots il porta la main sur son cimeterre; mais les femmes, effrayées, poussèrent un cri qui l'arrêta. « J'allois, reprit Mangogul, vous donner
» la mort que vous avez méritée; mais c'est
» aux dames à qui vous avez fait injure à décider
» de votre sort. Vils insectes, il va dépendre
» d'elles de vous écraser ou de vous laisser vivre.
» Parlez, mesdames, qu'ordonnez-vous » ?

Qu'ils vivent, dit Mirzoza ; et qu'ils se taisent, s'il est possible.

« Vivez, reprit le Sultan ; ces dames vous le
» permettent; mais si vous oubliez jamais à
» quelle condition, je jure par l'ame de mon
» père »....

Mangogul n'acheva pas son serment ; il fut

interrompu par un des gentilshommes de sa chambre qui l'avertit que les comédiens étoient prêts. Ce prince s'étoit imposé la loi de ne jamais retarder les spectacles. Qu'on commence, dit-il; et à l'instant il donna la main à la favorite qu'il accompagna jusqu'à sa loge.

CHAPITRE XXXVII.

Dix-septième essai de l'anneau.

LA COMÉDIE.

Si l'on eût connu dans le Congo le goût de la bonne déclamation, il y avoit des comédiens dont on eût pu se passer. Entre trente personnes qui composoient la troupe, à-peine comptoit-on un grand acteur et deux actrices passables. Le génie des auteurs étoit obligé de se prêter à la médiocrité du grand nombre; et l'on ne pouvoit se flatter qu'une pièce seroit jouée avec quelque succès, si l'on n'avoit eu l'attention de modeler ses caractères sur les vices des comédiens. Voilà ce qu'on entendoit de mon tems par avoir l'usage du théâtre. Jadis les acteurs étoient faits pour les pièces; alors l'on faisoit les pièces pour les acteurs; si vous présentiez un ouvrage, on examinoit, sans contredit, si le sujet en étoit intéressant; l'intrigue bien nouée, les caractères soutenus, et la diction pure et coulante ; mais n'y avoit-il point de rôle pour Roscius et pour Amiane, il étoit refusé.

Le kislar Agasi, sur-intendant des plaisirs du sultan, avoit mandé la troupe telle qu'elle, et l'on eut ce jour au serrail la première représentation d'une tragédie. Elle étoit d'un auteur moderne qu'on applaudissoit depuis si long-tems, que sa pièce n'auroit été qu'un tissu d'impertinences, qu'on eût persisté dans l'habitude de l'applaudir ; mais il ne s'étoit pas démenti. Son ouvrage étoit bien écrit, ses scènes amenées avec art, ses incidens adroitement ménagés ; l'intérêt alloit en croissant, et les passions en se développant ; les actes enchaînés naturellement et remplis, tenoient sans cesse le spectateur suspendu sur l'avenir et satisfait du passé ; et l'on en étoit au quatrième de ce chef-d'œuvre, à une scène fort vive qui en préparoit une autre plus intéressante encore, lorsque, pour se sauver du ridicule qu'il y avoit à écouter les endroits touchans, Mangogul tira sa lorgnette, et jouant l'inattention, se mit à parcourir les loges ; il apperçut à l'amphithéâtre une femme fort émue, mais d'une émotion peu relative à la pièce et très-déplacée ; son anneau fut à l'instant dirigé sur elle, et l'on entendit, au milieu d'une reconnoissance très-pathétique, un bijou haletant, s'adresser à l'acteur en ces termes : « Ah !...

» ah!... finissez donc, Orgogli;.... vous m'at-
» tendrissez trop.... Ah!... ah!... On n'y tient
» plus »......

On prêta l'oreille ; on chercha des yeux l'endroit d'où partoit la voix : il se répandit dans le parterre qu'un bijou venoit de parler ; lequel, et qu'a-t-il dit ? se demandoit-on. En attendant qu'on fût instruit, on ne cessoit de battre des mains et de crier : *bis*, *bis*. Cependant l'auteur, placé dans les coulisses, qui craignoit que ce contre-tems n'interrompît la représentation de sa pièce, écumoit de rage, et donnoit tous les bijoux au diable. Le bruit fut grand, et dura ; sans le respect qu'on devoit au sultan, la pièce en demeuroit à cet incident ; mais Mangogul fit figne qu'on se tût ; les acteurs reprirent ; et l'on acheva.

Le sultan, curieux des suites d'une déclaration si publique, fit observer le bijou qui l'avoit faite. Bientôt on lui apprit que le comédien devoit se rendre chez Eriphile ; il le prévint, grace au pouvoir de sa bague, et se trouva dans l'appartement de cette femme, lorsqu'Orgogli se fit annoncer.

Eriphile étoit sous les armes, c'est-à-dire, dans un déshabillé galant, et nonchalamment couchée sur un lit de repos ; le comédien entra d'un air tout-à-la-fois empesé, conquérant, avantageux et fat ; il agitoit de la main gauche un

chapeau simple à plumet blanc, et se caressoit le dessous du nez avec l'extrémité des doigts de la droite, geste fort théâtral, et que les connoisseurs admiroient ; sa révérence fut cavalière, et son compliment familier. « Eh ! ma reine ,
» s'écria-t-il d'un ton minaudier, en s'inclinant
» vers Eriphile, comme vous voilà ! Mais savez-
» vous bien qu'en négligé, vous êtes adorable...»?

Le ton de ce faquin choqua Mangogul. Ce prince étoit jeune, et pouvoit ignorer des usages.... « Mais tu me trouves donc bien, mon
» cher, lui répondit Eriphile » ?... A ravir, vous dis-je... « J'en suis tout-à-fait aise. Je voudrois
» bien que tu me répétasses un peu cet endroit
» qui m'a si fort émue tantôt. Cet endroit....
» là... Oui... c'est cela même... Que ce fripon
» est séduisant !... Mais poursuis ; cela me remue
» singulièrement »....

En prononçant ces paroles, Eriphile lançoit à son héros des regards qui disoient tout, et lui tendoit une main que l'impertinent Orgogli baisoit comme par manière d'acquit. Plus fier de son talent que de sa conquête, il déclamoit avec emphase, et sa dame, troublée, le conjuroit tantôt de continuer, tantôt de finir. Mangogul jugeant à ses mines que son bijou se chargeroit volontiers d'un rôle dans cette répétition, aima mieux deviner le reste de la scène que d'en être témoin. Il disparut, et se rendit chez la favorite qui l'attendoit.

Au récit que le sultan lui fit de cette aventure...
« Prince, que dites-vous, s'écria-t-elle ? Les fem-
» mes sont donc tombées dans le dernier dégré de
» l'avilissement ! Un comédien, l'esclave du pu-
» blic ! un baladin ! Encore, ci ces gens-là n'a-
» voient que leur état contre eux ; mais la plûpart
» sont sans mœurs, sans sentimens : et entr'eux,
» cet Orgogli n'est qu'une machine. Il n'a jamais
» pensé ; et s'il n'eût point appris de rôles, peut-
» être ne parleroit-il pas »....

Délices de mon cœur, lui répondit Mangogul, vous n'y pensez pas, avec votre lamentation.
Avez-vous donc oublié la meute d'Haria ? Parbleu, un comédien vaut bien un gredin, ce me
semble.

« Vous avez raison, prince, lui répliqua la favo-
» rite. Je suis folle de m'intriguer pour des créatu-
» res qui n'en valent pas la peine. Que Palabria soit
» idolâtre de ses magots ! que Salica fasse traiter
» ses vapeurs par Farfadi, comme elle l'entend !
» qu'Haria vive et meure au milieu de ses bêtes !
» qu'Eriphile s'abandonne à tous les baladins du
» Congo ! que m'importe à moi ? Je ne risque à
» tout cela qu'un château. Je sens qu'il faut s'en
» détacher ; et m'y voilà toute résolue »......

Adieu donc le petit sapajou, dit Mangogul.

« Adieu le petit sapajou, répliqua Mirzoza, et
» la bonne opinion que j'avois de mon sexe : je
» crois que je n'en reviendrai jamais. Prince, vous

Bij. indisc. K

» me permettrez de n'admettre de femmes chez
» moi, de plus de quinze jours ».

Il faut pourtant avoir quelqu'un, ajouta le sultan.

« Je jouirai de votre compagnie, ou je l'attendrai,
» répondit la favorite : et si j'ai des instans de trop,
» j'en disposerai en faveur de Ricaric et de Sélim,
» qui me sont attachés, et dont j'aime la société.
» Quand je serai lasse de l'érudition de mon lec-
» teur, votre courtisan me réjouira des aventures
» de sa jeunesse ».

CHAPITRE XXXVIII.

Entretien sur les lettres.

LA favorite aimoit les beaux-esprits, sans se piquer d'être bel-esprit elle-même. On voyoit sur sa toilette, entre les diamans et les pompons, les romans et les pièces fugitives du temps; et elle en jugeoit à merveille. Elle passoit, sans se déplacer, d'un cavagnol et d'un biribi, à l'entretien d'un académicien ou d'un savant; et tous avouoient que la seule finesse du sentiment lui découvroit dans ces ouvrages des beautés ou des défauts qui se déroboient quelquefois à leurs lumières. Mirzoza les étonnoit par sa pénétration, les embarrassoit par ses questions, mais n'abusoit jamais des avantages que l'esprit et la beauté lui donnoient. On n'étoit point fâché d'avoir tort avec elle.

Sur la fin d'un après-midi qu'elle avoit passé avec Mangogul, Sélim vint, et elle fit appeler Ricaric. L'auteur africain a réservé pour un autre endroit le caractère de Sélim ; mais il nous apprend ici que Ricaric étoit de l'académie congeoise ; que son érudition ne l'avoit point empêché d'être homme d'esprit ; qu'il s'étoit rendu profond dans la connoissance des siècles passés; qu'il avoit un attachement scrupuleux pour les règles anciennes qu'il citoit éternellement ; que c'étoit une machine à principes ; et qu'on ne pouvoit être partisan plus zélé des premiers auteurs du Congo, mais sur-tout d'un certain Miroufla qui avoit composé, il y avoit environ 3040 ans, un poëme sublime en langage cafre, sur la conquête d'une grande forêt, d'où les Cafres avoient chassé les singes qui l'occupoient de temps immémorial. Ricaric l'avoit traduit en congeois, et en avoit donné une fort belle édition avec des notes, des scholies, des variantes, et tous les embellissemens d'une *bénédictine*. On avoit encore de lui deux tragédies mauvaises dans toutes les règles, un éloge des crocodiles, et quelques opéras.

Je vous apporte, madame, lui répondit Ricaric en s'inclinant, un roman qu'on donne à la marquise Tamazi, mais où l'on reconnoît par malheur la main de Mulhazen ; la réponse de Lambadago, notre directeur, au discours du poëte Tuxigraphe que nous reçumes hier ; et le Tamerlan de ce dernier.

Cela est admirable, dit Mangogul ! les presses vont incessamment ; et si les maris du Congo faisoient aussi bien leur devoir que les auteurs, je pourrois dans moins de dix ans mettre seize cent mille hommes sur pied, et me promettre la conquête du Monoémugi. Nous lirons le roman à loisir. Voyons maintenant la harangue, mais sur-tout ce qui me concerne.

Ricaric la parcourut des yeux, et tomba sur cet endroit : « Les ayeux de notre auguste em-
» pereur se sont illustrés sans-doute. Mais Man-
» gogul, plus grand qu'eux, a préparé aux siècles
» à venir bien d'autres sujets d'admiration. Que
» dis-je, d'admiration ? Parlons plus exactement ;
» d'incrédulité. Si nos ancêtres ont eu raison d'as-
» surer que la postérité prendroit pour des fables
» les merveilles du règne de Kanoglou ; combien
» n'en avons-nous pas davantage de penser que
» nos neveux refuseront d'ajouter foi aux prodiges
» de sagesse et de valeur dont nous sommes
» témoins » ?

Mon pauvre monsieur Lambadago, dit le sultan, vous n'êtes qu'un phrasier. Ce que j'ai raison de croire, moi, c'est que vos successeurs un jour éclipseront ma gloire devant celle de mon fils, comme vous faites disparoître celle de mon père devant la mienne ; et ainsi de suite, tant qu'il y aura des académiciens. Qu'en pensez-vous, monsieur Ricaric ?

Prince, ce que je peux vous dire, répondit Ricaric, c'est que le morceau que je viens de lire à votre hautesse, fut extrêmement goûté du public.

Tant pis, répliqua Mangogul. Le vrai goût de l'éloquence est donc perdu dans le Congo ? Ce n'est pas ainsi que le sublime Homilogo louoit le grand Aben.

Prince, reprit Ricaric, la véritable éloquence n'est autre chose que l'art de parler d'une manière noble, et tout ensemble agréable et persuasive.

Ajoutez et sensée, continua le sultan ; et jugez d'après ce principe votre ami Lambadago. Avec tout le respect que je dois à l'éloquence moderne, ce n'est qu'un faux déclamateur.

Mais, prince, répartit Ricaric, sans m'écarter de celui que je dois à votre hautesse, me permettra-t-elle...

Ce que je vous permets, reprit vivement Mangogul, c'est de respecter le bon sens avant ma hautesse, et de m'apprendre nettement, si un homme éloquent peut jamais être dispensé d'en montrer.

Non, prince, répondit Ricaric ; et il alloit enfiler une longue tirade d'autorités, et citer tous les rhéteurs de l'Afrique, des Arabies et de la Chine, pour démontrer la chose du monde la plus incontestable, lorsqu'il fut interrompu par Sélim.

Tous vos auteurs, lui dit le courtisan, ne prouveront jamais que Lambadago ne soit un harangueur très-mal-adroit et fort indécent. Passez-moi ces expressions, ajouta-t-il, monsieur Ricaric. Je vous honore singulièrement ; mais en vérité, la prévention de confraternité mise à part, n'avouerez-vous pas avec nous, que le sultan régnant, juste, aimable, bienfaisant, grand guerrier, n'a pas besoin des échasses de vos rhéteurs, pour être aussi grand que ses ancêtres ; et qu'un fils qu'on élève en déprimant son père et son ayeul, seroit bien ridiculement vain, s'il ne sentoit pas qu'en l'embélissant d'une main, on le défigure de l'autre ? Pour prouver que Mangogul est d'une taille aussi avantageuse qu'aucun de ses prédécesseurs, à votre avis, est-il nécessaire d'abattre la tête aux statues d'Erguebzed et de Kanoglou ?

Monsieur Ricaric, reprit Mirzoza, Sélim a raison. Laissons à chacun ce qui lui appartient ; et ne faisons pas soupçonner au public que nos éloges sont des espèces de filouteries à la mémoire de nos pères : dites cela de ma part en pleine académie à la prochaine séance.

Il y a trop long-temps, reprit Sélim, qu'on est monté sur ce ton, pour espérer quelque fruit de cet avis.

Je crois, monsieur, que vous vous trompez, répondit Ricaric à Sélim. L'académie est encore le sanctuaire du bon goût ; et ses beaux jours ne nous offrent ni philosophes, ni poëtes, auxquels nous n'en ayons aujourd'hui à opposer. Notre théâtre passoit, et peut passer encore, pour le premier théâtre de l'Afrique. Quel ouvrage que le Tamerlan de Tuxigraphe ! C'est le pathétique d'Eurisopé et l'élévation d'Azophe. C'est l'antiquité toute pure.

J'ai vu, dit la favorite, la première représentation de Tamerlan; et j'ai trouvé, comme vous, l'ouvrage conduit, le dialogue élégant, et les convenances bien observées.

Quelle différence, madame, interrompit Ricaric, entre un auteur tel que Tuxigraphe, nourri de la lecture des anciens, et la plûpart de nos modernes !

Mais ces modernes, dit Sélim, que vous frondez ici tout à votre aise, ne sont pas aussi méprisables que vous le prétendez. Quoi donc, ne leur trouvez-vous pas du génie, de l'invention, du feu, des détails, des caractères, des tirades ? Et que m'importe à moi des règles, pourvu qu'on me plaise ? Ce ne sont assurément ni les observations du sage Almudir et du savant Abaldok, ni la poëtique du docte Facardin, que je n'ai jamais lue, qui me font admirer les pièces d'Aboulcazem, de Mubardar, d'Albaboukre, et de tant d'autres Sarrazins ! Y a-t-il d'autre règle que l'imitation de la nature; et n'avons-nous pas les mêmes yeux que ceux qui l'ont étudiée ?

La nature, répondit Ricaric, nous offre à chaque instant des faces différentes. Toutes sont vraies, mais toutes ne sont pas également belles. C'est dans ces ouvrages, dont il ne paroît pas que vous fassiez grand cas, qu'il faut apprendre à choisir. Ce sont les recueils de leurs expériences et de celles qu'on a faites avant eux. Quelque esprit que l'on ait, on n'apperçoit les choses que les unes après les autres; et un seul homme ne peut se flatter de voir dans le court espace de sa vie, tout ce qu'on avoit découvert dans les siècles qui l'ont précédé. Autrement il faudroit avancer qu'une seule science pourroit devoir sa naissance, ses progrès, et toute sa perfection, à une seule tête : ce qui est contre l'expérience.

Monsieur Ricaric, répliqua Sélim, il ne s'ensuit autre chose de votre raisonnement, sinon que les modernes, jouissant des trésors amassés jusqu'à leur temps, doivent être plus riches que les anciens; ou, si cette comparaison vous déplaît, que montés sur les épaules de ces colosses, ils doivent voir plus loin qu'eux. En effet, qu'est-ce que leur physique, leur astronomie, leur navigation, leur mécanique, leurs calculs, en comparaison des nôtres ? Et pourquoi notre éloquence et notre poésie n'auroient-elles pas aussi la supériorité ?

Sélim, répondit la sultane, Ricaric vous déduira quelque jour les raisons de cette différence. Il vous dira pourquoi nos tragédies sont inférieures à celles des anciens ; pour moi je me chargerai volontiers de vous montrer que cela est. Je ne vous accuserai point, continua-t-elle, de n'avoir pas lu les anciens. Vous avez l'esprit trop orné, pour que leur théâtre vous soit inconnu. Or, mettez à part certaines idées relatives à leurs usages, à leurs mœurs et à leur religion, et qui ne vous choquent que parce que les conjonctures ont changé ; et convenez que leurs sujets sont nobles, bien choisis, intéressans ; que l'action se développe comme d'elle-même ; que leur dialogue est simple et fort voisin du naturel ; que les dénouemens n'y sont pas forcés ; que l'intérêt n'y est point partagé, ni l'action surchargée par des épisodes. Transportez-vous en idée dans l'île d'Alindala ; examinez tout ce qui s'y passe ; écoutez tout ce qui s'y dit, depuis le moment que le jeune Ibrahim et le rusé Forfanty y sont descendus ; approchez-vous de la caverne du malheureux Polipsile ; ne perdez pas un mot de ses plaintes ; et dites-moi si rien vous tire de l'illusion. Citez-moi une pièce moderne qui puisse supporter le même examen, et prétendre au même dégré de perfection ; et je me tiens pour vaincue.

De par Brama, s'écria le sultan en bâillant, madame a fait une dissertation académique.

Je n'entends point les règles, continua la favorite ; et moins encore les mots savans dans lesquels on les a conçues. Mais je sais qu'il n'y a que le vrai qui plaise et qui touche. Je sais encore que la perfection d'un spectacle consiste dans l'imitation si exacte d'une action, que le spectateur trompé sans interruption, s'imagine assister à l'action même. Or, y a-t-il quelque chose qui ressemble à cela, dans ces tragédies que vous nous vantez ?

En admirez-vous la conduite ? Elle est ordinairement si compliquée, que ce seroit un miracle qu'il se fût passé tant de choses en si peu de temps. La ruine ou la conservation d'un empire, le mariage d'une princesse, la perte d'un prince, tout cela s'exécute en un tour de main. S'agit-il d'une conspiration ? On l'ébauche au premier acte ; elle est liée, affermie au second ; toutes les mesures sont prises, tous les obstacles levés, les conspirateurs disposés au troisième ; il y aura incessamment une révolte, un combat, peut-être une bataille rangée ; et vous appellerez cela, conduite, intérêt, chaleur, vraisemblance. Je ne vous le pardonnerois jamais, à vous qui n'ignorez pas ce qu'il en coûte quelquefois pour mettre à fin une misérable intrigue, et combien la plus petite affaire de politique absorbe de temps en démarches, en pour-parlers, et en délibérations.

Il est vrai, madame, répondit Sélim, que nos pièces sont un peu chargées ; mais c'est un mal nécessaire ; sans le secours des épisodes, on se morfondroit.

C'est-à-dire, que pour donner de l'ame à la représentation d'un fait, il ne faut le rendre ni tel qu'il est, ni tel qu'il doit être. Cela est du dernier ridicule, à-moins qu'il ne soit plus absurde encore de faire jouer à des violons des ariettes vives et des sonates de mouvement, tandis que les esprits sont imbus qu'un prince est sur le point de perdre sa maîtresse, son trône et la vie.

Madame, vous avez raison, dit Mangogul; ce sont des airs lugubres qu'il faut alors; et je vais vous en ordonner. Mangogul se leva, sortit; et la conversation continua entre Sélim, Ricaric et la favorite.

Au-moins, madame, répliqua Sélim, vous ne nierez pas que, si les épisodes nous tirent de l'illusion, le dialogue nous y ramène. Je ne vois personne qui l'entende comme nos tragiques.

Personne n'y entend donc rien, reprit Mirzoza. L'emphase, l'esprit et le papillotage qui y règnent, sont à mille lieues de la nature. C'est en-vain que l'auteur cherche à se dérober; mes yeux percent, et je l'apperçois sans cesse derrière ses personnages. Cinna, Sertorius, Maxime, Émilie, sont à tout moment les sarbacanes de Corneille. Ce n'est pas ainsi qu'on s'entretient dans nos anciens Sarrazins. M. Ricaric vous en traduira, si vous voulez, quelques morceaux; et vous entendrez la pure nature s'exprimer par leur bouche. Je dirois volontiers aux modernes : « Messieurs, au-lieu de
» donner à tout propos de l'esprit à vos person-

» nages, placez-les dans des conjonctures qui
» leur en donnent ».

Après ce que madame vient de prononcer de la conduite et du dialogue de nos drames, il n'y a pas apparence, dit Sélim, qu'elle fasse grace aux dénouemens.

Non, sans-doute, reprit la favorite ; il y en a cent mauvais pour un bon. L'un n'est point amené ; l'autre est miraculeux. Un auteur est-il embarrassé d'un personnage qu'il a traîné de scènes en scènes pendant cinq actes, il vous le dépêche d'un coup de poignard : tout le monde se met à pleurer ; et moi je ris comme une folle. Et puis a-t-on jamais parlé comme nous déclamons ? Les princes et les rois marchent-ils autrement qu'un homme qui marche bien ? Ont-ils jamais gesticulé comme des possédés ou des furieux ? Les princesses poussent-elles en parlant des sifflemens aigus ? On suppose que nous avons porté la tragédie à un haut dégré de perfection ; et moi je tiens presque pour démontré, que, de tous les genres d'ouvrages de littérature auxquels les Africains se sont appliqués dans ces derniers siècles, c'est le plus imparfait.

La favorite en étoit là de sa sortie contre nos pièces de théâtre, lorsque Mangogul rentra.

« Madame, lui dit-il, vous m'obligerez de con-
» tinuer : j'ai, comme vous voyez, des secrets
» pour abréger une poëtique, quand je la trouve
» longue ».

Je suppose, continua la favorite, un nouveau débarqué d'Angote, qui n'ait jamais entendu parler de spectacles, mais qui ne manque ni de sens ni d'usage ; qui connoisse un peu la cour des princes, les manèges des courtisans, les jalousies des ministres, et les tracasseries des femmes ; et à qui je dise en confidence : « Mon ami, il se fait dans le
» serrail des mouvemens terribles. Le prince, mé-
» content de son fils en qui il soupçonne de la pas-
» sion pour la Manimonbanda, est homme à tirer
» de tous les deux la vengeance la plus cruelle ;
» cette aventure aura, selon toutes les apparences,
» des suites fâcheuses. Si vous voulez, je vous
» rendrai témoin de tout ce qui se passera ». Il accepte ma proposition ; et je le mène dans une loge grillée, d'où il voit le théâtre qu'il prend pour le palais du sultan. Croyez-vous que, malgré tout le sérieux que j'affecterois, l'illusion de cet homme durât un instant ? Ne conviendrez-vous pas au contraire qu'à la démarche empressée des acteurs, à la bizarrerie de leurs vêtemens, à l'extravagance de leurs gestes, à l'emphase d'un langage singulier, rimé, cadencé, et à mille autres dissonances qui le frapperont, il doit m'éclater au nez dès la première scène, et me déclarer ou que je me joue de lui, ou que le prince et toute sa cour extravaguent.

Je vous avoue, dit Sélim, que cette supposition me frappe ; mais ne pourroit-on pas vous observer qu'on se rend au spectacle, avec la persuasion que c'est l'imitation d'un événement et non l'événement même qu'on y verra ?

Et cette persuasion, reprit Mirzoza, doit-elle empêcher qu'on n'y représente l'événement de la manière la plus naturelle ?

C'est-à-dire, madame, interrompit Mangogul, que vous voilà à la tête des frondeurs.

Et que, si l'on vous en croit, continua Sélim, l'empire est menacé de la décadence du bon goût ; que la barbarie va renaître ; et que nous sommes sur le point de retomber dans l'ignorance des siècles de Mamurrha et d'Orondado.

Seigneur, ne craignez rien de semblable. Je hais les esprits chagrins, et n'en augmenterai pas le nombre. D'ailleurs la gloire de sa hautesse m'est trop chère, pour que je pense jamais à donner atteinte à la splendeur de son règne. Mais si l'on nous en croyoit, n'est-il pas vrai, M. Ricaric, que les lettres brilleroient peut-être avec plus d'éclat ?

Comment, dit Mangogul, auriez-vous à ce sujet quelque mémoire à présenter à mon sénéchal ?

Non, seigneur, répondit Ricaric ; mais après avoir remercié votre hautesse de la part de tous les gens-de-lettres, du nouvel inspecteur qu'elle leur a donné, je remontrerois à votre sénéchal, en toute humilité, que le choix des savans préposés à la révision des manuscrits, est une affaire très-délicate ; qu'on confie ce soin à des gens qui me paroissent fort au-dessous de cet emploi ; et qu'il résulte de-là une foule de mauvais effets, comme d'estropier de bons ouvrages, d'étouffer les meilleurs esprits, qui, n'ayant pas la liberté d'écrire à leur façon, ou n'écrivent point du tout, ou font passer chez l'étranger des sommes considérables avec leurs ouvrages ; de donner mauvaise opinion des matières qu'on défend d'agiter, et mille autres inconvéniens qu'il seroit trop long de détailler à votre hautesse. Je lui conseillerois de retrancher les pensions à certaines sang-sues littéraires, qui demandent sans raison et sans cesse ; je parle des glossateurs, antiquaires, commentateurs, et autres gens de cette espèce, qui seroient fort utiles s'ils faisoient bien leur métier, mais qui ont la malheureuse habitude de passer sur les choses obscures, et d'éclaircir les endroits clairs. Je voudrois qu'il veillât à la suppression de presque tous les ouvrages posthumes, et qu'il ne souffrît point que la mémoire d'un grand auteur fut ternie par l'avidité d'un libraire qui recueille et publie long-tems après la mort d'un homme, des ouvrages qu'il avoit condamnés à l'oubli pendant sa vie. Et moi, continua la favorite, je lui marquerois un petit nombre d'hommes distingués, tels que monsieur Ricaric, sur lesquels il pourroit rassembler vos bienfaits. N'est-il pas surprenant que le pauvre garçon n'ait pas un sol, tandis que le précieux chyromant de la Manimonbanda touche tous les ans mille sequins sur votre trésor.

Eh bien! madame, répondit Mangogul, j'en assigne autant à Ricaric sur ma cassette, en considération des merveilles que vous m'en apprenez.

Monsieur Ricaric, dit la favorite, il faut aussi que je fasse quelque chose pour vous; je vous sacrifie le petit ressentiment de mon amour-propre; et j'oublie, en faveur de la récompense que Mangogul vient d'accorder à votre mérite, l'injure qu'il m'a faite.

Pourroit-on, madame, vous demander quelle est cette injure? reprit Mangogul.

Oui, seigneur, et vous l'apprendre. Vous nous embarquez vous-même dans un entretien sur les belles-lettres : vous débutez par un morceau sur l'éloquence moderne, qui n'est pas merveilleux; et lorsque, pour vous obliger, on se dispose à suivre le triste propos que vous avez jeté, l'ennui et les bâillemens vous prennent; vous vous tourmentez sur votre fauteuil; vous changez cent fois de posture sans en trouver une bonne; las enfin de tenir la plus mauvaise contenance du monde, vous prenez brusquement votre parti; vous vous levez et vous disparoissez : et où allez-vous encore? peut-être écouter un bijou.

Je conviens, madame, du fait; mais je n'y

vois rien d'offensant. S'il arrive à un homme de s'ennuyer des belles choses et de s'amuser à en entendre de mauvaises, tant pis pour lui. Cette injuste préférence n'ôte rien au mérite de ce qu'il a quitté ; il en est seulement déclaré mauvais juge. Je pourrois ajouter à cela, madame, que tandis que vous vous occupiez à la conversion de Sélim, je travaillois presqu'aussi infructueusement à vous procurer un château. Enfin, s'il faut que je sois coupable, puisque vous l'avez prononcé, je vous annonce que vous avez été vengée sur-le-champ..

Et comment cela ? dit la favorite. Le voici, répondit le sultan. Pour me dissiper un peu de la séance académique que j'avois essuyée, j'allois interroger quelque bijou.... Eh bien ! prince ?.... Eh bien ! je n'en ai jamais entendu de si maussade que les deux sur lesquels je suis tombé... J'en suis au comble de mes joies, reprit la favorite.... Ils se sont mis à parler l'un et l'autre une langue inintelligible ; j'ai très-bien retenu tout ce qu'ils ont dit, mais que je meure si j'en comprends un mot.

K *

CHAPITRE XXXIX.

Dix-huitième et dix-neuvième essais de l'anneau.

Sphéroïde l'applatie et Girgiro l'entortillé. Attrape qui pourra.

Cela est singulier, continua la favorite ; jusqu'à-présent j'avois imaginé que, si l'on avoit quelques reproches à faire aux bijoux, c'étoit d'avoir parlé très-clairement. Oh ! parbleu, madame, répondit Mangogul, ces deux-ci n'en sont pas ; et les entendra qui pourra.

Vous connoissez cette petite femme toute ronde, dont la tête est enfoncée dans les épaules, à qui l'on apperçoit à-peine des bras, qui a les jambes si courtes et le ventre si dévalé qu'on la prendroit pour un magot ou pour un gros embryon mal développé, qu'on a surnommée Sphéroïde l'applatie, qui s'est mis en tête que Brama l'appeloit à l'étude de la géométrie, parce qu'elle en a reçu la figure d'un globe, et qui conséquemment auroit pu se déterminer pour l'artillerie ; car de la façon dont elle est tournée, elle a dû sortir du sein de la nature, comme un boulet de la bouche d'un canon.

J'ai voulu savoir des nouvelles de son bijou,

et je l'ai questionné ; mais ce vorticose s'est expliqué en termes d'une géométrie si profonde, que je ne l'ai point entendu, et que peut-être ne s'entendoit-il pas lui-même. Ce n'étoit que lignes droites, surfaces concaves, quantités données, longueur, largeur, profondeur, solides, forces vives, forces mortes, cône, cylindre, sections coniques, courbes, courbes élastiques, courbe rentrante en elle-même, avec son point conjugué....

Que votre hautesse me fasse grace du reste, s'écria douloureusement la favorite. Vous avez une cruelle mémoire. Cela est à périr. J'en aurai, je crois, la migraine plus de huit jours. Par hasard, l'autre seroit-il aussi réjouissant ?

Vous allez en juger, répondit Mangogul. De par l'orteil de Brama, j'ai fait un prodige. J'ai retenu son amphigouri, mot pour mot, bien qu'il soit tellement dénué de sens et de clarté, que si vous m'en donniez une fine et critique exposition, vous me feriez, madame, un présent gracieux.

Comment avez-vous dit, prince, s'écria Mirzoza ? je veux mourir, si vous n'avez dérobé cette phrase à quelqu'un.

Je ne sais comment cela s'est fait, répondit Mangogul ; car ces deux bijoux sont aujourd'hui les seules personnes à qui j'aie donné audience. Le dernier sur qui j'ai tourné mon anneau, après avoir gardé le silence un moment, a dit, comme s'il se fût adressé à une assemblée :

Messieurs,

« Je me dispenserai de chercher, au mépris
» de ma propre raison, un modèle de penser et
» de m'exprimer. Si toute-fois j'avance quelque
» chose de neuf, ce ne sera point affectation ; le
» sujet me l'aura fourni : si je repète ce qui aura
» été dit, je l'aurai pensé comme les autres.

« Que l'ironie ne vienne point tourner en ridi-
» cule ce début, et m'accuser de n'avoir rien lu,
» ou d'avoir lu en pure perte. Un bijou comme
» moi n'est fait ni pour lire, ni pour profiter de
» ses lectures, ni pour pressentir une objection,
» ni pour y répondre.

« Je ne me refuserai point aux réflexions et aux
» ornemens proportionnés à mon sujet, d'autant
» plus qu'à cet égard il est d'une extrême mo-
» destie, n'en permettant ni la quantité ni l'éclat ;
» mais j'éviterai de descendre dans ces petits et
» menus détails qui sont du partage d'un orateur
» stérile ; je serois au désespoir d'être soupçonné
» de ce défaut.

« Après vous avoir instruit, messieurs, de ce
» que vous devez attendre de mes découvertes et
» de mon élocution, quelques coups de pinceau
» suffiront pour vous esquisser mon caractère.

« Il y a, vous le savez tous, messieurs, comme
» moi, deux sortes de bijoux : des bijoux or-
» gueilleux et des bijoux modestes ; les premiers
» veulent primer et tenir par-tout le haut bout ;
» les seconds, au contraire, affectent de se prêter,
» et se présentent d'un air soumis. Cette double
» intention se manifeste dans les projets de l'exé-
» cution, et les détermine les uns et les autres à
» agir selon le génie qui les guide.

« Je crus, par attachement aux préjugés de la
» première éducation, que je m'ouvrirois une car-
» rière plus sûre, plus facile et plus gracieuse,
» si je préférois le rôle de l'humilité à celui de
» l'orgueil ; et je m'offris avec une pudeur en-
» fantine et des supplications engageantes à tous
» ceux que j'eus le bonheur de rencontrer.

« Mais que les tems sont malheureux ! après
» dix fois plus de *mais*, de *si* et de *comme*, qu'il
» n'en falloit pour impatienter le plus désœuvré
» de tous les bijoux, on accepta mes services ;
» hélas ! ce ne fut pas pour long-tems ; mon pre-
» mier possesseur se livrant à l'éclat flatteur d'une
» conquête nouvelle, me délaissa, et je retombai
» dans le désœuvrement.

« Je venois de perdre un trésor, et je ne me
» flattai point que la fortune m'en dédommage-
» roit ; en effet, la place vacante fut occupée,
» mais non remplie, par un sexagénaire en qui
» la bonne volonté manquoit moins que le moyen.

« Il travailla de toutes ses forces à m'ôter la
» mémoire de mon état passé. Il eut pour moi
» toutes ces manières reconnues pour polies et
» concurrentes dans la carrière que je suivois ;
» mais ses efforts ne prévinrent point mes regrets.

« Si l'industrie, qui n'a jamais, dit-on, resté
» court, lui fit trouver dans les trésors de la fa-
» culté naturelle, quelqu'adoucissement à ma
» peine, cette compensation me parut insuffi-
» sante, en dépit de mon imagination, qui se
» fatiguoit vainement à chercher des rapports nou-
» veaux, et même à en supposer d'imaginaires.

« Tel est l'avantage de la primauté, qu'elle
» saisit l'idée et fait barrière à tout ce qui veut en-
» suite se présenter sous d'autres formes ; et telle
» est, le dirai-je à notre honte, la nature ingrate
» des bijoux, que devant eux la bonne volonté
» n'est jamais réputée pour le fait.

« La remarque me paroît si naturelle, que,
» sans en être redevable à personne, je ne pense
» pas être le seul à qui elle soit venue ; mais si
» quelqu'un avant moi en a été touché, du-moins
» je suis, messieurs, le premier qui entreprends
» par sa manifestation d'en faire valoir le mérite
» à vos yeux.

« Je n'ai garde de savoir mauvais gré à ceux
» qui ont élevé la voix jusqu'ici, d'avoir manqué
» ce trait ; mon amour-propre se trouvant trop
» satisfait de pouvoir, après un si grand nombre

» d'orateurs, présenter mon observation comme
» quelque chose de neuf »....

Ah! prince, s'écria vivement Mirzoza, il me semble que j'entends le chyromant de la Manimonbanda; adressez-vous à cet homme; et vous aurez l'interprétation fine et critique dont vous attendriez inutilement de tout autre le présent gracieux.

L'auteur africain dit que Mangogul sourit et continua; mais je n'ai garde, ajoute-t-il, de rapporter le reste de son discours. Si ce commencement n'a pas autant amusé que les premières pages de la fée Taupe, la suite seroit plus ennuyeuse que les dernières de la fée Moustache.

CHAPITRE XL.

Rêve de Mirzoza.

Après que Mangogul eut achevé le discours académique de Girgiro l'entortillé, il fit nuit, et l'on se coucha.

Cette nuit, la favorite pouvoit se promettre un sommeil profond; mais la conversation de la veille lui revint dans la tête en dormant; et les idées qui l'avoient occupée se mêlant avec d'autres, elle fut tracassée par un songe bizarre, qu'elle ne manqua pas de raconter au sultan.

J'étois, lui dit-elle, dans mon premier somme,

lorsque je me suis senti transporter dans une galerie immense toute pleine de livres ; je ne vous dirai rien de ce qu'ils contenoient ; ils furent alors pour moi ce qu'ils sont pour bien d'autres qui ne dorment pas : je ne regardai pas un seul titre ; un spectacle plus frappant m'attira toute entière.

D'espace en espace entre les armoires qui renfermoient les livres, s'élevoient des piédestaux sur lesquels étoient posés des bustes de marbre et d'airain d'une grande beauté ; l'injure des temps les avoit épargnés ; à quelques légères défectuosités près, ils étoient entiers et parfaits; ils portoient empreintes cette noblesse et cette élégance que l'antiquité a su donner à ses ouvrages ; la plûpart avoient de longues barbes, de grands fronts comme le vôtre, et la physionomie intéressante.

J'étois inquiète de savoir leurs noms, et de connoître leur mérite, lorsqu'une femme sortit de l'embrasure d'une fenêtre, et m'aborda ; sa taille étoit avantageuse, son pas majestueux, et sa démarche noble; la douceur et la fierté se confondoient dans ses regards ; et sa voix avoit je ne sais quel charme qui pénétroit; un casque, une cuirasse, avec une jupe flotante de satin blanc, faisoient tout son ajustement. « Je connois votre em-
» barras, me dit-elle, et je vais satisfaire votre
» curiosité. Les hommes dont les bustes vous ont
» frappés furent mes favoris ; ils ont consacré
» leurs veilles à la perfection des beaux arts, dont

» on me doit l'invention : ils vivoient dans les
» pays de la terre les plus policés; et leurs écrits,
» qui ont fait les délices de leurs contemporains,
» sont l'admiration du siècle présent. Approchez-
» vous, et vous apperceyrez en bas-reliefs sur
» les piédestaux qui soutiennent leurs bustes,
» quelque sujet intéressant qui vous indiquera du-
» moins le caractère de leurs écrits ».

Le premier buste que je considérai, étoit un vieillard majestueux qui me parut aveugle; il avoit, selon toute apparence, chanté des combats; car c'étoient les sujets des côtés de son piédestal : une seule figure occupoit la face antérieure; c'étoit un jeune héros : il avoit la main posée sur la garde de son cimeterre ; et l'on voyoit un bras de femme qui l'arrêtoit par les cheveux, et qui sembloit tempérer sa colère.

On avoit placé, vis-à-vis de ce buste, celui d'un jeune homme ; c'étoit la modestie même : ses regards étoient tournés sur le vieillard avec une attention marquée : il avoit aussi chanté la guerre et les combats; mais ce n'étoit pas les seuls sujets qui l'avoient occupé : car, des bas-reliefs qui l'environnoient, le principal représentoit d'un côté des laboureurs courbés sur leurs charrues, et travaillant à la culture des terres ; et de l'autre des bergers étendus sur l'herbe, et jouant de la flûte entre leurs moutons et leurs chiens.

Le buste placé au-dessous du vieillard, et du

même côté, avoit le regard effaré; il sembloit suivre de l'œil quelque objet qui fuyoit; et l'on avoit représenté au-dessous une lyre jetée au hasard, des lauriers dispersés, des chars brisés, et des chevaux fougueux échappés dans une vaste plaine.

Je vis, en face de celui-ci, un buste qui m'intéressa; il me semble que je le vois encore : il avoit l'air fin, le nez aquilin et pointu, le regard fixe, et le ris malin. Les bas-reliefs dont on avoit orné son piédestal étoient si chargés, que je ne finirois point si j'entreprenois de vous les décrire.

Après en avoir examiné quelques autres, je me mis à interroger ma conductrice.

« Quel est celui-ci, lui demandai-je, qui porte » la vérité sur ses lèvres et la probité sur tout son » visage » ? Ce fut, me dit-elle, l'ami et la victime de l'une et de l'autre. Il s'occupa, tant qu'il vécut, à rendre ses concitoyens éclairés et vertueux; et ses concitoyens ingrats lui ôtèrent la vie.

« Et ce buste qu'on a mis au-dessous »?.... Lequel? celui qui paroît soutenu par les Graces qu'on a sculptées sur les faces de son piédestal?.... « Celui-là même... ». C'est le disciple et l'héritier de l'esprit et des maximes du vertueux infortuné dont je vous ai parlé.

« Et ce gros joufflu, qu'on a couronné de pam- » pre et de myrte; qui est-il »?.... C'est un philosophe aimable, qui fit son unique occupation de chanter et de goûter le plaisir. Il mourut entre les bras de la volupté.

« Et cet autre aveugle » ?.... C'est, me dit-elle.... Mais je n'attendis pas sa réponse : il me sembla que j'étois en pays de connoissance ; et je m'approchai avec précipitation du buste qu'on lui avoit placé en face. Il étoit posé sur un trophée des différens attributs des sciences et des arts : les amours folâtroient entre eux sur un des côtés de son piédestal. On avoit groupé sur l'autre les génies de la politique, de l'histoire et de la philosophie. On voyoit sur le troisième, ici deux armées rangées en bataille : l'étonnement et l'horreur régnoient sur les visages ; on y découvroit aussi des vestiges de l'admiration et de la pitié. Ces sentimens naïssoient apparemment des objets qui s'offroient à la vue. C'étoit un jeune homme expirant, et à ses côtés un guerrier plus âgé qui tournoit ses armes contre lui-même. Tout étoit dans ces figures de la dernière beauté ; et le désespoir de l'une, et la langueur mortelle qui parcouroit les membres de l'autre. Je m'approchai, et je lus au-dessous en lettres d'or : *Hélas ! c'étoit son fils !*

Là, on avoit sculpté un soudan furieux, qui enfonçoit un poignard dans le sein d'une jeune personne, à la vue d'un peuple nombreux. Les uns détournoient les yeux, et les autres fondoient en larmes. On avoit gravé ces mots autour de ce bas-relief : *Est-ce vous, Nérestan ?*

J'allois passer à d'autres bustes, lorsqu'un bruit soudain me fit tourner la tête. Il étoit occasionné par une troupe d'hommes vêtus de longues robes noires, qui se précipitoient en foule dans la galerie. Les uns portoient des encensoirs, d'où s'exhaloit une vapeur grossière, les autres des guirlandes d'œillet d'inde et d'autres fleurs cueillies sans choix, et arrangées sans goût. Ils s'attroupèrent autour des bustes, et les encensèrent en chantant des hymnes en deux langues qui me sont inconnues. La fumée de leur encens s'attachoit aux bustes, à qui leurs couronnes donnoient un air tout-à-fait ridicule. Mais les antiques reprirent bientôt leur état, et je vis les couronnes se faner et tomber à terre séchées. Il s'éleva entre ces espèces de barbares une querelle, sur ce que quelques-uns n'avoient pas, au gré des autres, fléchi le genou assez bas; et ils étoient sur le point d'en venir aux mains, lorsque ma conductrice les dispersa d'un regard, et rétablit le calme dans sa demeure.

Ils étoient à-peine éclipsés, que je vis entrer par une porte opposée une longue file de pygmées. Ces petits hommes n'avoient pas deux coudées de hauteur; mais en récompense ils portoient des dents fort aiguës et des ongles fort longs. Ils se séparèrent en plusieurs bandes, et s'emparèrent des bustes. Les uns tâchoient d'égratigner les bas-reliefs, et le parquet étoit jonché des débris de leurs ongles. D'autres plus insolens s'élevoient les uns sur les épaules des autres, à la hauteur des têtes, et leur donnoient des croquignoles. Mais ce qui me réjouît beaucoup, ce fut d'appercevoir que ces croquignoles, loin d'atteindre le nez du buste, revenoient sur celui du pygmée. Aussi, en les considérant de fort près, les trouvai-je presque tous camus.

« Vous voyez, me dit ma conductrice, quelle
» est l'audace et le châtiment de ces mirmidons.
» Il y a long-tems que cette guerre dure, et tou-
» jours à leur désavantage. J'en use moins sévè-
» rement avec eux qu'avec les robes noires. L'en-
» cens de ceux-ci pourroit défigurer les bustes ;
» les efforts des autres finissent presque toujours
» par en augmenter l'éclat. Mais comme vous n'a-
» vez plus qu'une heure ou deux à demeurer ici,
» je vous conseille de passer à de nouveaux objets ».

Un grand rideau s'ouvrit à l'instant, et je vis un atelier occupé par une autre sorte de pygmées : ceux-ci n'avoient ni dents, ni ongles, mais en revanche ils étoient armés de rasoirs et de ciseaux. Ils tenoient entre leurs mains des têtes qui paroissoient animées, et s'occupoient à couper à l'une les cheveux, à arracher à l'autre le nez et les oreilles, à crever l'œil droit à celle-ci, l'œil gauche à celle-là, et à les disséquer presque toutes. Après cette belle opération, ils se mettoient à les considérer et à leur sourire, comme s'ils les eus-

sent trouvées les plus jolies du monde. Les pauvres têtes avoient beau jeter les hauts cris, ils ne daignoient presque pas leur répondre. J'en entendis une qui redemandoit son nez, et qui représentoit qu'il ne lui étoit pas possible de se montrer sans cette pièce. « Eh! tête ma mie, lui répondit le
» pygmée, vous êtes folle. Ce nez, qui fait votre
» regret, vous défiguroit. Il étoit long, long....
» Vous n'auriez jamais fait fortune avec cela. Mais
» depuis qu'on vous l'a raccourci, taillé, vous
» êtes charmante; et l'on vous courra »....

Le sort de ces têtes m'attendrissoit, lorsque j'apperçus plus loin d'autres pygmées plus charitables, qui se traînoient à terre avec des lunettes. Ils ramassoient des nez et des oreilles, et les rajustoient à quelques vieilles têtes, à qui le temps les avoit enlevés. Il y en avoit entre eux, mais en petit nombre, qui y réussissoient : les autres mettoient le nez à la place de l'oreille, ou l'oreille à la place du nez; et les têtes n'en étoient que plus défigurées.

J'étois fort empressée de savoir ce que toutes ces choses signifioient; je le demandai à ma conductrice; elle avoit la bouche ouverte pour me répondre, lorsque je me suis réveillée en sursaut.

Cela est cruel, dit Mangogul; cette femme vous auroit développé bien des mystères. Mais à son défaut je serois d'avis que nous nous adressions à mon joueur de gobelets Bloculocus. Qui? reprit la favorite; ce nigaud, à qui vous avez accordé le privilège exclusif de montrer la lanterne magique dans votre cour. Lui-même, répondit le sultan. Il nous interprêtera votre songe, ou personne. « Qu'on appelle Bloculocus, dit Mangogul ».

CHAPITRE XLI.

Vingt-unième et vingt-deuxième essais de l'anneau.

FRICAMONE ET CALLIPIGA.

L'AUTEUR africain ne nous dit point ce que devint Mangogul, en attendant Bloculocus. Il y a toute apparence qu'il sortit, qu'il alla consulter quelques bijoux, et que, satisfait de ce qu'il en avoit appris, il rentra chez la favorite, en poussant les cris de joie qui commencent ce chapitre. « Victoire ! victoire, s'écria-t-il. Vous triomphez, » madame ; et le château, les porcelaines et le » petit sapajou sont à vous ».

C'est Eglé, sans-doute, reprit la favorite ?.... « Non, madame, non, ce n'est point Eglé, in- » terrompit le sultan. C'est une autre ». Ah ! prince, dit la favorite, ne m'enviez pas plus long-temps l'avantage de connoître ce phénix.... « Eh bien ! c'est : qui l'auroit jamais cru » ? C'est, dit la favorite ?.... « Fricamone, répondit Mango-

« gul ». Fricamone, reprit Mirzoza : je ne vois rien d'impossible à cela. Cette femme a passé en couvent la plus grande partie de sa jeunesse ; et depuis qu'elle en est sortie, elle a mené la vie la plus édifiante et la plus retirée. Aucun homme n'a mis le pied chez elle ; et elle s'est rendue comme l'abbesse d'un troupeau de jeunes dévotes qu'elle forme à la perfection, et dont sa maison ne désemplit pas. Il n'y avoit rien à faire là pour vous autres, ajouta la favorite, en souriant et secouant la tête.

Madame, vous avez raison, dit Mangogul. J'ai questionné son bijou : point de réponse. J'ai redoublé la vertu de ma bague, en la frottant et refrottant : rien n'est venu. « Il faut, me disois-je
» en moi-même, que ce bijou soit sourd ». Et je me disposois à laisser Fricamone sur le lit de repos où je l'avois trouvée, lorsqu'elle s'est mise à parler, par la bouche, s'entend.

« Chère Acaris, s'écrioit-elle, que je suis heu-
» reuse dans ces momens que je dérobe à tout ce
» qui m'obsède, pour me livrer à toi. Après ceux
» que je passe entre tes bras, ce sont les plus doux
» de ma vie.... Rien ne me distrait ; autour de
» moi tout est dans le silence ; mes rideaux en-
» tr'ouverts n'admettent de jour que ce qu'il en faut
» pour m'incliner à la tendresse et te voir. Je com-
» mande à mon imagination : elle t'évoque, et d'a-
» bord je te vois..... Chère Acaris ! que tu me

» parois belle!.... Oui, ce sont là tes yeux,
» c'est ton souris, c'est ta bouche.... Ne me ca-
» che point cette gorge naissante. Souffre que je
» la baise.... Je ne l'ai point assez vue.... Que
» je la baise encore.... Ah! laisse-moi mourir
» sur elle.... Quelle fureur me saïsit!... Acaris!
» chère Acaris, où es-tu?.... Viens donc, chère
» Acaris.... Ah! chère et tendre amie, je te le
» jure; des sentimens inconnus se sont emparés
» de mon ame. Elle en est remplie, elle en est
» étonnée, elle n'y suffit pas.... Coulez, larmes
» délicieuses; coulez et soulagez l'ardeur qui me
» dévore.,... Non, chère Acaris, non, cet Alizali,
» que tu me préfères, ne t'aime point comme
» moi.... Mais j'entends quelque bruit.... Ah!
» c'est Acaris, sans-doute.... Viens, chère ame,
» viens »......

Fricamone ne se trompoit point, continua Mangogul; c'étoit Acaris, en effet. Je les ai laissées s'entretenir ensemble; et fortement persuadé que le bijou de Fricamone continueroit d'être discret, je suis accouru vous apprendre que j'ai perdu. « Mais,
» reprit la sultane, je n'entends rien à cette Fri-
» camone. Il faut qu'elle soit folle, ou qu'elle ait de
» cruelles vapeurs. Non, prince, non; j'ai plus de
» conscience que vous ne m'en supposez. Je n'ai
» rien à objecter à cette épreuve. Mais je sens là
» quelque chose qui me défend de m'en prévaloir.
» Et je ne m'en prévaudrai point. Voilà qui est dé-

» cidé. Je ne voudrai jamais de votre château,
» ni de vos porcelaines, ou je les aurai à meilleurs
» titres ».

Madame, lui répondit Mangogul, je ne vous conçois pas. Vous êtes d'une difficulté qui passe. Il faut que vous n'ayez pas bien regardé le petit sapajou.

« Prince, je l'ai bien vu, répliqua Mirzoza. Je
» sais qu'il est charmant. Mais je soupçonne cette
» Fricamone de n'être pas mon fait. Si c'est votre
» envie qu'il m'appartienne un jour, adressez-vous
» ailleurs ».

Ma foi, madame, reprit Mangogul après y avoir bien pensé, je ne vois plus que la maîtresse de Mirolo qui puisse vous faire gagner.

« Ah ! prince, vous rêvez, lui répondit la favo-
» rite. Je ne connois point votre Mirolo ; mais qui
» qu'il soit, puisqu'il a une maîtresse, ce n'est
» pas pour rien ».

Vraiment vous avez raison, dit Mangogul ; cependant je gagerois bien encore que le bijou de Callipiga ne sait rien de rien.

Accordez-vous donc, continua la favorite. De deux choses l'une ; ou le bijou de Callipiga.... Mais j'allois m'embarquer dans un raisonnement ridicule..... Faites, prince, tout ce qu'il vous plaira : consultez le bijou de Callipiga ; s'il se tait, tant pis pour Mirolo, tant mieux pour moi.

Mangogul partit, et se trouva dans un instant à

côté du sopha jonquille, brodé en argent, sur lequel Callipiga reposoit. Il eut à-peine tourné sa bague sur elle, qu'il entendit une voix sourde qui murmuroit le discours suivant : « Que me deman-
» dez-vous ? je ne comprends rien à vos ques-
» tions. On ne songe seulement pas à moi. Il me
» semble pourtant que j'en vaux bien un autre.
» Mirolo passe souvent à ma porte, il est vrai ;
» mais. . . . . ».

(Il y a dans cet endroit une lacune considérable. La république des lettres auroit certainement obligation à celui qui nous restitueroit le discours du bijou de Callipiga, dont il ne nous reste que les deux dernières lignes. Nous invitons les savans à les méditer, et à voir si cette lacune ne seroit point une omission volontaire de l'auteur, mécontent de ce qu'il avoit dit, et qui ne trouvoit rien de mieux à dire).

. . . . On dit que mon rival auroit
» des autels au-delà des Alpes. Hélas ! sans Mi-
» rolo, l'univers entier m'en éleveroit ».

Mangogul revint aussi-tôt au serrail, et répéta à la favorite la plainte du bijou de Callipiga, mot pour mot ; car il avoit la mémoire merveilleuse. « Il n'y a rien là, madame, lui dit-il, qui ne vous
» donne gagné ; je vous abandonne tout ; et vous
» en remercierez Callipiga, quand vous le juge-
» rez à propos ».

Seigneur, lui répondit sérieusement Mirzoza, c'est à la vertu la mieux confirmée que je veux devoir mon avantage, et non pas....

Mais, madame, reprit le sultan, je n'en connois pas de mieux confirmée que celle qui a vu l'ennemi de si près.

Et moi, prince, répliqua la favorite, je m'entends bien ; et voici Sélim et Bloculocus qui nous jugeront.

Sélim et Bloculocus entrèrent aussi-tôt ; Mangogul les mit au fait, et ils décidèrent tous deux en faveur de Mirzoza.

CHAPITRE XLII.

Les songes.

SEIGNEUR, dit la favorite à Bloculocus, il faut encore que vous me rendiez un service. Il m'est passé la nuit dernière par la tête une foule d'extravagances. C'est un songe ; mais dieu sait quel songe ; et l'on m'a assuré que vous étiez le premier homme du Congo pour déchiffrer les songes. Dites-moi donc, vîte, ce que signifie celui-ci ; et tout-de-suite elle lui conta le sien.

Madame, lui répondit Bloculocus, je suis assez médiocre onéirocritique....

Ah ! sauvez-moi, s'il vous plaît, les termes de l'art, s'écria la favorite : laissez-là la science, et parlez-moi raison.

Madame, lui dit Bloculocus, vous allez être satisfaite ; j'ai sur les songes quelques idées singulières ; c'est à cela seul que je dois peut-être l'honneur de vous entretenir, et l'épithète de songe-creux : je vais vous les exposer le plus clairement qu'il me sera possible.

Vous n'ignorez pas, madame, continua-t-il, ce que le gros des philosophes, avec le reste des hommes, débite là-dessus. Les objets, disent-ils, qui nous ont vivement frappés le jour, occupent notre ame pendant la nuit ; les traces qu'ils ont imprimées, durant la veille, dans les fibres de notre cerveau, subsistent ; les esprits animaux habitués à se porter dans certains endroits, suivent une route qui leur est familière ; et de-là naissent ces représentations involontaires qui nous affligent ou qui nous réjouissent. Dans ce systême, il sembleroit qu'un amant heureux devroit toujours être bien servi par ses rêves ; cependant il arrive souvent qu'une personne qui ne lui est pas inhumaine quand il veille, le traite en dormant comme un nègre, ou qu'au-lieu de posséder une femme charmante, il ne rencontre dans ses bras qu'un petit monstre contrefait. Voilà précisément mon aventure de la nuit dernière, interrompit Mangogul ; car je rêve presque toutes les nuits ; c'est une maladie de famille : et nous rêvons tous de père en fils, depuis le sultan Togrul qui rêvoit en 7455ooooooo2, et qui commença : Or donc la nuit dernière, je vous voyois, madame, dit-il à Mirzoza. C'étoit votre peau, vos bras, votre gorge, votre col, vos épaules, ces chairs fermes, cette taille légère, cet embonpoint incomparable, vous même enfin ; à cela près qu'au-lieu de ce visage charmant, de cette tête adorable que je cherchois, je me trouvai nez à nez avec le museau d'un doguin.

Je fis un cri horrible ; Kotluk, mon chambellan, accourut, et me demanda ce que j'avois : Mirzoza, lui répondis-je à moitié endormi, vient d'éprouver la métamorphose la plus hideuse ; elle est devenue danoise. Kotluk ne jugea pas à propos de me réveiller ; il se retira, et je me rendormis ; mais je puis vous assurer que je vous reconnus à merveille, vous, votre corps, et la tête du chien. Bloculocus m'expliquera-t-il ce phénomène ?

Je n'en désespère pas, répondit Bloculocus, pourvu que votre hautesse convienne avec moi d'un principe fort simple : c'est que tous les êtres ont une infinité de rapports les uns avec les autres par les qualités qui leur sont communes ; et que c'est un certain assemblage de qualités qui les caractèrise et qui les distingue.

Cela est clair, répliqua Mirzoza ; Ipsifile a des pieds, des mains, une bouche, comme une femme d'esprit ; et Pharasmane, ajouta Mangogul, porte son épée comme un homme de cœur.

Si l'on n'est pas suffisamment instruit des qualités dont l'assemblage caractérise telle ou telle espèce, ou si l'on juge précipitamment que cet assemblage convient ou ne convient pas à tel ou tel individu, on s'expose à prendre du cuivre pour de l'or, un stras pour un brillant, un calculateur pour un géomètre, un phrasier pour un bel-esprit, Criton pour un honnête homme; et Phédime pour une jolie femme, ajouta la sultane.

Eh bien! madame, savez-vous ce que l'on pourroit dire, reprit Bloculocus, de ceux qui portent ces jugemens?

Qu'ils rêvent tout éveillés, répondit Mirzoza.

Fort bien, madame, continua Bloculocus; et rien n'est plus philosophique ni plus exact en mille rencontres que cette expression familière, *je crois que vous rêvez*; car rien n'est plus commun que des hommes qui s'imaginent raisonner, et qui ne font que rêver les yeux ouverts.

C'est bien de ceux-là, interrompit la favorite, qu'on peut dire, à la lettre, que toute la vie n'est qu'un songe.

Je ne peux trop m'étonner, madame, reprit Bloculocus, de la facilité avec laquelle vous saisissez des notions assez abstraites. Nos rêves ne sont que des jugemens précipités qui se succèdent avec une rapidité incroyable, et qui, rapprochant des objets qui ne se tiennent que par des qualités fort éloignées, en composent un tout bizarre.

Oh! que je vous entends bien, dit Mirzoza;

et c'est un ouvrage en marqueterie, dont les pièces rapportées sont plus ou moins nombreuses, plus ou moins régulièrement placées, selon qu'on a l'esprit plus vif, l'imagination plus rapide, et la mémoire plus fidelle : ne seroit-ce pas même en cela que consisteroit la folie ? et lorsqu'un habitant des Petites-Maisons s'écrie qu'il voit des éclairs, qu'il entend gronder le tonnerre, et que des précipices s'entrouvrent sous ses pieds ; ou qu'Ariadné, placée devant son miroir, se sourit à elle-même, se trouve les yeux vifs, le teint charmant, les dents belles et la bouche petite : ne seroit-ce pas que ces deux cervelles dérangées, trompées par des rapports fort éloignés, regardent des objets imaginaires comme présens et réels ?

Vous y êtes, madame ; oui, si l'on examine bien les fous, dit Bloculocus, on sera convaincu que leur état n'est qu'un rêve continu.

J'ai, dit Sélim en s'adressant à Bloculocus, pardevers moi quelques faits auxquels vos idées s'appliquent à merveille : ce qui me détermine à les adopter. Je rêvai une fois que j'entendois des hennissemens, et que je voyois sortir de la grande mosquée deux files parallèles d'animaux singuliers ; ils marchoient gravement sur leurs pieds de derrière ; le capuchon, dont leurs museaux étoient affublés, percé de deux trous, laissoit sortir deux longues oreilles mobiles et velues ; et des manches fort longues leur enveloppoient les pieds de devant. Je me tourmentai beaucoup dans le temps pour trouver quelque sens à cette vision ; mais je me rappelle aujourd'hui que j'avois été la veille à Montmartre.

Une autre fois que nous étions en campagne, commandés par le grand sultan Erguebzed en personne, et qu'harassé d'une marche forcée, je dormois dans ma tente, il me sembla que j'avois à solliciter au divan la conclusion d'une affaire importante ; j'allai me présenter au conseil de la régence; mais jugez combien je dus être étonné ; je trouvai la salle pleine de rateliers, d'auges, de mangeoires et de cages à poulets ; et je ne vis dans le fauteuil du grand sénéchal qu'un bœuf qui ruminoit ; à la place du séraskier, qu'un mouton de Barbarie ; sur le banc du teftesdar, qu'un aigle à bec crochu et à longues serres ; au-lieu du kiaia et du kadilesker, que deux gros hiboux en fourrures ; et pour visirs, que des oies avec des queues de paon : je présentai ma requête, et j'entendis à l'instant un tintamarre désespéré qui me réveilla.

Voilà-t-il pas un rêve bien difficile à déchiffrer, dit Mangogul ? vous aviez alors une affaire au divan ; et vous fîtes, avant que de vous y rendre, un tour à la ménagerie ; mais moi, seigneur Bloculocus, vous ne me dites rien de ma tête de chien ?

Prince, répondit Bloculocus, il y a cent à parier contre un, que madame avoit, ou que vous aviez apperçu à quelqu'autre une palatine de queues de

L *

martres, et que les danois vous frappèrent la première fois que vous en vîtes : il y a là dix fois plus de rapports qu'il n'en falloit pour exercer votre ame pendant la nuit ; la ressemblance de la couleur vous fit substituer une crinière à une palatine, et tout-de-suite vous plantâtes une vilaine tête de chien à la place d'une très-belle tête de femme.

Vos idées me paroissent justes, répondit Mangogul ; que ne les mettez-vous au jour ; elles pourroient contribuer au progrès de la divination par les songes, science importante qu'on cultivoit beaucoup il y a deux mille ans, et qu'on a trop négligée depuis : un autre avantage de votre systême, c'est qu'il ne manqueroit pas de répandre des lumières sur plusieurs ouvrages tant anciens que modernes, qui ne sont qu'un tissu de rêveries, comme le Traité des idées de Platon, les Fragmens d'Hermès Trismégiste, les Paradoxes littéraires du Père H...., le Newton, l'Optique des couleurs, et la Mathématique universelle d'un certain bramine ; par exemple, ne nous diriez-vous pas, monsieur le devin, ce qu'Orcotome avoit vu pendant le jour quand il rêva son hypothèse ? ce que le père C.... avoit rêvé quand il se mit à fabriquer son orgue des couleurs ? et quel avoit été le songe de Cléobule, quand il composa sa tragédie ?

Avec un peu de méditation j'y parviendrois, seigneur, répondit Bloculocus ; mais je réserve ces phénomènes délicats pour le temps où je donnerai au public ma traduction de Philoxène, dont je supplie votre hautesse de m'accorder le privilège.

Très-volontiers, dit Mangogul; mais qu'est-ce que ce Philoxène?... Prince, reprit Bloculocus, c'est un auteur grec qui a très-bien entendu la matière des songes.... Vous savez donc le grec?... Moi, seigneur, point du tout.... Ne m'avez-vous pas dit que vous traduisiez Philoxène, et qu'il avoit écrit en grec? Oui, seigneur; mais il n'est pas nécessaire d'entendre une langue pour la traduire, puisque l'on ne traduit que pour des gens qui ne l'entendent point.

Cela est merveilleux, dit le sultan; seigneur Bloculocus, traduisez donc le grec sans le savoir; je vous donne ma parole que je n'en dirai mot à personne, et que je ne vous en honorerai pas moins singulièrement.

CHAPITRE XLIII.

Vingt-troisième essai de l'anneau.

FANNI.

Il restoit encore assez de jour, lorsque cette conversation finit; ce qui détermina Mangogul à faire un essai de son anneau avant que de se retirer dans son appartement, ne fût-ce que pour s'endormir sur des idées plus gaies que celles qui l'avoient occupé jusqu'alors : il se rendit aussi-tôt chez Fanni ; mais il ne la trouva point ; il y revint après souper ; elle étoit encore absente : il remit donc son épreuve au lendemain matin.

Mangogul étoit aujourd'hui, dit l'auteur africain dont nous traduisons le journal, à neuf heures et demie chez Fanni. On venoit de la mettre au lit. Le sultan s'approcha de son oreiller, la contempla quelque temps, et ne put concevoir comment, avec si peu de charmes, elle avoit couru tant d'aventures.

Fanni est si blonde qu'elle en est fade ; grande *dégingandée*, elle a la démarche indécente, point de traits, peu d'agrémens, un air d'intrépidité qui n'est passable qu'à la cour ; pour de l'esprit on lui en reconnoît tout ce que la galanterie en peut communiquer ; et il faut qu'une femme soit née bien imbécille pour n'avoir pas au-moins du jargon, après une vingtaine d'intrigues ; car Fanni en étoit là.

Elle appartenoit, en dernier ressort, à un homme fait à son caractère. Il ne s'effarouchoit guère de ses infidélités, sans être toute-fois aussi bien informé que le public jusqu'où elles étoient poussées. Il avoit pris Fanni par caprice, et il la gardoit par habitude ; c'étoit comme un ménage arrangé. Ils avoient passé la nuit au bal, s'étoient couchés sur les neuf heures, et s'étoient endormis sans façon.

La nonchalance d'Alonzo auroit moins accommodé Fanni sans la facilité de son humeur. Nos gens dormoient donc profondément dos à dos, lorsque le sultan tourna sa bague sur le bijou de Fanni. A l'instant il se mit à parler, sa maîtresse à ronfler, et Alonzo à s'éveiller.

Après avoir bâillé à plusieurs reprises : « Ce
» n'est pas Alonzo ; quelle heure est-il ? Que
» me veut-on, dit-il ? Il me semble qu'il n'y a
» pas si long-temps que je repose ; qu'on me
» laisse un moment ».

Monsieur alloit se rendormir ; mais ce n'étoit pas l'avis du sultan. « Quelle persécution, reprit
» le bijou ! Encore un coup, que mé veut-on ?
» Malheur à qui a des ayeux illustres ! La sotte
» condition que celle d'un bijou titré ! Si quelque
» chose pouvoit me consoler des fatigues de mon
» état, ce seroit la bonté du seigneur à qui j'ap-
» partiens. Oh ! pour cela, c'est bien le meilleur
» homme du monde. Il ne nous a jamais fait la
» moindre tracasserie. En revanche aussi, nous
» avons bien usé de la liberté qu'il nous a laissée.
» Où en étois-je, de par Brama, si je fusse deve-
» nu le partage d'un de ces maussades qui vont
» sans cesse épiant ? La belle vie que nous au-
» rions menée » !

Ici le bijou ajouta quelques mots, que Mangogul n'entendit pas, et se mit tout-de-suite à esquisser, avec une rapidité surprenante, une foule

d'événemens héroïques, comiques, burlesques, tragi-comiques ; et il en étoit tout essoufflé lorsqu'il continua en ces termes : « J'ai quelque mé-
» moire, comme vous voyez ; mais je ressemble
» à tous les autres, je n'ai retenu que la plus pe-
» tite partie de ce que l'on m'a confié. Contentez-
» vous donc de ce que je viens de vous raconter ;
» il ne m'en revient pas davantage ».

Cela est honnête, disoit Mangogul en soi-même ; cependant il insistoit. « Mais que vous êtes im-
» patientant, reprit le bijou ! Ne diroit-on pas
» que l'on n'ait rien de mieux à faire que de jaser ?
» Allons, jasons donc, puisqu'il le faut : peut-
» être que quand j'aurai tout dit, il me sera permis
» de faire autre chose ».

Fanni ma maîtresse, continua le bijou, par un esprit de retraite qui ne se conçoit pas, quitta la cour pour s'enfermer dans son hôtel de Banza. On étoit pour lors au commencement de l'automne, et il n'y avoit personne à la ville. Et qu'y faisoit-elle donc, me demanderez-vous ? Ma foi, je n'en sais rien ; mais Fanni n'a jamais fait qu'une chose ; et si elle s'en fût occupée, j'en serois instruit. Elle étoit apparemment désœuvrée : oui, je m'en souviens, nous passâmes un jour et demi à ne rien faire et à crever d'ennui.

Je me chagrinois à périr de ce genre de vie, lorsqu'Amisadar s'avisa de nous en tirer... « Ah !
» vous voilà, mon pauvre Amisadar ; vraiment

» j'en suis charmée. Vous me venez fort à pro-
» pos »... Et qui vous savoit à Banza, lui répondit Amisadar ?... « Oh ! pour cela, per-
» sonne : ni toi ni d'autres ne l'imagineront jamais.
» Tu ne devines donc pas ce qui m'a réduite
» ici » ?... Non ; au vrai, je n'y entends rien...
« Rien du tout » ?... Non, rien... « Eh bien !
» apprends, mon cher, que je voulois me con-
» vertir »... Vous convertir ?... « Eh ! oui »...
Regardez-moi un peu ; mais vous êtes aussi charmante que jamais, et je ne vois rien là qui tourne à la conversion. C'est une plaisanterie... « Non,
» ma foi, c'est tout de bon. J'ai résolu de re-
» noncer au monde ; il m'ennuie »..... C'est une fantaisie qui vous passera. Que je meure, si vous êtes jamais dévote... « Je le serai, te
» dis-je ; les hommes n'ont plus de bonne-foi »...
Est-ce que Mazúl vous auroit manqué ?....
« Non ; il y a un siècle que je ne le vois plus »...
C'est donc Zupholo ?.... « Encore moins ; j'ai
» cessé de le voir, je ne sais comment, sans y
» penser »..... Ah ! j'y suis ; c'est le jeune Imola ?... « Bon, est-ce qu'on garde ces coli-
» fichets-là » ?.... Qu'est-ce donc ?... « Je
» ne sais ; j'en veux à toute la terre ».... Ah ! madame, vous n'avez pas raison ; et cette terre, à qui vous en voulez, vous fourniroit encore de quoi réparer vos pertes... « Amisadar, en vérité,
» tu crois donc qu'il y a encore de bonnes ames

» échappées à la corruption du siècle, et qui
» savent aimer »?... Comment, aimer! Est-ce
que vous donneriez dans ces misères-là? Vous
voulez être aimée, vous?.... « Eh! pourquoi
» non »?... Mais songez donc, madame, qu'un
homme qui aime prétend l'être, et l'être tout seul.
Vous avez trop de jugement pour vous assujettir
aux jalousies, aux caprices d'un amant tendre et
fidèle. Rien n'est si fatigant que ces gens-là. Ne
voir qu'eux, n'aimer qu'eux, ne rêver qu'eux,
n'avoir de l'esprit, de l'enjouement, des charmes
que pour eux ; cela ne vous convient certainement pas. Il feroit beau voir que vous vous en-
fournassiez dans une belle passion, et que vous
allassiez vous donner tous les travers d'une petite
bourgeoise... « Mais il me semble, Amisadar,
» que tu as raison. Je crois qu'en effet il ne nous
» siéroit pas de filer des amours. Changeons donc,
» puisqu'il faut changer. Aussi bien je ne vois pas
» que ces femmes tendres qu'on nous propose
» pour modèles, soient plus heureuses que les
» autres ».... Qui vous dit cela, madame?....
Personne ; mais cela se pressent »..... Méfiez-
vous de ces pressentimens. Une femme tendre
fait son bonheur, fait le bonheur de son amant;
mais ce rôle-là ne va pas à toutes les femmes...
« Ma foi, mon cher, il ne va à personne, et
» toutes s'en trouvent mal. Quel avantage y au-
» roit-il à s'attacher »?... Mille. Une femme

qui s'attache conservera sa réputation, sera souverainement estimée de celui qu'elle aime ; et vous ne sauriez croire combien l'amour doit à l'estime...
« Je n'entends rien à ces propos : tu brouilles tout,
» la réputation, l'amour, l'estime, et je ne sais
» quoi encore. Ne diroit-on pas que l'inconstance
» doive déshonorer ? Comment, je prends un
» homme ; je m'en trouve mal : j'en prends un
» autre qui ne me convient pas : je change ce-
» lui-ci pour un troisième qui ne me convient
» pas davantage ; et pour avoir eu le guignon de
» rencontrer mal une vingtaine de fois, au-lieu
» de me plaindre, tu veux »... Je veux, madame, qu'une femme qui s'est trompée dans un premier choix, n'en fasse pas un second, de peur de se tromper encore, et d'aller d'erreur en erreur...
« Ah ! quelle morale ! Il me semble, mon cher,
» que tu m'en prêchois une autre tout-à-l'heure.
» Pourroit-on savoir comment il faudroit à votre
» goût qu'une femme fût faite »?..... Très-volontiers, madame : mais il est tard, et cela nous mènera loin... « Tant mieux : je n'ai personne,
» et tu me feras compagnie. Voilà qui est décidé,
» n'est-ce pas ? Place-toi donc sur cette duchesse,
» et continue : je t'entendrai plus à mon aise ».

Amisadar obéit, et s'assit auprès de Fanni.
« Vous avez là, madame, lui dit-il, en se pen-
» chant vers elle, et en lui découvrant la gorge,
» un mantelet qui vous enveloppe étrangement »...

Bij. indisc.   M

Tu as raison. « Eh ! pourquoi donc cacher de
» si belles choses, ajouta-t-il en les baisant »?...
Allons, finissez. Savez-vous bien que vous êtes
fou ?... Vous devenez d'une effronterie qui passe.
Monsieur le moraliste, reprends un peu la conversation que tu m'as commencée.

« Je souhaiterois donc dans ma maîtresse, re-
» prit Amisadar, de la figure, de l'esprit, des
» sentimens, de la décence sur-tout. Je voudrois
» qu'elle approuvât mes soins, qu'elle ne m'écon-
» duisît pas par des mines ; qu'elle m'apprît une
» bonne fois si je lui plais ; qu'elle m'instruisît
» elle-même des moyens de lui plaire davantage ;
» qu'elle ne me célât point les progrès que je
» ferois dans son cœur ; qu'elle n'écoutât que moi,
» n'eût des yeux que pour moi, ne pensât, ne
» rêvât que moi, n'aimât que moi, ne fût oc-
» cupée que de moi, ne fît rien qui ne tendît à
» m'en convaincre ; et que, cédant un jour à mes
» transports, je visse clairement que je dois tout
» à mon amour et au sien. Quel triomphe, ma-
» dame ! et qu'un homme est heureux de pos-
» séder une telle femme »!... Mais, mon pauvre
» Amisadar, tu extravagues, rien n'est plus vrai.
Voilà le portrait d'une femme comme il n'y en
a point.... « Je vous fais excuse, madame, il
» s'en trouve. J'avoue qu'elles sont rares ; j'ai
» cependant eu le bonheur d'en rencontrer une.
» Hélas ! si la mort ne me l'eût ravie ; car ce n'est

» jamais que la mort qui vous enlève ces femmes-
» là : peut-être à-présent serois-je entre ses
» bras »..... Mais, comment te conduisois-tu
donc avec elle?.... « J'aimois éperdûment ; je
» ne manquois aucune occasion de donner des
» preuves de ma tendresse. J'avois la douce sa-
» tisfaction de voir qu'elles étoient bien reçues.
» J'étois fidèle jusqu'au scrupule. On me l'étoit
» de même. Le plus ou le moins d'amour étoit
» le seul sujet de nos différends. C'est dans ces
» petits démêlés que nous nous développions. Nous
» n'étions jamais si tendres qu'après l'examen de
» nos cœurs. Nos caresses succédoient toujours
» plus vives à nos explications. Qu'il y avoit alors
» d'amour et de vérité dans nos regards ! Je lisois
» dans ses yeux, elle lisoit dans les miens, que
» nous brûlions d'une ardeur égale et mutuelle»!...
Et où cela vous menoit-il?... « A des plaisirs
» inconnus à tous les mortels moins amoureux et
» moins vrais que nous »... Vous jouissiez?...
» Oui, je jouissois, mais d'un bien dont je faisois
» un cas infini. Si l'estime n'enivre pas, elle ajoute
» du-moins beaucoup à l'ivresse. Nous nous mon-
» trions à cœur ouvert ; et vous ne sauriez croire
» combien la passion y gagnoit. Plus j'examinois,
» plus j'appercevois de qualités, plus j'étois trans-
» porté. Je passois à ses genoux la moitié de ma
» vie ; je regrettois le reste. Je faisois son bon-
» heur ; elle combloit le mien. Je la voyois toujours

» avec plaisir, et je la quittois toujours avec peine.
» C'est ainsi que nous vivions ; jugez à-présent,
» madame, si les femmes tendres sont si fort à
» plaindre »…. Non, elles ne le sont pas, si
ce que vous me dites est vrai; mais j'ai peine à
le croire. On n'aime point comme cela. Je conçois même qu'une passion telle que vous l'avez éprouvée, doit faire payer les plaisirs qu'elle donne, par de grandes inquiétudes….. « J'en avois,
» madame ; mais je les chérissois. Je ressentois
» des mouvemens de jalousie. La moindre alté-
» ration, que je remarquois sur le visage de ma
» maîtresse, portoit l'allarme au fond de mon
» ame »… Quelle extravagance ! Tout bien calculé, je conclus qu'il vaut encore mieux aimer comme on aime à-présent ; en prendre à son aise ; tenir tant qu'on s'amuse ; quitter dès qu'on s'ennuie, ou que la fantaisie parle pour un autre. L'inconstance offre une variété de plaisirs inconnus à vous autres transis…… « J'avoue que cette
» façon convient assez à des petites-maîtresses,
» à des libertines ; mais un homme tendre et dé-
» licat ne s'en accommode point. Elle peut au
» plus l'amuser, quand il a le cœur libre, et qu'il
» veut faire des comparaisons. En un mot, une
» femme galante ne seroit point du-tout mon fait »…
Tu as raison, mon cher Amisadar ; tu penses à ravir. Mais aimes-tu quelque chose à-présent ?…
« Non, madame, si ce n'est vous ; mais je n'ose

» vous le dire » .... Ah! mon cher, ose: tu peux dire, lui répliqua Fanni, en le regardant fixement.

Amisadar entendit cette réponse à merveille, s'avança sur le canapé, se mit à badiner avec un ruban qui descendoit sur la gorge de Fanni; et on le laissa faire. Sa main, qui ne trouvoit aucun obstacle, se glissoit. On continuoit de le charger de regards, qu'il ne mésinterprétoit point. Je m'appercevois bien, moi, dit le bijou, qu'il avoit raison. Il prit un baiser sur cette gorge qu'il avoit tant louée. On le pressoit de finir, mais d'un ton à s'offenser s'il obéissoit : aussi n'en fit-il rien. Il baisoit les mains, revenoit à la gorge, passoit à la bouche ; rien ne lui résistoit. Insensiblement la jambe de Fanni se trouva sur les cuisses d'Amisadar. Il y porta la main : elle étoit nue. Amisadar ne manqua pas de le remarquer. On écouta son éloge d'un air distrait. A la faveur de cette inattention, la main d'Amisadar fit des progrès : elle parvint assez rapidement aux genoux. L'inattention dura, et Amisadar travailloit à s'arranger, lorsque Fanni revint à elle. Elle acusa le petit philosophe de manquer de respect mais il fut à son tour si distrait, qu'il n'entenit rien, ou qu'il ne répondit aux reproches qu'on lui faisoit, qu'en achevant son bonheur.

Qu'il me parut charmant ! dans la multitude de ceux qui l'ont précédé et suivi, aucun ne fut tant à mon gré. Je ne puis en parler sans tressaillir. Mais souffrez que je reprenne haleine : il me semble qu'il y a bien assez long-temps que je parle, pour quelqu'un qui s'en acquitte pour la première fois.

Alonzo ne perdit pas un mot du bijou de Fanni ; et il n'étoit pas moins pressé que Mangogul, d'apprendre le reste de l'aventure ; ils n'eurent le temps ni l'un ni l'autre de s'impatienter, et le bijou historien reprit en ces termes :

Autant que j'ai pu comprendre à force de réflexions, c'est qu'Amisadar partit au bout de quelques jours pour la campagne ; qu'on lui demanda raison de son séjour à la ville ; et qu'il raconta son aventure avec ma maîtresse. Car quelqu'un de sa connoissance et de celle d'Amisadar, passant devant notre hôtel, demanda, par hasard ou par soupçon, si madame y étoit, se fit annoncer, et monta.... « Ah ! madame qui vous croiroit à
» Banza ? Et depuis quand y êtes-vous » ?...
Depuis un siècle, mon cher ; depuis quinze jours que j'ai renoncé à la société.... « Pourroit-on
» vous demander, madame, par quelle raison »?...
Hélas ! c'est qu'elle me fatiguoit. Les femmes sont dans le monde d'un libertinage si étrange, qu'il n'y a plus moyen d'y tenir. Il faudroit ou faire comme elles, ou passer pour une bégueule ; et franchement, l'un et l'autre me plaît fort..... « Mais,
» madame, vous voilà tout-à-fait édifiante. Est-ce

» que les discours du bramine Brelibibi vous au-
» roient convertie »?... Non, c'est une bouffée
de philosophie, une quinte de dévotion. Cela m'a
pris subitement ; et il n'a pas tenu à ce pauvre
Amisadar que je ne sois à-présent dans la haute
réforme... « Madame l'a donc vu depuis peu »?...
Oui, une fois ou deux.... « Et vous n'avez vu
» que lui »?... Ah ! pour cela, non. C'est le
seul être pensant, raisonnant, agissant, qui soit
entré ici depuis l'éternité de ma retraite... « Cela
» est singulier »... Et qu'y a-t-il donc de singulier là-dedans ?... « Rien qu'une aventure qu'il
» a eue ces jours passés avec une dame de Banza,
» seule comme vous, dévote comme vous, re-
» tirée du monde comme vous. Mais je vais vous
» en faire le conte : cela vous amusera peut-
» être »?... Sans-doute, reprit Fanni ; et tout-
de-suite l'ami d'Amisadar se mit à lui raconter
son aventure, mot pour mot, comme moi, dit
le bijou ; et quand il en fut où j'en suis... « Eh
» bien ! madame, qu'en pensez-vous, lui dit-il ?
» Amisadar n'est-il pas fortuné »?... Mais, lui
répondit Fanni, Amisadar est peut-être un menteur ; croyez-vous qu'il y ait des femmes assez
osées pour s'abandonner sans pudeur... « Mais
» considérez, madame, lui répliqua Marsupha,
» qu'Amisadar n'a nommé personne, et qu'il n'est
» pas vraisemblable qu'il nous en ait imposé »...
J'entrevois ce que c'est, reprit Fanni : Amisadar

a de l'esprit ; il est bien fait : il aura donné à cette pauvre recluse des idées de volupté qui l'auront entraînée. Oui, c'est cela. Ces gens-là sont dangereux pour qui les écoute, et entr'eux Amisadar est unique..... « Quoi donc, madame, » interrompit Marsupha, Amisadar seroit-il le » seul homme qui sût persuader, et ne rendrez- » vous point justice à d'autres qui méritent autant » que lui un peu de part dans votre estime »?... Et de qui parlez-vous, s'il vous plaît?... « De » moi, madame, qui vous trouve charmante, » et »..... C'est pour plaisanter, je crois. Envisagez-moi donc, Marsupha. Je n'ai ni rouge ni mouches. Le battant l'œil ne me va point. Je suis à faire peur... « Vous vous trompez, madame : ce » déshabillé vous sied à ravir. Il vous donne un » air si touchant, si tendre »!...

A ces propos galans, Marsupha en ajouta d'autres. Je me mis insensiblement de la conversation ; et quand Marsupha eût fini avec moi, il reprit avec ma maîtresse. « Sérieusement, Amisadar a » tenté votre conversion ; c'est un homme admi- » rable pour les conversions. Pourriez-vous me » communiquer un échantillon de sa morale ? Je » gagerois bien qu'elle diffère peu de la mien- » ne »..... Nous avons traité certains points de galanterie à fond. Nous avons analysé la différence de la femme tendre et de la femme galante. Il en est, lui, pour les femmes tendres..... « Et vous

» aussi, sans-doute »?.... Point du tout, mon cher. Je me suis épuisée à lui démontrer que nous étions les unes comme les autres, et que nous agissions toutes par les mêmes principes. Il n'est pas de cet avis. Il établit des distinctions à l'infini, mais qui n'existent, je crois, que dans son imagination. Il s'est fait je ne sais quelle créature idéale, une chimère de femme, un être de raison coëffé.... « Madame, lui répondit Marsu-
» pha, je connois Amisadar. C'est un garçon qui
» a du sens et qui a fréquenté les femmes. S'il
» vous a dit qu'il y en avoit »…. Oh! qu'il y en ait ou qu'il n'y en ait pas, je ne m'accommoderois point de leurs façons, interrompit Fanni....
« Je le crois, lui répondit Marsupha ; aussi, vous
» avez pris une sorte de conduite plus conforme
» à votre naissance et à votre mérite. Il faut aban-
» donner ces bégueules à des philosophes ; elles
» sécheroient sur pied à la cour »....

Le bijou de Fanni se tut en cet endroit. Une des qualités principales de ces orateurs, c'étoit de s'arrêter à propos. Ils parloient, comme s'ils n'eussent fait autre chose de leur vie ; d'où quelques auteurs avoient conclu que c'étoient de pures machines. Et voici comment ils raisonnoient. Ici l'auteur africain rapporte tout au long l'argument métaphysique des cartésiens contre l'ame des bêtes, qu'il applique avec toute la sagacité possible au caquet des bijoux. En un mot, son avis est que les bijoux parloient comme les oiseaux chantent ; c'est-à-dire, si parfaitement, sans avoir appris, qu'ils étoient sifflés sans-doute par quelque intelligence supérieure.

Et de son prince, qu'en fait-il, me demandez-vous ? Il l'envoie dîner chez la favorite ; du-moins, c'est-là que nous le trouverons dans le chapitre suivant.

CHAPITRE XLIV.

Histoire des voyages de Sélim.

MANGOGUL, qui ne songeoit qu'à varier ses plaisirs, et multiplier les essais de son anneau, après avoir questionné les bijoux les plus intéressans de sa cour, fut curieux d'entendre quelques bijoux de la ville. Mais comme il auguroit assez mal de ce qu'il en pourroit apprendre, il eût fort desiré les consulter à son aise, et s'épargner la peine de les aller chercher.

Comment les faire venir ? c'est ce qui l'embarrassoit. « Vous voilà bien en peine à propos de rien, » lui dit Mirzoza. Vous n'avez, seigneur, qu'à » donner un bal, et je vous promets ce soir » plus de ces harangueurs, que vous n'en voudrez » écouter ».

Joie de mon cœur, vous avez raison, lui répondit Mangogul ! votre expédient est même d'autant meilleur, que nous n'aurons ; à coup sûr, que ceux dont nous aurons besoin. Sur-le-champ, ordre au Kislar-Agasi, et au trésorier des plaisirs, de préparer la fête, et de ne distribuer que quatre mille billets. On savoit apparemment là, mieux qu'ailleurs, la place que pouvoient occuper six mille personnes.

En attendant l'heure du bal, Sélim, Mangogul et la favorite se mirent à parler nouvelles. Madame sait-elle, dit Sélim à la favorite, que le pauvre Codindo est mort ? En voilà le premier mot ; et de quoi est-il mort ? demanda la favorite. Hélas ! madame, lui répondit Sélim, c'est une victime de l'attraction. Il s'étoit entêté, dès sa jeunesse, de ce système ; et la cervelle lui en a tourné sur ses vieux jours. Et comment cela, dit la favorite ?

Il avoit trouvé, continua Sélim, selon les méthodes d'Halley et de Circino, deux célèbres astronomes de Monoémugi, qu'une certaine comète qui a tant fait de bruit sur la fin du règne de Kanoglou, devoit reparoître avant-hier ; et dans la crainte qu'elle ne doublât le pas, et qu'il n'eût pas le bonheur de l'appercevoir le premier, il prit le parti de passer la nuit sur son donjon, et il avoit encore hier, à neuf heures du matin, l'œil collé à la lunette.

Son fils, qui craignoit qu'il ne fût incommodé d'une si longue séance, s'approcha de lui sur les huit heures, le tira par la manche et l'appela plusieurs fois, *mon père, mon père :* point de réponse. *Mon père, mon père*, réitéra le petit Codindo. « Elle va passer, répondit Codindo ; elle passera ; » oh ! parbleu je la verrai ». Mais, vous n'y pensez pas, mon père, il fait un brouillard effroyable.... « Je veux la voir ; je la verrai, te dis-je ».

Le jeune homme, convaincu par ces réponses, que son malheureux père brouilloit, se mit à crier au secours. On vint, on envoya chercher Farfadi; et j'étois chez lui, car il est mon médecin, lorsque le domestique de Codindo est arrivé... « Vîte, » vîte, monsieur ; dépêchez-vous ; le vieux Co- » dindo, mon maître »... Eh bien ! qu'y a-t-il, » Champagne ? Qu'est-il arrivé à ton maître »?... Monsieur, il est devenu fou.... « Ton maître est fou »?... Eh ! oui, monsieur. Il crie qu'il veut voir des bêtes, qu'il verra des bêtes ; qu'il en viendra. Monsieur l'apothicaire y est déjà, et l'on vous attend. Venez vîte... Manie, disoit Farfadi, en mettant sa robe, et cherchant son bonnet quarré; manie, accès terrible de manie. Puis s'adressant au domestique : Champagne, lui demandoit-il, ton maître ne voit-il pas des papillons ? n'arrache-t-il pas les petits flocons de sa couverture ?....« Eh ! » non, monsieur, lui répondit Champagne. Le » pauvre homme est au haut de son observatoire, » où sa femme, ses filles et son fils le tiennent à » quatre. Venez vîte, vous trouverez votre bon- » net quarré demain ».

La maladie de Codindo me parut plaisante ; Farfadi monta dans mon carosse ; et nous allâmes ensemble à l'observatoire. Nous entendîmes, au bas de l'escalier, Codindo qui crioit comme un furieux : « Je veux voir la comète ; je la verrai ; re-
» tirez-vous, coquins ».

Apparemment que sa famille, n'ayant pu le déterminer à descendre dans son appartement, avoit fait monter son lit au haut de son donjon ; car nous le trouvâmes couché. On avoit appelé l'apothicaire du quartier, et le bramine de la paroisse, qui lui cornoit aux oreilles, lorsque nous arrivâmes : « Mon frère, mon cher frère, il y va
» de votre salut ; vous ne pouvez, en sûreté de
» conscience, attendre une comète à l'heure qu'il
» est ; vous vous damnez ».... C'est mon affaire, lui disoit Codindo.... « Que répondrez-vous à
» Brama, devant qui vous allez paroître, repre-
» noit le bramine » ? Monsieur le curé, lui répliquoit Codindo, sans quitter l'œil de la lunette, je lui répondrai que c'est votre métier de m'exhorter pour mon argent, et celui de monsieur l'apothicaire que voilà, de me vanter son eau tiède ; que monsieur le médecin fait son devoir de me tâter le pouls, et de n'y rien connoître ; et moi, le mien, d'attendre la comète.... On eut beau le tourmenter, on n'en tira pas davantage : il continua d'observer avec un courage héroïque ; et il est mort dans sa gouttière, la main gauche sur

l'œil du même côté, la droite posée sur le tuyau du télescope, et l'œil droit appliqué au verre oculaire ; entre son fils, qui lui crioit qu'il avoit commis une erreur de calcul, son apothicaire qui lui proposoit un remède, son médecin qui prononçoit, en hochant de la tête, qu'il n'y avoit plus à faire, et son curé, qui lui disoit : Mon frère, faites un acte de contrition, et recommandez-vous à Brama...

Voilà, dit Mangogul, ce qui s'appelle mourir au lit d'honneur. Laissons, ajouta la favorite, reposer en paix ce pauvre Codindo, et passons à quelqu'objet plus agréable. Puis, s'adressant à Sélim : Seigneur, lui dit-elle, à votre âge, galant comme vous êtes, dans une cour où régnoient les plaisirs, avec l'esprit, les talens et la bonne mine que vous avez, il n'est pas étonnant que les bijoux vous aient préconisé. Je les soupçonne même de n'avoir pas accusé tout ce qu'ils savent sur votre compte. Je ne vous demande pas le supplément ; vous pourriez avoir de bonnes raisons pour le refuser. Mais après toutes les aventures dont vous ont honoré ces messieurs, vous devez connoître les femmes ; et c'est une de ces choses sans conséquence dont vous pouvez convenir.

Ce compliment, madame, lui répondit Sélim, eût flatté mon amour-propre à l'âge de vingt ans ; mais j'ai de l'expérience ; et une de mes premières réflexions, c'est que plus on pratique en ce genre, et moins on acquiert de lumières. Moi, connoître les femmes ! passe pour les avoir beaucoup étudiées. Eh bien ! qu'en pensez-vous, lui demanda la favorite ? Madame, répondit Sélim, quoi que leurs bijoux en aient publié, je les tiens toutes pour très-respectables.

En vérité, mon cher, lui dit le sultan, vous mériteriez d'être bijou; vous n'auriez pas besoin de muselières. Sélim, ajouta la sultane, laissez là le ton satyrique, et parlez-nous vrai. Madame, lui répondit le courtisan, je pourrois mêler à mon récit des traits désagréables ; ne m'imposez pas la loi d'offenser un sexe qui m'a toujours assez bien traité, et que je révère par.... Eh ! toujours de la vénération ! Je ne connois rien de si caustique que ces gens doucereux, quand ils s'y mettent, interrompit Mirzoza ; et, s'imaginant que c'étoit par égard pour elle que Sélim se défendoit : Que ma présence ne vous en impose point, ajouta-t-elle : nous cherchons à nous amuser ; et je m'engage, parole d'honneur, à m'appliquer tout ce que vous direz d'obligeant de mon sexe, et de laisser le reste aux autres femmes. Vous avez donc beaucoup étudié les femmes ? Eh bien ! faites-nous le récit du cours de vos études ; il a été des plus brillans, à en juger par les succès connus : et il est à présumer qu'ils ne sont pas démentis par ceux qu'on ignore. Le vieux courtisan céda à ses instances, et commença de la sorte.

Les bijoux ont beaucoup parlé de moi, j'en

conviens ; mais ils n'ont pas tout dit. Ceux qui pouvoient compléter mon histoire ou ne sont plus, ou ne sont point dans nos climats ; et ceux qui l'ont commencée, n'ont qu'effleuré la matière. J'ai observé jusqu'à-présent le secret inviolable que je leur avois promis, quoique je fusse plus fait qu'eux pour parler : mais puisqu'ils ont rompu le silence, il semble qu'ils m'ont dispensé de le garder.

Né avec un tempérament de feu, je connus à-peine ce que c'étoit qu'une belle femme, que je l'aimai. J'eus des gouvernantes que je détestai ; mais, en récompense, je me plûs beaucoup avec les femmes-de-chambre de ma mère. Elles étoient pour la plûpart jeunes et jolies : elles s'entretenoient, se déshabilloient, s'habilloient devant moi sans précaution, m'exhortoient même à prendre des libertés avec elles ; et mon esprit, naturellement porté à la galanterie, mettoit tout à profit. Je passai à l'âge de cinq ou six ans entre les mains des hommes avec ces lumières ; et Dieu sait combien elles s'étendirent, lorsqu'on me mit sous les yeux les anciens auteurs, et que mes maîtres m'interprêtèrent certains endroits, dont peut-être ils ne pénétroient point eux-mêmes le sens. Les pages de mon père m'apprirent quelques gentillesses de collège ; et la lecture de l'Aloysia, qu'ils me prêtèrent, me donna toutes les envies du monde de me perfectionner. J'avois alors quatorze ans.

Je jetai les yeux autour de moi, cherchant entre les femmes qui fréquentoient dans la maison, celle à qui je m'adresserois : mais toutes me parurent également propres à me défaire d'une innocence qui m'embarrassoit. Un commencement de liaison, et plus encore le courage que je me sentois d'attaquer une personne de mon âge, et qui me manquoit vis-à-vis des autres, me décidèrent pour une de mes cousines. Emilie, c'étoit son nom, étoit jeune, et moi aussi : je la trouvai jolie, et je lui plûs : elle n'étoit pas difficile ; et j'étois entreprenant : j'avois envie d'apprendre ; et elle n'étoit pas moins curieuse de savoir. Nous nous faisions souvent des questions très-ingénues et très-fortes : et un jour, elle trompa la vigilance de ses gouvernantes ; et nous nous instruisîmes. Ah ! que la nature est un grand maître ! elle nous mit bientôt au fait du plaisir, et nous nous abandonnâmes à son impulsion, sans aucun pressentiment sur les suites : ce n'étoit pas le moyen de les prévenir. Emilie eut des indispositions qu'elle cacha d'autant moins, qu'elle n'en soupçonnoit pas la cause. Sa mère la questionna, lui tira l'aveu de notre commerce, et mon père en fut instruit. Il m'en fit des reprimandes mêlées d'un air de satisfaction ; et sur-le-champ il fut décidé que je voyagerois. Je partis avec un gouverneur, chargé de veiller attentivement sur ma conduite, et de ne la point gêner ; et cinq mois après j'appris, par la gazette, qu'Emilie étoit morte de la petite vérole ; et par une lettre de mon père, que la tendresse qu'elle avoit eue pour moi lui coûtoit la vie. Le premier fruit de mes amours sert avec distinction dans les troupes du sultan : je l'ai toujours soutenu par mon crédit ; et il ne me connoît encore que pour son protecteur.

— Nous étions à Tunis, lorsque je reçus la nouvelle de sa naissance et de la mort de sa mère ; j'en fus vivement touché ; et j'en aurois été, je crois, inconsolable, sans l'intrigue que j'avois liée avec la femme d'un corsaire, qui ne me laissoit pas le temps de me désespérer : la Tunisienne étoit intrépide ; j'étois fou : et tous les jours, à l'aide d'une échelle de corde qu'elle me jetoit, je passois de notre hôtel sur sa terrasse, et de-là dans un cabinet où elle me perfectionnoit ; car Emilie ne m'avoit qu'ébauché. Son époux revint de course précisément dans le temps que mon gouverneur, qui avoit ses instructions, me pressoit à passer en Europe ; je m'embarquai sur un vaisseau qui partoit pour Lisbonne ; mais ce ne fut pas sans avoir fait et réitéré des adieux fort tendres à Elvire, dont je reçus le diamant que vous voyez.

Le bâtiment que nous montions étoit chargé de marchandises ; mais la femme du capitaine étoit la plus précieuse à mon gré ; elle avoit à-peine vingt ans ; son mari en étoit jaloux comme un tigre ; et ce n'étoit pas tout-à-fait sans raison. Nous ne tardâmes pas à nous entendre tous ; Dona Velina conçut tout-d'un-coup qu'elle me plaisoit, moi que je ne lui étois pas indifférent, et son époux qu'il nous gênoit; le marin résolut aussi-tôt de ne pas désemparer que nous ne fussions au port de Lisbonne ; je lisois dans les yeux de sa chère épouse, combien elle enrageoit des assiduités de son mari ; les miens lui déposoient les mêmes choses ; et l'époux nous comprenoit à merveille. Nous passâmes deux jours entiers dans une soif de plaisir inconcevable ; et nous en serions morts à coup sûr, si le ciel ne s'en fût mêlé ; mais il aide toujours les ames en peine. A-peine avions-nous passé le détroit de Gibraltar qu'il s'éleva une tempête furieuse ; je ne manquerois pas, madame, de faire siffler les vents à vos oreilles, et gronder la foudre sur votre tête, d'enflammer le ciel d'éclairs, de soulever les flots jusqu'aux nues, et de vous décrire la tempête la plus effrayante que vous ayez jamais rencontrée dans aucun roman, si je ne vous faisois une histoire. Je vous dirai seulement que le capitaine fut forcé, par les cris des matelots, de quitter sa chambre, et de s'exposer à un danger par la crainte d'un autre ; il sortit avec mon gouverneur, et je me précipitai, sans hésiter, entre les bras de ma belle Portugaise, oubliant tout-à-fait qu'il y eût une mer, des orages, des tempêtes ; que nous étions portés sur un frêle vaisseau ; et m'abandonnant sans réserve à l'élément perfide. Notre course fut prompte ; et vous jugez bien, madame, que, par le temps qu'il faisoit, je vis bien du pays en peu d'heures; nous relâchâmes à Cadix où je laissai à la signora une promesse de la rejoindre à Lisbonne, s'il plaisoit à mon mentor dont le dessein étoit d'aller droit à Madrid.

Les Espagnoles sont plus étroitement resserrées et plus amoureuses que nos femmes ; l'amour se traite là par des espèces d'ambassadrices qui ont ordre d'examiner les étrangers, de leur faire des propositions, de les conduire, de les ramener, et les dames se chargent du soin de les rendre heureux. Je ne passai point par ce cérémonial, grace à la conjoncture. Une grande révolution venoit de placer sur le trône de ce royaume un prince du sang de France; son arrivée et son couronnement donnèrent lieu à des fêtes à la cour, où je parus alors : je fus accosté dans un bal ; on me proposa un rendez-vous pour le lendemain ; je l'acceptai, et je me rendis dans une petite maison, où je ne trouvai qu'un homme masqué, le nez enveloppé dans un manteau, qui me rendit un billet, par lequel Dona Oropeza remettoit la partie au jour suivant, à pareille heure. Je revins, et l'on m'introduisit dans un appartement assez somptueusement meublé, et éclairé par des bougies ; ma déesse ne se fit point attendre ; elle entra sur mes pas, et se précipita dans mes bras sans dire mot, et sans quitter son masque. Etoit-elle laide? étoit-elle jolie ? c'est ce que j'ignorois ; je m'apperçus seulement, sur le canapé où elle m'entraîna, qu'elle étoit jeune, bien faite, et qu'elle aimoit le plaisir; lorsqu'elle se crut satisfaite de mes éloges, elle se démasqua, et me montra l'original du portrait que vous voyez dans cette tabatière.

Sélim ouvrit et présenta en-même-temps à la favorite une boëte d'or d'un travail exquis, et enrichie de pierreries. Le présent est galant, dit Mangogul; ce que j'en estime le plus, ajouta la favorite, c'est le portrait. Quels yeux ! quelle bouche! quelle gorge ! mais tout cela n'est-il point flatté? Si peu, madame, répondit Sélim, qu'Oropeza m'auroit peut-être fixé à Madrid, si son époux, informé de notre commerce, ne l'eût troublé par ses menaces: j'aimois Oropeza; mais j'aimois encore mieux la vie; ce n'étoit pas non plus l'avis de mon gouverneur, que je m'exposasse à être poignardé du mari, pour jouir quelques mois de plus de la femme : j'écrivis donc à la belle Espagnole une lettre d'adieux fort touchans, que je tirai de quelque roman du pays; et je partis pour la France.

Le monarque qui régnoit alors en France, étoit grand-père du roi d'Espagne; et sa cour passoit avec raison pour la plus magnifique, la plus polie et la plus galante de l'Europe; j'y parus comme un phénomène. « Un jeune seigneur du Congo, » disoit une belle marquise; eh! mais cela doit » être fort plaisant; ces hommes-là valent mieux

» que les nôtres. Le Congo, je crois, n'est pas » loin de Maroc ». On arrangeoit des soupers dont je devois être. Pour peu que mon discours fût sensé, on le trouvoit délié, admirable ; on se récrioit, parce qu'on m'avoit d'abord fait l'honneur de soupçonner que je n'avois pas le sens commun. « Il est charmant, reprenoit avec vivacité une » autre femme de cour ; quel meurtre de laisser » retourner une jolie figure comme celle-là dans » un vilain pays où les femmes sont gardées à vue » par des hommes qui ne le sont plus ! Est-il » vrai, monsieur ? on dit qu'ils n'ont rien : cela » est bien déparant pour un homme »…. Mais, ajoutoit une autre, il faut fixer ici ce grand garçon-là ; il a de la naissance : quand on ne le feroit que chevalier de Malte ; je m'engage, si l'on veut, à lui procurer de l'emploi ; et la duchesse Victoria, mon amie de tous les temps, parlera en sa faveur au roi, s'il le faut.

J'eus bientôt des preuves non suspectes de leur bienveillance ; et je mis la marquise en état de prononcer sur le mérite des habitans de Maroc et du Congo ; j'éprouvai que l'emploi que la duchesse et son amie m'avoient promis, étoit difficile à remplir ; et je m'en défis. C'est dans ce séjour que j'appris à former de belles passions de vingt-quatre heures ; je circulai pendant six mois dans un tourbillon, où le commencement d'une aventure n'attendoit point la fin d'une autre : on n'en vouloit qu'à la jouissance ; tardoit-elle à venir, ou étoit-elle obtenue, on voloit à de nouveaux plaisirs.

Que me dites-vous là, Sélim ? interrompit la favorite ; la décence est donc inconnue dans ces contrées ? Pardonnez-moi, madame, répondit le vieux courtisan ; on n'a que ce mot à la bouche ; mais les Françaises ne sont pas plus esclaves de la chose que leurs voisines. Et quelles voisines, demanda Mirzoza ? Les Anglaises, répartit Sélim, femmes froides et dédaigneuses, en apparence ; mais emportées, voluptueuses et vindicatives, moins spirituelles et plus raisonnables que les Françaises ; celles-ci aiment le jargon des sentimens, celles-là préfèrent l'expression du plaisir. Mais à Londres comme à Paris, on s'aime, on se quitte, on renoue pour se quitter encore. De la fille d'un lord Bishop (ce sont des espèces de bramines, mais qui ne gardent point le célibat), je passai à la femme d'un chevalier baronnet ; tandis qu'il s'échauffoit dans le parlement à soutenir les intérêts de la nation, contre les entreprises de la cour, nous avions dans sa maison, sa femme et moi, bien d'autres débats ; mais le parlement finit, et madame fut contrainte de suivre son chevalier dans sa gentilhommière ; je me rabattis sur la femme d'un colonel dont le régiment étoit en garnison sur les côtes ; j'appartins ensuite à la femme du lord-maire ; ah ! quelle femme ! je n'aurois jamais revu le Congo, si la prudence de mon gouverneur, qui me voyoit dépérir, ne m'eût tiré de cette galère ; il supposa des lettres de ma famille qui me redemandoit avec empressement ; et nous nous embarquâmes pour la Hollande ; notre dessein étoit de traverser l'Allemagne et de nous rendre en Italie où nous comptions sur des occasions fréquentes de repasser en Afrique.

Nous ne vîmes la Hollande qu'en poste : notre séjour ne fut guère plus long en Allemagne ; toutes les femmes de condition y ressemblent à des citadelles importantes qu'il faut assiéger dans les formes : on en vient à bout ; mais les approches demandent tant de mesures ; ce sont tant de *si* et de *mais*, quand il s'agit de régler les articles de la capitulation, que ces conquêtes m'ennuyèrent bientôt.

Je me souviendrai toute ma vie du propos d'une Allemande de la première qualité, sur le point de m'accorder ce qu'elle n'avoit pas refusé à beaucoup d'autres. « Ah ! s'écria-t-elle douloureusement, que diroit le grand Alziki, mon père, s'il savoit que je m'abandonne à un petit Congo comme vous » ? Rien, madame, lui répliquai-je : tant de grandeur m'épouvante ; et je me retire : ce fut sagement fait à moi ; et si j'avois compromis son altesse avec ma médiocrité, j'aurois pu m'en ressouvenir : Brama, qui protège les saines contrées que nous habitons, m'inspira sans-doute dans cet instant critique.

Les Italiennes, que nous pratiquâmes ensuite, ne se montent point si haut. C'est avec elles que j'appris les modes du plaisir. Il y a, dans ces raffinemens, du caprice et de la bizarrerie ; mais vous me le pardonnerez, mesdames, il en faut quelquefois pour vous plaire. J'ai apporté de Florence, de Venise et de Rome, plusieurs recettes joyeuses, inconnues jusqu'à moi dans nos contrées barbares. J'en renvoie toute la gloire aux Italiennes qui me les communiquèrent.

Je passai quatre ans ou environ en Europe, et je rentrai par l'Egypte dans cet empire, formé comme vous voyez, et muni des rares découvertes de l'Italie, que je divulguai sur-le-champ.

Ici, l'auteur africain dit que Sélim s'étant apperçu que les lieux-communs qu'il venoit de débiter à la favorite sur les aventures qu'il avoit eues en Europe, et sur les caractères des femmes des contrées qu'il avoit parcourues, avoient profondément assoupi Mangogul, craignit de le réveiller, s'approcha de la favorite, et continua d'une voix plus basse.

Madame, lui dit-il, si je n'appréhendois de vous avoir fatiguée par un récit qui n'a peut-être été que trop long, je vous raconterois l'aventure par laquelle je débutai en arrivant à Paris ; je ne sais comment elle m'est échappée.

Dites, mon cher, lui répondit la favorite ; je vais redoubler d'attention, et vous dédommager, autant qu'il est en moi, de celle du sultan qui dort.

Nous avions pris à Madrid, continua Sélim, des recommandations pour quelques seigneurs de la cour de France; et nous nous trouvâmes, tout en débarquant, assez bien faufilés. On étoit alors dans la belle saison; et nous allions nous promener le soir au palais-royal, mon gouverneur et moi. Nous y fûmes un jour abordés par quelques petits-maîtres, qui nous montrèrent les plus jolies femmes, et nous firent leur histoire vraie ou fausse, ne s'oubliant point dans tout cela, comme vous pensez bien. Le jardin étoit déjà peuplé d'un grand nombre de femmes; mais il en vint sur les huit heures un renfort considérable. A la quantité de leurs pierreries, à la magnificence de leurs ajustemens, et à la foule de leurs poursuivans, je les pris au moins pour des duchesses. J'en dis ma pensée à un des jeunes seigneurs de la compagnie; et il me répondit qu'il s'appercevoit bien que j'étois connoisseur, et que, si je voulois, j'aurois le plaisir de souper le soir même avec quelques-unes des plus aimables. J'acceptai son offre; et à l'instant il glissa le mot à l'oreille de deux ou trois de ses amis, qui s'éparpillèrent dans la promenade, et revinrent en moins d'un quart-d'heure nous rendre compte de leur négociation. Messieurs, nous dirent-ils, on vous attendra ce soir à souper chez la duchesse Astérie. Ceux qui n'étoient pas de la partie, se récrièrent sur notre bonne fortune; on fit encore quelques tours ; on se sépara ; et nous montâmes en carosse pour en aller jouir.

Nous descendîmes à une petite porte, au pied d'un escalier fort étroit, d'où nous grimpâmes à un second, dont je trouvai les appartemens plus vastes et mieux meublés qu'ils ne me paroîtroient à-présent. On me présenta à la maîtresse du logis, à qui je fis une révérence des plus profondes, que j'accompagnai d'un compliment si respectueux, qu'elle en fut presque déconcertée. On servit, et on me plaça à côté d'une petite personne charmante, qui se mit à jouer la duchesse tout au mieux. En vérité, je ne sais comment j'osai en tomber amoureux : cela m'arriva cependant.

- Vous avez donc aimé une fois dans votre vie, interrompit la favorite ? Eh ! oui, madame, lui répondit Sélim, comme on aime à dix-huit ans, avec une extrême impatience de conclure une affaire entamée. Je ne dormis point de la nuit ; et dès la pointe du jour je me mis à composer à ma belle inconnue la lettre du monde la plus galante. Je l'envoyai, on me répondit, et j'obtins un rendez-vous. Ni le ton de la réponse, ni la facilité de la dame, ne me détrompèrent point ; et je courus à l'endroit marqué, fortement persuadé que j'allois posséder la femme ou la fille d'un premier ministre. Ma déesse m'attendoit sur un grand canapé : je me précipitai à ses genoux ; je lui pris la main; et la lui baisant avec la tendresse la plus vive, je me félicitai sur la faveur qu'elle daignoit m'accorder. « Est-il bien vrai, lui dis-je, que » vous permettez à Sélim de vous aimer et de » vous le dire, et qu'il peut sans vous offenser se » flatter du plus doux espoir »? En achevant ces mots, je pris un baiser sur sa gorge; et comme elle étoit renversée, je me préparois assez vivement à soutenir ce début, lorsqu'elle m'arrêta, et me dit : « Tiens, mon ami, tu es joli garçon; » tu as de l'esprit; tu parles comme un ange : mais » il me faut quatre louis ». Comment dites-vous; l'interrompis-je ?.... « Je te dis, reprit-elle, qu'il » n'y a rien à faire, si tu n'as pas tes quatre » louis ».... Quoi! mademoiselle, lui répondis-je tout étonné, vous ne valez que cela? c'étoit bien la peine d'arriver du Congo pour si peu de chose. Et sur-le-champ je me rajuste, je me précipite dans l'escalier, et je pars.

Je commençai, madame, comme vous voyez, à prendre des actrices pour des princesses. J'en suis du dernier étonnement, reprit Mirzoza; car enfin la différence est si grande ! Je ne doute point, reprit Sélim, qu'il ne leur ait échappé cent impertinences. Mais que voulez-vous? Un étranger, un jeune homme n'y regarde pas de si près. On m'avoit fait dans le Congo tant de mauvais contes sur la liberté des Européennes....

Sélim en étoit là, lorsque Mangogul se réveilla.

Je crois, dieu me damne, dit-il en bâillant et se frottant les yeux, qu'il est encore à Paris. Pourroit-on vous demander, beau conteur, quand vous espérez être de retour à Banza, et si j'ai long-temps encore à dormir ? car il est bon, l'ami, que vous sachiez qu'il n'est pas possible d'entamer en ma présence un voyage, que les bâillemens ne me prennent. C'est une mauvaise habitude, que j'ai contractée en lisant Tavernier et les autres.

Prince, lui répondit Sélim, il y a plus d'une heure que je suis de retour à Banza.

Je vous en félicite, reprit le sultan; puis s'adressant à la sultane : Madame, lui dit-il, voilà l'heure du bal; nous partirons, si la fatigue du voyage vous le permet.

Prince, lui répondit Mirzoza, me voilà prête. Mangogul et Sélim avoient déjà leurs dominos; la favorite prit le sien; le sultan lui donna la main; et ils se rendirent dans la salle du bal, où ils se séparèrent, pour se disperser dans la foule. Sélim les y suivit, et moi aussi, dit l'auteur africain, quoique j'eusse plus envie de dormir que de voir danser....

CHAPITRE XLV.

Vingt-quatrième et vingt-cinquième essais de l'anneau.

Bal masqué, et suite du bal masqué.

Les bijoux les plus extravagans de Banza ne manquèrent pas d'accourir où le plaisir les appeloit. Il en vint en carosse bourgeois, il en vint par les voitures publiques, et même quelques-uns à pied. Je ne finirois point, dit l'auteur africain dont j'ai l'honneur d'être le *caudataire*, si j'entrois dans le détail des niches que leur fit Mangogul. Il donna plus d'exercice à sa bague dans cette nuit seule, qu'elle n'en avoit eu depuis qu'il la tenoit du génie. Il la tournoit tantôt sur l'une, tantôt sur l'autre, souvent sur une vingtaine à-la-fois : c'étoit alors qu'il se faisoit un beau bruit ; l'un s'écrioit d'une voix aigre : Violons, *le Carillon de Dunkerque*, s'il vous plaît ; l'autre, d'une voix rauque : Et moi je veux *les Sautriots ;* et moi *les Tricotets*, disoit un troisième ; et une multitude à-la-fois : Des contre-danses usées, comme *la Bourrée, les Quatre Faces, la Calotine, la Chaîne, le Pistolet, la Mariée, le Pistolet, le Pistolet.* Tous ces cris étoient lardés d'un million d'extravagances. L'on entendoit d'un côté : *Peste soit du nigaud ! il faut l'envoyer à l'école ;* de l'autre : *Je* m'en retournerai donc sans étrenner. Ici : *Qui paiera mon carosse ?* là : *Il m'est échappé, mais je chercherai tant, qu'il se retrouvera ;* ailleurs : *A demain ; mes vingt louis au-moins ; sans cela, rien de fait ;* et par-tout des propos qui déceloient des desirs ou des exploits.

Dans ce tumulte, une petite bourgeoise, jeune et jolie, démêla Mangogul, le poursuivit, l'agaça, et parvint à déterminer son anneau sur elle. On entendit à l'instant son bijou s'écrier : « Où cou-
» rez-vous ? Arrêtez, beau masque ; ne soyez
» point insensible à l'ardeur d'un bijou qui brûle
» pour vous ». Le sultan, choqué de cette déclaration téméraire, résolut de punir celle qui l'avoit hasardée. Il disparut, et chercha parmi ses gardes quelqu'un qui fût à-peu-près de sa taille, lui céda son masque et son domino, et l'abandonna aux poursuites de la petite bourgeoise, qui, toujours trompée par les apparences, continua de dire mille folies à celui qu'elle prenoit pour Mangogul.

Le faux sultan ne fut pas bête ; c'étoit un homme qui savoit parler par signes ; il en fit un qui attira la belle dans un endroit écarté, où elle se prit, pendant plus d'une heure, pour la sultane favorite; et Dieu sait les projets qui lui roulèrent dans la tête. Mais l'enchantement dura peu. Lorsqu'elle eut accablé le prétendu sultan de caresses, elle le pria de se démasquer ; il le fit, et montra une phy-

sionomie armée de deux grands crocs, qui n'appartenoient point du tout à Mangogul. Ah! fi, s'écria la petite bourgeoise, fi.... « Eh! mon
» petit tame, lui répondit le Suisse, qu'avoir
» vous ? Moi l'y croire vous avoir rendu d'assez
» bons services, pour que vous l'y être pas fâchée
» de me connoître ». Mais sa déesse ne s'amusa point à lui répondre, s'échappa brusquement de ses mains, et se perdit dans la foule.

Ceux d'entre les bijoux qui n'aspirèrent pas à de si grands honneurs, ne laissèrent pas que de rencontrer le plaisir; et tous reprirent la route de Banza, fort satisfaits de leur voyage.

L'on sortoit du bal lorsque Mangogul entendit deux de ses principaux officiers qui se parloient avec vivacité. « C'est ma maîtresse, disoit l'un : je suis
» en possession depuis un an, et vous êtes le pre-
» mier qui vous soyez avisé de courir sur mes bri-
» sées. A propos de quoi me troubler ? Nassès,
» mon ami, adressez-vous ailleurs : vous trouverez
» cent femmes aimables qui se tiendront pour trop
» heureuses de vous avoir ». J'aime Amine, répondoit Nassès; je ne vois qu'elle qui me plaise. Elle m'a donné des espérances; et vous trouverez bon que je les suive. « Des espérances, reprit Alibeg »? Oui, des espérances....« Morbleu, cela n'est point »..
Je vous dis, monsieur, que cela est, et que vous me ferez raison sur l'heure du démenti que vous me donnez. A l'instant ils descendirent le grand perron;

ils avoient déjà le cimeterre tiré, et ils alloient finir leur démêlé d'une façon tragique, lorsque le sultan les arrêta, et leur défendit de se battre avant que d'avoir consulté leur Hélène.

Ils obéirent, et se rendirent chez Amine, où Mangogul les suivit de près. « Je suis excédée du bal, » leur dit-elle ; les yeux me tombent. Vous êtes de » cruels gens, de venir au moment que j'allois me » mettre au lit : mais vous avez tous deux un air » bien singulier. Pourroit-on savoir ce qui vous » amène » ?..... C'est une bagatelle, lui répondit Alibeg. Monsieur se vante, et même assez hautement, ajouta-t-il en montrant son ami, que vous lui donnez des espérances. Madame, qu'en est-il?.. Amine ouvroit la bouche ; mais le sultan tournant sa bague dans le même instant, elle se tut, et son bijou répondit pour elle... «Il me semble que Nas- » sès se trompe : non, ce n'est pas à lui que madame » en veut. N'a-t-il pas un grand laquais qui vaut » mieux que lui ? Oh ! que ces hommes sont sots » de croire que des dignités, des honneurs, des » titres, des noms, des mots vides de sens, en im- » posent à des bijoux ! Chacun a sa philosophie ; » et la nôtre consiste principalement à distinguer » le mérite de la personne, le vrai mérite de celui » qui n'est qu'imaginaire. N'en déplaise à M. de » Claville, il en sait là-dessus moins que nous, et » vous allez en avoir la preuve.

« Vous connoissez tous deux, continua le bijou,

» la marquise Bibicosa. Vous savez ses amours
» avec Cléandor, et sa disgrace, et la haute dé-
» votion qu'elle professe aujourd'hui. Amine est
» bonne amie; elle a conservé les liaisons qu'elle
» avoit avec Bibicosa, et n'a point cessé de fré-
» quenter dans sa maison, où l'on rencontre des
» bramines de toute espèce. Un d'entr'eux pres-
» soit un jour ma maîtresse de parler pour lui à
» Bibicosa. Eh ! que voulez-vous que je lui de-
» mande, lui répondit Amine ? C'est une femme
» noyée, qui ne peut rien pour elle-même. Vrai-
» ment elle vous sauroit bon gré de la traiter
» encore comme une personne de conséquence.
» Allez, mon ami, le prince Cléandor et Mango-
» gul ne feront jamais rien pour elle; et vous vous
» morfondriez dans les anti-chambres.... Mais,
» répondit le bramine, madame, il ne s'agit que
» d'une bagatelle, qui dépend directement de la
» marquise. Voici ce que c'est. Elle a fait cons-
» truire un petit minaret dans son hôtel; c'est sans
» doute pour la Sala, ce qui suppose un iman; et
» c'est cette place que je demande.... Que dites-
» vous, reprit Amine ? Un iman; vous n'y pen-
» sez pas; il ne faut à la marquise qu'un marabou
» qu'elle appellera de temps à autre lorsqu'il pleut,
» ou qu'on veut avoir fait la Sala, avant que de
» se mettre au lit : mais un iman logé, vêtu,
» nourri dans son hôtel, avec des appointemens ,
» cela ne va point à Bibicosa. Je connois ses affai-

» res. La pauvre femme n'a pas six mille séquins
» de revenu; et vous prétendez qu'elle en donnera
» deux mille à un iman ? Voilà-t-il pas qui est bien
» imaginé ! De par Brama, j'en suis fâché, répli-
» qua l'homme saint; car voyez-vous, si j'avois
» été son iman, je n'aurois pas tardé à lui devenir
» plus nécessaire : et quand on en est là, il vous
» pleut de l'argent et des pensions. Tel que vous
» me voyez, je suis du Monomotapa, et je fais
» très-bien mon devoir.... Eh ! niais, lui répon-
» dit Amine d'une voix entrecoupée, votre affaire
» n'est pourtant pas impossible. C'est dommage
» que le mérite dont vous parlez ne se présume
» pas.... On ne risque rien à s'employer pour les
» gens de mon pays, reprit l'homme du Monomo-
» tapa; voyez plutôt... Il donna sur-le-champ
» à Amine la preuve complète d'un mérite si sur-
» prenant, que de ce moment vous perdîtes, à ses
» yeux, la moitié de ce qu'elle vous prisoit. Ah !
» vivent les gens du Monomotapa ».

Alibeg et Nassès avoient la physionomie alongée, et se regardoient sans mot dire : mais revenus de leur étonnement, ils s'embrassèrent; et jettant sur Amine un regard méprisant, ils coururent se prosterner aux pieds du sultan, et le remercier de les avoir détrompés de cette femme, et de leur avoir conservé la vie et l'amitié réciproque. Ils arrivèrent dans le moment que Mangogul, de retour chez la favorite, lui faisoit l'histoire d'Amine. Mirzoza en rit, et n'en estima pas davantage les femmes de cour et les bramines.

CHAPITRE XLVI.

Sélim à Banza.

Mangogul alla se reposer au sortir du bal; et la favorite, qui ne se sentoit aucune disposition au sommeil, fit appeler Sélim, et le pressa de lui continuer son histoire amoureuse. Sélim obéit, et reprit en ces termes....

Madame, la galanterie ne remplissoit pas tout mon temps : je dérobois au plaisir des instans que je donnois à des occupations sérieuses ; et les intrigues dans lesquelles je m'embarquai ne m'empêchèrent pas d'apprendre les fortifications, le manège, les armes, la musique et la danse; d'observer les usages et les arts des Européens; et d'étudier leur politique et leur milice. De retour dans le Congo, on me présenta à l'empereur ayeul du sultan, qui m'accorda un poste honorable dans ses troupes. Je parus à la cour; et bientôt je fus de toutes les parties du prince Erguebzed, et par conséquent intéressé dans les aventures des jolies femmes. J'en connus de toute nation, de toute âge, de toute condition ; et j'en trouvai peu de cruelles, soit que mon rang les éblouît, soit qu'elles aimassent mon jargon, ou que ma figure les prévînt. J'avois alors deux qualités avec lesquelles on va vîte en amour, de l'audace et de la présomption.

Je pratiquai d'abord des femmes de qualité. Je les prenois le soir au cercle ou au jeu chez la Manimonbanda; je passois la nuit avec elles; et nous nous méconnoissions presque le lendemain. Une des occupations de ces dames, c'est de se procurer des amans, de les enlever même à leurs meilleures amies, et l'autre de s'en défaire. Dans la crainte de se trouver au dépourvu, tandis qu'elles filent une intrigue, elles en lorgnent deux ou trois autres. Elles possèdent je ne sais combien de petites finesses pour attirer celui qu'elles ont en vue, et cent tracasseries en réserve pour se débarrasser de celui qu'elles ont. Cela a toujours été et cela sera toujours. Je ne nommerai personne; mais je connus ce qu'il y avoit de femmes à la cour d'Erguebzed en réputation de jeunesse et de beauté; et tous ces engagemens furent formés, rompus, renoués, oubliés en moins de six mois.

Dégoûté de ce monde, je me jetai dans ses antipodes; je vis des bourgeoises que je trouvai dissimulées, fières de leur beauté, toutes grimpées sur le ton de l'honneur, et presque toujours obsédées par des maris sauvages et brutaux, ou par certains pieds-plats de cousins qui faisoient à jours entiers les passionnés auprès de leurs cousines, et qui me déplaisoient grandement; on ne pouvoit les tenir seules un moment ; ces animaux survenoient perpétuellement, dérangeoient un rendez-vous, et se fourroient à tout propos dans la conversation ; malgré ces obstacles, j'amenai cinq ou six de ces bégueules au point où je les voulois, avant que de les planter là. Ce qui me réjouissoit dans leur commerce, c'est qu'elles se piquoient de sentimens, qu'il falloit s'en piquer aussi, et qu'elles en parloient à mourir de rire : et puis elles exigeoient des attentions, des petits soins ; à les entendre, on leur manquoit à tout moment ; elles préchoient un amour si correct, qu'il fallut bien y renoncer. Mais le pis, c'est qu'elles avoient incessamment votre nom à la bouche, et que quelquefois on étoit contraint de se montrer avec elles, et d'encourir tout le ridicule d'une aventure bourgeoise ; je me sauvai un beau jour des magasins et de la rue Saint-Denis, pour n'y revenir de ma vie.

On avoit alors la fureur des petites maisons ; j'en louai une dans le fauxbourg oriental, et j'y plaçai successivement quelques-unes de ces filles qu'on voit, qu'on ne voit plus ; à qui l'on parle, à qui l'on ne dit mot, et qu'on renvoie quand on en est las : j'y rassemblois des amis et des actrices de l'opéra ; on y faisoit de petits soupers, que le prince Erguebzed a quelquefois honorés de sa présence. Ah ! madame, j'avois des vins délicieux, des liqueurs exquises, et le meilleur cuisinier du Congo.

Mais rien ne m'a tant amusé qu'une entreprise que j'exécutai dans une province éloignée de la capitale, où mon régiment étoit en quartier ; je partis de Banza pour en faire la revue ; c'étoit la seule affaire qui m'éloignoit de la ville ; et mon voyage eût été court, sans le projet extravagant auquel je me livrai : il y avoit à Baruthi un monastère peuplé des plus rares beautés ; j'étois jeune et sans barbe ; et je méditai de m'y introduire à titre de veuve qui cherchoit un asile contre les dangers du siècle. On me fait un habit de femme ; je m'en ajuste, et je vais me présenter à la grille de nos recluses ; on m'accueillit affectueusement ; on me consola de la perte de mon époux ; on convint de ma pension, et j'entrai.

L'appartement qu'on me donna communiquoit au dortoir des novices ; elles étoient en grand nombre, jeunes pour la plûpart, et d'une fraîcheur surprenante : je les prévins de politesses, et je fus bientôt leur amie. En moins de huit jours on me mit au fait de tous les intérêts de la petite république ; on me peignit les caractères, on m'instruisit des anecdotes ; je reçus des confidences de toutes couleurs ; et je m'apperçus que nous ne manions pas mieux la médisance et la calomnie, nous autres profanes. J'observai la règle avec sévérité ; j'attrapai les airs patelins et les tons doucereux ; et l'on se disoit à l'oreille que la communauté seroit bien heureuse si j'y prenois l'habit.

Je ne crus pas plus-tôt ma réputation faite dans la maison, que je m'attachai à une jeune vierge qui venoit de prendre le premier voile ; c'étoit une brune adorable ; elle m'appeloit sa maman, je l'appelois mon petit ange ; elle me donnoit des baisers innocens, je lui en rendois de fort tendres. Jeunesse est curieuse ; Zirziphile me mettoit à tout propos sur le mariage et sur les plaisirs des époux ; elle m'en demandoit des nouvelles ; j'aiguisois habilement sa curiosité ; et de questions en questions, je la conduisis jusqu'à la pratique des leçons que je lui donnois. Ce ne fut pas la seule novice que j'instruisis ; et quelques jeunes nonnains vinrent aussi s'édifier dans ma cellule. Je ménageois les momens, les rendez-vous, les heures, si à propos que personne ne se croisoit : enfin, madame, que vous dirai-je ? la pieuse veuve se fit une postérité nombreuse ; mais lorsque le scandale dont on avoit gémi tout bas eut éclaté, et que le conseil des discrètes, assemblé, eut appelé le médecin de la maison, je méditai ma retraite. Une nuit donc, que toute la maison dormoit, j'escaladai les murs du jardin, et je disparus : je me rendis aux eaux de Piombino, où le médecin avoit envoyé la moitié du couvent, et où j'achevai, sous l'habit de cavalier, l'ouvrage que j'avois commencé sous celui de veuve. Voilà, madame, un fait dont tout l'empire a mémoire, et dont vous seule connoissez l'auteur.

Le reste de ma jeunesse, ajouta Sélim, s'est consumé à de pareils amusemens, toujours de femmes, de toute espèce, rarement du mystère, beaucoup de sermens, et point de sincérité. Mais à ce compte, lui dit la favorite, vous n'avez donc jamais aimé? Bon, répondit Sélim, je pensois bien alors à l'amour; je n'en voulois qu'au plaisir, et qu'à celles qui m'en promettoient.... Mais a-t-on du plaisir sans aimer, interrompit la favorite? Qu'est-ce que cela, quand le cœur ne dit rien! Eh! madame, répliqua Sélim, est-ce le cœur qui parle, à dix-huit ou vingt ans?

Mais enfin, de toutes ces expériences, quel est le résultat? qu'avez-vous prononcé sur les femmes?

Qu'elles sont la plûpart sans caractère, dit Sélim; que trois choses les meuvent puissamment, l'intérêt, le plaisir et la vanité; qu'il n'y en a peut-être aucune qui ne soit dominée par une de ces passions; et que celles qui les réunissent toutes trois, sont des monstres.

Passe encore pour le plaisir, dit Mangogul, qui entroit à l'instant; quoiqu'on ne puisse guère compter sur ces femmes, il faut les excuser : quand le tempérament est monté à un certain dégré, c'est un cheval fougueux qui emporte son cavalier à travers champ; et presque toutes les femmes sont à califourchon sur cet animal-là. C'est peut-être par cette raison, dit Sélim, que la duchesse Ménéga appelle le chevalier Kaidar son grand-écuyer.

N *

Mais seroit-il possible, dit la sultane à Sélim, que vous n'ayez pas eu la moindre aventure de cœur ? Ne serez-vous sincère, que pour déshonorer un sexe qui faisoit vos plaisirs, si vous en faisiez les délices ? Quoi ! dans un si grand nombre de femmes, pas une qui voulût être aimée, qui méritât de l'être ! Cela ne se comprend pas.

Ah ! madame, répondit Sélim, je sens, à la facilité avec laquelle je vous obéis, que les années n'ont point affoibli sur mon cœur l'empire d'une femme aimable : oui, madame, j'ai aimé comme un autre. Vous voulez tout savoir ; je vais tout dire : et vous jugerez si je me suis acquitté du rôle d'amant dans les formes.

Y a-t-il des voyages dans cette partie de votre histoire, demanda le sultan ? Non, prince, répondit Sélim. Tant mieux, reprit Mangogul ; car je ne me sens aucune envie de dormir.

Pour moi, reprit la favorite, Sélim me permettra bien de reposer un moment.

Qu'il aille se coucher aussi, dit le sultan ; et pendant que vous dormirez, je questionnerai Cypria.

Mais, prince, lui répondit Mirzoza, votre hautesse n'y pense pas ; ce bijou vous enfilera dans des voyages qui ne finiront point.

L'auteur africain nous apprend ici que le sultan, frappé de l'observation de Mirzoza, se précautionna d'un anti-somnifère des plus violens : il ajouté que le médecin de Mangogul, qui étoit bien son ami, lui en avoit communiqué la recette, et qu'il en avoit fait la préface de son ouvrage; mais il ne nous reste de cette préface que les trois dernières lignes que je vais rapporter ici.

Prenez de . . . .
De . . . .
De . . . .
De Marianne et du Paysan, par . . . . . quatre pages.
Des Egaremens du Cœur, une feuille.
Des Confessions, vingt-cinq lignes et demie.

CHAPITRE XLVII.

Vingt-sixième essai de l'anneau.

LE BIJOU VOYAGEUR.

Tandis que la favorite et Sélim se reposoient des fatigues de la veille, Mangogul parcouroit avec étonnement les magnifiques appartemens de Cypria. Cette femme avoit fait, avec son bijou, une fortune à comparer à celle d'un fermier-général. Après avoir traversé une longue enfilade de pièces plus richement décorées les unes que les autres, il arriva dans la salle de compagnie, où, au centre d'un cercle nombreux, il reconnut la maîtresse du logis à une énorme quantité de pierreries qui la défiguroient; et son époux, à la bonhommie peinte

sur son visage. Deux abbés, un bel-esprit, et trois académiciens de Banza, occupoient les côtés du fauteuil de Cypria ; et sur le fond de la salle voltigeoient deux petits-maîtres, avec un jeune magistrat rempli d'airs, soufflant sur ses manchettes, sans cesse rajustant sa perruque, visitant sa bouche, et se félicitant dans les glaces de ce que son rouge alloit bien : excepté ces trois papillons, le reste de la compagnie étoit dans une vénération profonde pour la respectable momie qui, indécemment étalée, bâilloit, parloit en bâillant, jugeoit tout, jugeoit mal de tout, et n'étoit jamais contredite. « Comment, disoit en soi-même Man-
» gogul qui n'avoit parlé seul depuis long-temps,
» et qui s'en mouroit ; comment est-elle parvenue
» à déshonorer un homme de bonne maison, avec
» un esprit si gauche et une figure comme celle-
» là ? » Cypria vouloit qu'on la prît pour blonde ; sa peau petit-jaune, bigarrée de rouge, imitoit assez bien une tulipe panachée ; elle avoit les yeux gros, la vue basse, la taille courte, le nez effilé, la bouche plate, le tour du visage coupé, les joues creuses, le front étroit, point de gorge, la main sèche et le bras décharné : c'étoit avec ces attraits qu'elle avoit ensorcelé son mari. Le sultan tourna sa bague sur elle, et l'on entendit glapir aussitôt. L'assemblée s'y trompa, et crut que Cypria parloit par la bouche, et qu'elle alloit juger. Mais son bijou débuta par ces mots :

« Histoire de mes voyages. Je naquis à Maroc
» en 17000000012, et je dansois sur le théâtre
» de l'opéra, lorsque Méhémet Tripathoud, qui
» m'entretenoit, fut nommé chef de l'ambassade
» que notre puissant empereur envoya au mo-
» narque de la France ; je le suivis dans ce voyage :
» les charmes des femmes françaises m'enlevèrent
» bientôt mon amant ; et sans délai j'usai de re-
» présailles. Les courtisans, avides de nouveautés,
» voulurent essayer de la Maroquine, car c'est ainsi
» qu'on nommoit ma maîtresse ; elle les traita
» fort humainement ; et son affabilité lui valut,
» en six mois de temps, vingt mille écus en bijoux,
» autant en argent, avec un petit hôtel tout meu-
» blé. Mais le Français est volage, et je cessai
» bientôt d'être à la mode : je ne m'amusai point
» à courir les provinces ; il faut aux grands talens
» de vastes théâtres ; je laissai partir Tripathoud,
» et je me destinai pour la capitale d'un autre
» royaume ».

A Wealthy lord, travelling through France,
dragg'd me to London. Ay, that was a man in-
deed ! He water'd me six times a day, and as
often o'nights. His prick like a comet's tail shot fla-
ming darts : j never felt such quick and thrilling
thrusts. It was not possible fort mortal prowess to
hold out long, at this rate ; so he drooped by de-
grees, and j received his soul distilled throug his
Tarse. He gave me fifty thousand guineas. This

noble lord was succeeded by a couple of privateer-commanders lately return'd from cruising : being intimate friends, they fuck'd me, as they had sail'd, in company, endeavouring who should show most vigour and serve the readiest fire. Whilst te one was riding at anchor, j towed the other by his Tarse and prepared him for a fresh tire. Upon a modest computation, j Reckon'd in about eight days time j received a hundred and eighty shot. But j soon grew tired with Keeping so strict an account, for there was no end of their broad-sides. J got twelve thousand pound from 'em for my share of the prizes they had taken. The winter quarter being over, they were forced to put to sea again, and would fain have engaged me as a tender, but j had made a prior contract with a German count.

Duxit me Viennam in Austriâ patriam suam, ubi venereâ voluptate, quantâ maximâ poteram, ingurgitatus sum, per menses tres integros ejus splendidè nimis epulatus hospes. Illi, rugosi et contracti Lotharingo more colei, et eò usquè longa crassaque mentula, ut dimidiam nondùm acciperem, quamvis iterato coïtu fractus rictus mihi miserè pateret. Immanem ast usu frequenti vagina tandem admisit laxè gladium, novasque excogitavimus artes, quibus fututionum quotidianarum vinceremus fastidium. Modò me resupinum agitabat ; modò ipsum, eques adhærescens inguinibus, motu quasi tolutario versabam. Sæpè turgentem spumantemque admovit ori priapum, simulque appressis ad labia labiis, fellatrice me linguâ perfricuit. Etsi Veneri nunquam indulgebat posticæ; à tergo me tamen adorsus, cruribus altero sublato, altero depresso, inter femora subibat, voluptaria quærens per impedimenta transire. Amatoria Sanchesii præcepta calluit ad unguem, et festivas Aretini tabulas sic expressit, ut nemo melius. His à me laudibus acceptis, multis florenorum millibus mea solvit obsequia, et Romam secessi.

Quella città è il tempio di Venere, ed il soggiorno delle delizie. Tutta via mi dispiaceva, che le natiche leggiadre fossero là ancora più festeggiate delle più belle potte ; quello che provai il terzo giorno del mio arrivo in quel paese. Una cortigiana illustre si offerisce à farmi guadagnare mille scudi, s'io voleva passar la sera con esso lei in una vigna. Accettai l'invito ; salimmo in una carozza, e giungemmo in un luogo da lei ben conosciuto nel quale due cavalieri colle braghesse rosse si fecero incontro à noi, e ci condussero in un boschetto spesso e folto, dove cavatosi subito le vesti, vedemmo i più furiosi cazzi che risaltaro mai. Ognuno chiavo la sua. Il trastullo poi si presse a quadrille, dopo per farsi guattare in bocca, poscia nelle tette ; alla perfine, uno de chiavatori impadronissi del mio rivale, mentre l'altro mi lavorava. L'istesso fu fatto alla conduttrice mia ; è cio tutto dolcemente condito di bacci alla fiorentina. E quando i campioni nostri ebbero posto fine alla battaglia, facemmo la fricarella per risvegliar il gusto à quei benedetti signori i quali ci pagarono con generosità. In più volte simili guadagnai con loro sessanta mille scudi ; e due altre volte tanto, con coloro che mi procurava la cortigiana. Mi ricordo di uno che visitava mi spesso e che sborrava sempre due volte senza cavarlo ; e d'un altro il quale usciva da me pian piano, per entrare soltimente nel mio vicino ; e per questo bastava fare sù è giù le natiche. Ecco una uzanza curiosa che si pratica in Italia.

Le bijou de Cypria continua son histoire sur un ton moitié congeois et moitié espagnol. Il ne savoit pas apparemment assez cette dernière langue pour l'employer seule : on n'apprend une langue, dit l'auteur africain, qui se pendroit plutôt que de manquer une réflexion commune, qu'en la parlant beaucoup ; et le bijou de Cypria n'eut presque pas le temps de parler à Madrid.

Je me sauvai d'Italie, dit-il, malgré quelques desirs secrets qui me rappeloient en arrière, influxo malo del clima ! y tuve luego la resolucion de ir me a una tierra, donde pudiesse gozar mis fueros, sin partir los con un usurpador. Je fis le voyage de Castille la veille, où l'on sut le réduire à ses simples fonctions: mais cela ne suffit pas à ma vengeance. Le impuse la taréa de batter el compas en los bayles che celebrava de dia y de noche ; et il s'en acquitta si bien, que nous nous réconciliâmes. Nous parûmes à la cour de Madrid en bonne intelligence. Al entrar de la ciudad, je liai con un papo venerabile por sus canas : heureusement pour moi ; car il eut compassion de ma jeunesse, et me communiqua un secret, le fruit de soixante années d'expérience, para guardar me del mal de que merecieron los Franceses ser padrinos, por haver sido sus primeros pregones. Avec cette recette, et le goût de la propreté que je tentai vainement d'introduire en Espagne, je me préservai de tout accident à Madrid, où ma vanité seule fut mortifiée. Ma maîtresse a, comme vous voyez, le pied fort petit. Esta prenda es el incentivo mas poderoso de una imaginacion castellana. Un petit pied sert de passe-port à Madrid à la fille que tiene la mas dilatada sima entre las piernas. Je me déterminai à quitter une contrée où je devois la plûpart de mes triomphes à un mérite étranger; y me arrime a un definidor muy virtuoso que passava a las Indias. Je vis sous les aîles de sa révérence la terre de promission, ce pays où l'heureux Frayle porte, sans scandale, de l'or dans sa bourse, un poignard à sa ceinture, et sa maîtresse en croupe. Que la vie que j'y passai fut délicieuse ! quelles nuits ! dieux ! quelles nuits ! Hay de mi ! al recordarme de tantos gustos me meo.... Algo mas.... Ya, ya.... Pierdo el sentido.... Me muero....

Après un an de séjour à Madrid et aux Indes, je m'embarquai pour Constantinople. Je ne goûtois point les usages d'un peuple chez qui les bijoux sont barricadés ; et je sortis promptement d'une contrée, où je risquois ma liberté. Je pratiquai pourtant assez les Musulmans, pour m'appercevoir qu'ils se sont bien policés par le commerce des Européens ; et je leur trouvai la légéreté du Français, l'ardeur de l'Anglais, la force de l'Allemand, la longanimité de l'Espagnol, et d'assez fortes teintures des rafinemens Italiens : en un mot, un aga vaut, à lui seul, un cardinal, quatre ducs, un lord, trois grands d'Espagne, et deux princes Allemands.

De Constantinople, j'ai passé, messieurs, comme vous savez, à la cour du grand Erguebzed, où j'ai formé nos seigneurs les plus aimables ; et quand je n'ai plus été bon à rien, je me suis jeté sur cette figure-là, dit le bijou, en indiquant, par un geste qui lui étoit familier, l'époux de Cypria. La belle chûte !

L'auteur africain finit ce chapitre par un avertissement aux dames, qui pourroient être tentées de se faire traduire les endroits où le bijou de Cypria s'est exprimé dans des langues étrangères. « J'aurois manqué, dit-il, au devoir de l'historien,
» en les supprimant ; et au respect que j'ai pour
» le sexe, en les conservant dans mon ouvrage,
» sans prévenir les dames vertueuses, que le bijou

» de Cypria s'étoit excessivement gâté le ton dans
» ses voyages ; et que ses récits sont infiniment
» plus libres, qu'aucune des lectures clandestines
» qu'elles aient jamais faites ».

CHAPITRE XLVIII.

CYDALISE.

Mangogul revint chez la favorite, où Sélim l'avoit devancé. Eh bien ! prince, lui dit Mirzoza, les voyages de Cypria vous ont-ils fait du bien ? Ni bien ni mal, répondit le sultan ; je ne les ai point entendus. Et pourquoi donc, reprit la favorite ? C'est, dit le sultan, que son bijou parle, comme une polyglotte, toutes sortes de langues, excepté la mienne. C'est un assez impertinent conteur, mais ce seroit un excellent interprète. Quoi ! reprit Mirzoza, vous n'avez rien compris du tout dans ses récits ? Qu'une chose, madame, répondit Mangogul ; c'est que les voyages sont plus funestes encore pour la pudeur des femmes, que pour la religion des hommes ; et qu'il y a peu de mérite à savoir plusieurs langues. On peut posséder le latin, le grec, l'italien, l'anglois et le congeois dans la perfection, et n'avoir non plus d'esprit qu'un bijou. C'est votre avis, madame ? Et celui de Sélim ? Qu'il commence donc son aventure, mais sur-tout plus de voyages. Ils me fatiguent à mourir. Sélim promit au sultan que la scène seroit en un seul endroit, et dit :

J'avois environ trente ans ; je venois de perdre mon père ; je m'étois marié, pour ne pas laisser tomber la maison, et je vivois avec ma femme comme il convient ; des égards, des attentions, de la politesse, des manières peu familières, mais fort honnêtes. Le prince Erguebzed étoit monté sur le trône : j'avois sa bienveillance long-temps avant son règne. Il me l'a continué jusqu'à sa mort, et j'ai tâché de justifier cette marque de distinction par mon zèle et par ma fidélité. La place d'inspecteur-général de ses troupes vint à vaquer, je l'obtins ; et ce poste m'obligea à de fréquens voyages sur la frontière.

De fréquens voyages, s'écria le sultan ? Il n'en faut qu'un pour m'endormir jusqu'à demain. Avisez-y.

Prince, continua Sélim, ce fut dans une de ces tournées que je connus la femme d'un colonel de spahis, nommé Ostaluk, brave homme, bon officier, mais mari peu commode, jaloux comme un tigre, et qui avoit en sa personne de quoi justifier cette rage ; car il étoit affreusement laid.

Il avoit épousé, depuis peu, Cydalise, jeune, vive, jolie ; de ces femmes rares, pour lesquelles on sent, dès la première entrevue, quelque chose de plus que de la politesse ; dont on se sépare à regret ; et qui vous reviennent cent fois dans l'idée jusqu'à ce qu'on les revoye.

Cydalise pensoit avec justesse, s'exprimoit avec grace ; sa conversation attachoit ; et si l'on ne se lassoit point de la voir, on se lassoit encore moins de l'entendre. Avec ces qualités, elle avoit droit de faire des impressions fortes sur tous les cœurs : et je m'en apperçus. Je l'estimois beaucoup ; je pris bientôt un sentiment plus tendre ; et tous mes procédés eurent incessamment la vraie couleur d'une belle passion. La facilité de mes premiers triomphes m'avoit un peu gâté : lorsque j'attaquai Cydalyse, je m'imaginai qu'elle tiendroit peu, et que très-honorée de la poursuite de monsieur l'inspecteur-général, elle ne feroit qu'une défense convenable. Qu'on juge donc de la surprise où me jeta la réponse qu'elle fit à ma déclaration. « Sei-
» gneur, me dit-elle, quand j'aurois la présomp-
» tion de croire que vous êtes touché de quelques
» appas qu'on me trouve, je serois une folle d'é-
» couter sérieusement des discours avec lesquels
» vous en avez trompé mille autres, avant que
» de me les adresser. Sans l'estime, qu'est-ce que
» l'amour ? peu de chose ; et vous ne me con-
» noissez pas assez pour m'estimer. Quelqu'esprit,
» quelque pénétration qu'on ait, on n'a point en
» deux jours assez approfondi le caractère d'une
» femme pour lui rendre des soins mérités. Mon-
» sieur l'inspecteur-général cherche un amuse-

» ment, il a raison; et Cydalise aussi, de n'a-
» muser personne ».

J'eus beau lui jurer que je ressentois la passion la plus vraie, que mon bonheur étoit entre ses mains, et que son indifférence alloit empoisonner le reste de ma vie : « Jargon, me dit-elle, pur » jargon. Ou ne pensez plus à moi, ou ne me » croyez pas assez étourdie pour donner dans des » protestations usées. Ce que vous venez de me » dire là, tout le monde le dit sans le penser, » et tout le monde l'écoute sans le croire ».

Si je n'avois eu du goût pour Cydalise, ses rigueurs m'auroient mortifié : mais je l'aimois; elles m'affligèrent. Je partis pour la cour; son image m'y suivit; et l'absence, loin d'amortir la passion que j'avois conçue pour elle, ne fit que l'augmenter.

Cydalise m'occupoit au point, que je méditai cent fois de lui sacrifier les emplois et le rang qui m'attachoient à la cour; mais l'incertitude du succès m'arrêta toujours.

Dans l'impossibilité de voler où je l'avois laissée, je formai le projet de l'attirer où j'étois. Je profitai de la confiance dont Erguebzed m'honoroit : je lui vantai le mérite et la valeur d'Ostaluk. Il fut nommé lieutenant des spahis de la garde, place qui le fixoit à côté du prince; et Ostaluk parut à la cour, et avec lui Cydalise, qui devint aussitôt la beauté du jour.

Vous avez bien fait, dit le sultan, de garder vos emplois, et d'appeler votre Cydalise à la cour; car je vous jure par Brama que je vous laissois partir seul pour sa province.

Elle fut lorgnée, considérée, obsédée, mais inutilement, continua Sélim. Je jouîs seul du privilège de la voir tous les jours. Plus je la pratiquai, plus je découvris en elle de graces et de qualités, et plus j'en devins éperdu. J'imaginai que peut-être la mémoire toute récente de mes nombreuses aventures me nuisoit dans son esprit; pour l'effacer et la convaincre de la sincérité de mon amour, je me bannis de la société, et je ne vis de femme que celles que le hasard m'offroit chez elle. Il me parut que cette conduite l'avoit touchée, et qu'elle se relâchoit un peu de son ancienne sévérité. Je redoublai d'attention, je demandai de l'amour, et l'on m'accorda de l'estime. Cydalise commença à me traiter avec distinction; j'eus part dans sa confiance; elle me consultoit souvent sur les affaires de sa maison; mais elle ne me disoit pas un mot de celles de son cœur. Si je lui parlois sentimens, elle me répondoit des maximes; et j'étois désolé. Cet état pénible avoit duré long-temps, lorsque je résolus d'en sortir, et de savoir une bonne fois pour toutes à quoi m'en tenir. Comment vous y prîtes-vous, demanda Mirzoza ? Madame, vous l'allez savoir, répondit Mangogul; et Sélim continua.

Je vous ai dit, madame, que je voyois Cydalise tous les jours ; d'abord je la vis moins souvent; mes visites devinrent encore plus rares; enfin je ne la vis presque plus. S'il m'arrivoit de l'entretenir tête-à-tête, quelquefois, par hasard, je lui parlois aussi peu d'amour que si je n'en eusse jamais ressenti la moindre étincelle. Ce changement l'étonna ; elle me soupçonna de quelqu'engagement secret ; et un jour que je lui faisois l'histoire galante de la cour, Sélim, me dit-elle d'un air distrait, vous ne m'apprenez rien de vous-même ; vous racontez à ravir les bonnes fortunes d'autrui, mais vous êtes fort discret sur les vôtres. Madame, lui répondis-je, c'est qu'apparemment je n'en ai point, ou que je crois qu'il est à propos de les taire. Oh, oui, m'interrompit-elle, c'est fort à propos que vous me célez aujourd'hui des choses que toute la terre saura demain. A-la-bonne-heure, madame, lui répliquai-je ; mais personne au-moins ne les tiendra de moi. En vérité, reprit-elle, vous êtes merveilleux avec vos réserves ; et qui est-ce qui ignore que vous en voulez à la blonde Misis, à la petite Zibeline, à la brune Séphéra ? A qui vous voudrez encore, madame, ajoutai-je froidement. Vraiment, reprit-elle, je croirois volontiers que ce ne sont pas les seules : depuis deux mois qu'on ne vous voit que par grace, vous n'êtes pas resté dans l'inaction ; et l'on va vîte avec ces dames-là. Moi, rester dans l'inaction, lui répondis-je ? J'en serois au désespoir. Mon cœur est fait pour aimer, et même un peu pour l'être; et je vous avouerai même qu'il l'est; mais ne m'en demandez pas davantage, peut-être en ai-je déjà trop dit.

Sélim, reprit-elle sérieusement, je n'ai point de secret pour vous; et vous n'en aurez point pour moi, s'il vous plaît. Où en êtes-vous ?... «Pres- » qu'à la fin du roman »..... Et avec qui, demanda-t-elle avec empressement ?..... « Vous » connoissez Martéza »...... Oui, sans doute; c'est une femme fort aimable... « Eh bien ! après » avoir tout tenté vainement pour vous plaire, » je me suis retourné de ce côté-là. On me de- » siroit depuis plus de six mois; deux entrevues » m'ont applani les approches; une troisième achè- » vera mon bonheur : et ce soir Martéza m'attend » à souper. Elle est d'un commerce amusant, lé- » gère, un peu caustique; mais du reste, c'est » la meilleure créature du monde. On fait mieux » ses petites affaires avec ces folles-là, qu'avec » des collets montés, qui »..... Mais, seigneur, interrompit Cydalise la vue baissée, en vous faisant compliment sur votre choix, pourroit-on vous observer que Martéza n'est pas neuve, et qu'avant vous elle a compté des amans ?.... Qu'importe, » madame, repris-je ? si Martéza m'aime sincé- » rement, je me regarderai comme le premier. » Mais l'heure de mon rendez-vous approche;

», permettez »....Encore un mot, seigneur. Est-il bien vrai que Martéza vous aime ?...«Je le
» crois»...Et vous l'aimez, ajouta Cydalise ?...
» Madame, lui répondis-je, vous m'avez jeté
» vous-même entre les bras de Martéza; c'est
» vous en dire assez »..... J'allois sortir; mais Cydalise me tira par mon doliman, et se retourna brusquement....«Madame me veut-elle quelque
» chose? A-t-elle quelqu'ordre à me donner »?...
Non, monsieur : comment, vous voilà ? Je vous croyois déjà bien loin....«Madame, je vais dou-
» bler le pas »..... Sélim....«Cydalise».....
Vous partez donc ? «Oui, madame »..... Ah ! Sélim, à qui me sacrifiez-vous ? L'estime de Cydalise ne valoit-elle pas mieux que les faveurs d'une Martéza ?... «Sans doute, madame, lui
» répliquai-je, si je n'avois eu pour vous que de
» l'estime. Mais je vous aimois »..... Il n'en est rien, s'écria-t-elle avec transport : si vous m'aviez aimée, vous auriez démêlé mes véritables sentimens ; vous auriez pressenti, vous vous seriez flatté qu'à la fin votre persévérance l'emporteroit sur ma fierté : mais vous vous êtes lassé ; vous m'avez délaissée, et peut-être au moment.... A ce mot Cydalise s'interrompit, un soupir lui échappa, et ses yeux s'humectèrent....«Parlez, madame,
» lui dis-je, achevez. Si malgré les rigueurs dont
» vous m'avez accablé, ma tendresse duroit en-
» core, vous pourriez»..... Je ne peux rien ; et

vous ne m'aimez plus, et Martéza vous attend....
« Si Martéza m'étoit indifférente; si Cydalise m'é-
» toit plus chère que jamais : que feriez-vous »?...
Une folie de m'expliquer sur des suppositions...
» Cydalise, de grace, répondez-moi, comme si
» je ne supposois rien. Si Cydalise étoit toujours
» la femme du monde la plus aimable à mes
» yeux; et si je n'avois jamais eu le moindre des-
» sein sur Martéza. Encore une fois, que feriez-
» vous »?..... Ce que j'ai toujours fait, ingrat, me
répondit enfin Cydalise. Je vous aimerois.... « Et
» Sélim vous adore, lui dis-je, en me jetant à ses
» genoux, et baisant ses mains que j'arrosois des
» larmes de joie ». Cydalise fut interdite : ce changement inespéré la troubla ; je profitai de son désordre, et notre réconciliation fut scellée par des
marques de tendresse auxquelles elle n'étoit pas en
état de se refuser.

Et qu'en disoit le bon Ostaluk, interrompit Mangogul ? Sans doute qu'il permit à sa chère moitié
de traiter généreusement un homme à qui il devoit
une lieutenance de spahis.

Prince, reprit Sélim, Ostaluk se piqua de gra-
titude tant qu'on ne m'écouta point; mais si-tôt
que je fus heureux, il devint incommode, farouche,
insoutenable pour moi, et brutal pour sa femme.
Non content de nous troubler en personne, il nous
fit observer; nous fûmes trahis : et Ostaluk, sûr de
son prétendu déshonneur, eut l'audace de m'appeler en duel. Nous nous battîmes dans le grand

parc du serrail; je le blessai de deux coups, et le contraignis à me devoir la vie.

Pendant qu'il guérissoit de ses blessures, je ne quittai pas un moment sa femme; mais le premier usage qu'il fit de sa santé, fut de nous séparer et de maltraiter Cydalise. Elle me peignit toute la tristesse de sa situation; je lui proposai de l'enlever; elle y consentit; et notre jaloux de retour de la chasse, où il avoit accompagné le sultan, fut très-étonné de se trouver veuf. Ostaluk, sans s'exhaler en plaintes inutiles contre l'auteur du rapt, médita sur-le-champ sa vengeance.

J'avois caché Cydalise dans une maison de campagne, à deux lieues de Banza; et de deux nuits l'une, je me dérobois de la ville pour aller à Cisare. Cependant Ostaluk mit à prix la tête de son infidelle, corrompit mes domestiques à prix d'argent, et fut introduit dans mon parc. Ce soir j'y prenois le frais avec Cydalise, nous nous étions enfoncés dans une allée sombre; et j'allois lui prodiguer les plus tendres caresses, lorsqu'une main invisible lui perça le sein d'un poignard à mes yeux. C'étoit celle du cruel Ostaluk. Le même sort me menaçoit; mais je prévins Ostaluk; je tirai ma dague, et Cydalise fut vengée. Je me précipitai sur cette chère femme : son cœur palpitoit encore : je me hâtois de la transporter à la maison, mais elle expira avant que d'y arriver, la bouche collée sur la mienne.

Lorsque je sentis les membres de Cydalise se

refroidir entre mes bras, je poussai les cris les plus aigus; mes gens accoururent, et m'arrachèrent de ces lieux pleins d'horreur. Je revins à Banza, et je me renfermai dans mon palais, désespéré de la mort de Cydalise, et m'accablant des plus cruels reproches. J'aimois vraiment Cydalise; j'en étois fortement aimé; et j'eus tout le temps de concevoir la grandeur de la perte que j'avois faite, et de la pleurer.

Mais enfin, reprit la favorite, vous vous consolâtes? Hélas! madame, répondit Sélim, long-temps je crus que je ne m'en consolerois jamais; et j'appris seulement qu'il n'y a point de douleurs éternelles.

Qu'on ne me parle plus des hommes, dit Mirzoza; les voilà tous. C'est-à-dire, seigneur Sélim, que cette pauvre Cydalise, dont l'histoire vient de nous attendrir, et que vous avez tant regrettée, fut bien sotte de compter sur vos sermens; et que, tandis que Brama la châtie peut-être rigoureusement de sa crédulité, vous passez assez doucement vos instans entre les bras d'une autre.

Eh! madame, reprit le sultan, appaisez-vous. Sélim aime encore. Cydalise sera vengée. Seigneur, répondit Sélim, votre hautesse pourroit être mal informée : n'ai-je pas dû comprendre pour toute ma vie, par mon aventure avec Cydalise, qu'un amour véritable nuisoit trop au bonheur ?.... Sans doute, interrompit Mirzoza; et malgré vos réflexions, je gage qu'à l'heure qu'il est, vous en aimez une autre plus ardemment encore....

Pour plus ardemment, reprit Sélim, je n'oserois l'assurer : depuis cinq ans je suis attaché, mais attaché de cœur, à une femme charmante : ce n'est pas sans peine que je m'en suis fait écouter ; car on avoit toujours été d'une vertu !.... De la vertu ! s'écria le sultan ; courage, mon ami, je suis enchanté, quand on m'entretient de la vertu d'une femme de cour. Sélim, dit la favorite, continuez-nous votre histoire ; et croyez toujours en bon Musulman dans la fidélité de votre maîtresse, ajouta le sultan. Ah ! prince, reprit Sélim avec vivacité, Fulvia m'est fidelle. Fidelle ou non, répondit Mangogul, qu'importe à votre bonheur : vous le croyez ! cela suffit. C'est donc Fulvia que vous aimez à-présent, dit la favorite ? Oui, madame, répondit Sélim. Tant pis, mon cher, ajouta Mangogul : je n'ai point du tout de foi en elle ; elle est perpétuellement obsédée de bramines, et ce sont de terribles gens que ces bramines ; et puis je lui trouve de petits yeux à la chinoise, avec un nez retroussé, et l'air tout-à-fait tourné du côté du plaisir : entre nous, qu'en est-il ? Prince, répondit Sélim, je crois qu'elle ne le hait pas. Eh bien ! répliqua le sultan, tout cède à cet attrait ; c'est ce que vous devez savoir mieux que moi, ou vous n'êtes.... Vous vous trompez, reprit la favorite ; on peut avoir tout l'esprit du monde, et ne point savoir cela : je gage.... Toujours des gageures, interrompit Mangogul ; cela m'impatiente : ces femmes sont incorrigibles : eh ! madame, gagnez votre château, et vous gagerez ensuite.

Madame, dit Sélim à la favorite, Fulvia ne pourroit-elle pas vous être bonne à quelque chose ? Et comme quoi, demanda Mirzoza ? je me suis apperçu, répondit le courtisan, que les bijoux n'ont presque jamais parlé qu'en présence de sa hautesse ; et je me suis imaginé que le génie Cucufa, qui a opéré tant de choses surprenantes en faveur de Kanoglou, grand-père du sultan, pourroit bien avoir accordé à son petit-fils le don de les faire parler. Mais le bijou de Fulvia n'a point encore ouvert la bouche, que je sache ; n'y auroit-il pas moyen de l'interroger, de vous procurer le château, et de me convaincre de la fidélité de ma maîtresse ? Sans doute, reprit le sultan ; qu'en pensez-vous, madame ? Oh ! je ne me mêle point d'une affaire si scabreuse : Sélim est trop de mes amis pour l'exposer, à l'appât d'un château, à perdre le bonheur de sa vie. Mais vous n'y pensez pas, reprit le sultan ; Fulvia est sage, Sélim en mettroit sa main au feu ; il l'a dit, il n'est pas homme à s'en dédire. Non, prince, répondit Sélim ; et si votre hautesse me donne rendez-vous chez Fulvia, j'y serai certainement le premier. Prenez garde à ce que vous proposez, reprit la favorite : Sélim, mon pauvre Sélim, vous allez bien vîte ; et tout aimable que vous soyez.... Rassurez-vous, madame, puisque le sort en est jeté, j'entendrai Fulvia ; le pis qui puisse en arriver, c'est de perdre une infidelle : et de mourir de regret de l'avoir perdue, ajouta la sultane. Quel conte, dit Mangogul ! vous croyez donc que Sélim est devenu bien imbécille ? il a perdu la tendre Cydalise, et le voilà tout plein de vie ; et vous prétendez que, s'il venoit à reconnoître Fulvia pour une infidelle, il en mourroit ? Je vous le garantis éternel, s'il n'est jamais assommé que de ce coup-là. Sélim, à demain chez Fulvia, entendez-vous ? on vous dira mon heure. Sélim s'inclina, Mangogul sortit ; la favorite continua de représenter au vieux courtisan qu'il jouoit gros jeu ; Sélim la remercia des marques de sa bienveillance, et tous se retirèrent dans l'attente du grand événement.

CHAPITRE XLIX.

Vingt-septième essai de l'anneau.

FULVIA.

L'AUTEUR africain, qui avoit promis quelque part le caractère de Sélim, s'est avisé de le placer ici ; j'estime trop les ouvrages de l'antiquité pour assurer qu'il eût été mieux ailleurs. Il y a, dit-il, quelques hommes à qui leur mérite ouvre toutes les portes ; qui, par les graces de leur figure et la légéreté de leur esprit, sont dans leur jeunesse la coqueluche de bien des femmes, et dont la vieillesse est respectée, parce qu'ayant su concilier leurs devoirs avec leurs plaisirs, ils ont illustré le milieu de leur vie par des services rendus à l'état : en un mot, des hommes qui font en tout temps les délices des sociétés. Tel étoit Sélim : quoiqu'il eût atteint soixante ans, et qu'il fût entré de bonne heure dans la carrière des plaisirs, une constitution robuste et des ménagemens l'avoient préservé de la caducité. Un air noble, des manières aisées, un jargon séduisant, une grande connoissance du monde, fondée sur une longue expérience, l'habitude de traiter avec le sexe, le faisoient considérer à la cour comme l'homme auquel tout le monde eût aimé ressembler, mais qu'on eût imité sans succès, faute de tenir de la nature les talens et le génie qui l'avoient distingué.

Je demande à-présent, continue l'auteur africain, si cet homme avoit raison de s'inquiéter sur le compte de sa maîtresse, et de passer la nuit comme un fou ? car le fait est que mille réflexions lui roulèrent dans la tête, et que plus il aimoit Fulvia, plus il craignoit de la trouver infidelle. « Dans quel » labyrinte me suis-je engagé, se disoit-il à lui-» même ? et à quel propos ? que m'en reviendra-» t-il, si la favorite gagne un château ; et quel » sort pour moi si elle le perd ?... Mais pourquoi

O *

» le perdroit-elle ? Ne suis-je pas certain de la ten-
» dresse de Fulvia ?.... Ah ! je l'occupe entière ;
» et si son bijou parle, ce ne sera que de moi....
» mais si le traître.... non, non je l'aurois pres-
» senti ; j'aurois remarqué des inégalités ; depuis
» cinq ans on se seroit démenti..... Cependant
» l'épreuve est périlleuse..... mais il n'est plus
» temps de reculer ; j'ai porté le vase à ma bouche :
» il faut achever, dussé-je répandre toute la li-
» queur.... Peut-être aussi que l'oracle me sera
» favorable.... Hélas ! qu'en puis-je attendre ?
» Pourquoi d'autres auroient-ils attaqué sans
» succès une vertu dont j'ai triomphé ?.... Ah !
» chère Fulvia, je t'offense par ces soupçons, et
» j'oublie ce qu'il m'en a coûté pour te vaincre ; un
» rayon d'espoir me luit, et je me flatte que ton
» bijou s'obstinera à garder le silence »....

Sélim étoit dans cette agitation de pensée, lors-qu'on lui rendit, de la part du sultan, un billet qui ne contenoit que ces mots : *Ce soir, à onze heures et demie précises, vous serez où vous savez.* Sélim prit la plume, et récrivit en tremblant : *Prince, j'obéirai.*

Sélim passa le reste du jour, comme la nuit qui l'avoit précédé, flottant entre l'espérance et la crainte. Rien n'est plus vrai que les amans ont de l'instinct ; si leur maîtresse est infidelle, ils sont saisis d'un frémissement assez semblable à celui que les animaux éprouvent à l'approche du mauvais temps : l'amant soupçonneux est un chat à qui l'oreille démange dans un temps nébuleux : les animaux et les amans ont encore ceci de commun, que les animaux domestiques perdent cet instinct, et qu'il s'émousse dans les amans lorsqu'ils sont devenus époux.

Les heures parurent bien lentes à Sélim; il regarda cent fois à sa pendule : enfin le moment fatal arriva, et le courtisan se rendit chez sa maîtresse; il étoit tard; mais comme on l'introduisoit à toute heure, l'appartement de Fulvia lui fut ouvert....
« Je ne vous attendois plus, lui dit-elle, et je me
» suis mise au lit avec une migraine que je dois
» aux impatiences où vous me jetez »..... Madame, lui répondit Sélim, des devoirs de bienséance, et même des affaires, m'ont comme enchaîné chez le sultan; et depuis que je me suis séparé de vous, je n'ai pas disposé d'un moment. « Et moi, ré-
» pliqua Fulvia, j'en ai été d'une humeur affreuse.
» Comment, deux jours entiers sans vous apper-
» cevoir »!.... Vous savez, reprit Sélim, à quoi je suis obligé par mon rang; et quelque assurée que paroisse la faveur des grands.... « Comment,
» interrompit Fulvia, le sultan vous auroit-il mar-
» qué de la froideur ? auroit-on oublié vos services?
» Sélim, vous êtes distrait; vous ne me répondez
» pas.... Ah ! si vous m'aimez, qu'importe à votre
» bonheur le bon ou le mauvais accueil du prince?
» Ce n'est pas dans ses yeux, c'est dans les miens,

» c'est entre mes bras que vous le chercherez ».

Sélim écoutoit attentivement ce discours, examinoit le visage de sa maîtresse, et cherchoit dans ses mouvemens ce caractère de vérité auquel on ne se trompe point, et qu'il est impossible de bien simuler; quand je dis impossible, c'est à nous autres hommes; car Fulvia se composoit si parfaitement, que Sélim commençoit à se reprocher de l'avoir soupçonnée, lorsque Mangogul arriva. Fulvia se tut aussitôt; Sélim frémit, et le bijou dit : « Madame a beau faire des pélerinages à toutes les » Pagodes du Congo, elle n'aura point d'enfans, » et pour causes que je sais bien, moi, qui suis » son bijou »......

A ce début, Sélim se couvrit d'une pâleur mortelle; il voulut se lever; mais ses genoux tremblans se dérobèrent sous lui, et il retomba dans son fauteuil. Le sultan, invisible, s'approcha, et lui dit à l'oreille : En avez-vous assez?.... « Ah ! » prince, s'écria douloureusement Sélim, pour- » quoi n'ai-je pas écouté les avis de Mirzoza et » les pressentimens de mon cœur ? Mon bonheur » vient de s'éclipser; j'ai tout perdu : je me meurs » si son bijou se tait; s'il parle, je suis mort. » Qu'il parle pourtant. Je m'attends à des lumiè- » res affreuses; mais je les redoute moins que je » ne hais l'état perplexe où je suis ».

Cependant le premier mouvement de Fulvia avoit été de porter la main sur son bijou, et de lui fermer la bouche : ce qu'il avoit dit jusques-là supportoit une interprétation favorable ; mais elle appréhendoit pour le reste. Lorsqu'elle commençoit à se rassurer sur le silence qu'il gardoit, le sultan, pressé par Sélim, retourna sa bague : Fulvia fut contrainte d'écarter les doigts ; et le bijou continua :

« Je ne prendrai jamais, on me fatigue trop.
» Les visites trop assidues de tant de saints per-
» sonnages nuiront toujours à mes intentions ; et
» madame n'aura point d'enfans. Si je n'étois fêté
» que par Sélim, je deviendrois peut-être fécond;
» mais je mène une vie de forçat. Aujourd'hui
» c'est l'un, demain c'est l'autre, et toujours à
» la rame. Le dernier homme que voit Fulvia,
» c'est toujours celui qu'elle croit destiné par le
» ciel à perpétuer sa race. Personne n'est à l'abri
» de cette fantaisie. La condition fatigante, que
» celle du bijou d'une femme titrée qui n'a point
» d'héritiers ! depuis dix ans, je suis abandonné à
» des gens qui n'étoient pas faits seulement pour
» lever l'œil sur moi ».

Mangogul crut en cet endroit que Sélim en avoit assez entendu pour être guéri de sa perplexité : il lui fit grace du reste, retourna sa bague, et sortit, abandonnant Fulvia aux reproches de son amant.

D'abord le malheureux Sélim avoit été pétrifié ; mais la fureur lui rendant les forces et la parole,

il lança un regard méprisant sur son infidelle, et lui dit : « Ingrate, perfide, si je vous aimois en-
» core, je me vengerois ; mais indigne de ma ten-
» dresse, vous l'êtes aussi de mon courroux. Un
» homme comme moi, Sélim compromis avec
» un tas de faquins »....

En vérité, l'interrompit brusquement Fulvia, du ton d'une courtisanne démasquée, vous avez bonne grace de vous formaliser d'une bagatelle : au-lieu de me savoir gré de vous avoir dérobé des choses dont la connoissance vous eût désespéré dans le temps, vous prenez feu, vous vous emportez comme si l'on vous avoit offensé. Et quelle raison, monsieur, auriez-vous de vous préférer à Sétou, à Rikel, à Molli, à Tachmas, aux cavaliers les plus aimables de la cour, à qui l'on ne se donne seulement pas la peine de déguiser les passades qu'on leur fait ? Un homme comme vous, Sélim, est un homme épuisé, caduc, hors d'état, depuis une éternité, de fixer seul une jolie femme qui n'est pas une sotte. Convenez donc que votre présomption est déplacée, et votre courroux impertinent. Au reste, vous pouvez, si vous êtes mécontent, laisser le champ libre à d'autres qui l'occuperont mieux que vous. « Aussi fais-je, et de
» très-grand cœur, répliqua Sélim outré d'indi-
» gnation » ; et il sortit, bien résolu de ne point revoir cette femme.

Il rentra dans son hôtel, et s'y renferma quelques jours, moins chagrin, dans le fond, de la perte qu'il avoit faite, que de sa longue erreur. Ce n'étoit pas son cœur, c'étoit sa vanité qui souffroit. Il redoutoit les reproches de la favorite et les plaisanteries de sultan; et il évitoit l'une et l'autre.

Il s'étoit presque déterminé à renoncer à la cour, à s'enfoncer dans la solitude, et à achever en philosophe une vie dont il avoit perdu la plus grande partie sous l'habit d'un courtisan, lorsque Mirzoza, qui devinoit ses pensées, entreprit de le consoler, le manda au serrail, et lui tint ce discours : « Eh bien ! mon pauvre Sélim, vous m'a-
» bandonnez donc ? Ce n'est pas Fulvia, c'est moi
» que vous punissez de ses infidélités. Nous som-
» mes tous fâchés de votre aventure : nous con-
» venons qu'elle est chagrinante; mais si vous faites
» quelque cas de la protection du sultan, et de mon
» estime, vous continuerez d'animer notre société,
» et vous oublierez cette Fulvia, qui ne fut jamais
» digne d'un homme tel que vous ».

Madame, lui répondit Sélim, l'âge m'avertit qu'il est temps de me retirer. J'ai vu suffisamment le monde; je me serois vanté il y a quatre jours de le connoître; mais le trait de Fulvia me confond. Les femmes sont indéfinissables, et toutes me seroient odieuses, si vous n'étiez comprise dans un sexe dont vous avez tous les charmes. Fasse Brama que vous n'en preniez jamais les travers ! Adieu, madame ; je vais dans la solitude m'occuper de réflexions utiles. Le souvenir des bontés dont vous et le sultan m'avez honoré , m'y suivra ; et si mon cœur y forme encore quelques vœux , ce sera pour votre bonheur et sa gloire.

Sélim , lui répondit la favorite , vous prenez conseil du dépit. Vous craignez un ridicule que vous éviterez moins en vous éloignant de la cour, qu'en y demeurant. Ayez de la philosophie tant qu'il vous plaira ; mais ce n'est pas ici le moment d'en faire usage : on ne verra dans votre retraite qu'humeur et chagrin. Vous n'êtes point fait pour vous confiner dans un désert ; et le sultan....

L'arrivée de Mangogul interrompit la favorite ; elle lui communiqua le dessein de Sélim. « Il est » donc fou, dit le prince : est-ce que les mauvais » procédés de cette petite Fulvia lui ont tourné la » tête »? Puis s'adressant à Sélim.... « Il n'en » sera pas ainsi, notre ami ; vous demeurerez, » continua-t-il : j'ai besoin de vos conseils ; et » madame, de votre société. Le bien de mon em- » pire et la satisfaction de Mirzoza l'exigent ; et » cela sera ».

Sélim , touché des sentimens de Mangogul et de la favorite , s'inclina respectueusement, demeura à la cour, et fut aimé, chéri, recherché, et distingué, par sa faveur auprès du sultan et de Mirzoza.

CHAPITRE L.

Événemens prodigieux du règne de Kanoglou, grand-père de Mangogul.

La favorite étoit fort jeune. Née sur la fin du règne d'Erguebzed, elle n'avoit presque aucune idée de la cour de Kanaglou. Un mot échappé par hazard lui avoit donné de la curiosité pour les prodiges que le génie Cucufa avoit opérés en faveur de ce bon prince ; et personne ne pouvoit l'en instruire plus fidèlement que Sélim : il en avoit été témoin, y avoit eu part, et possédoit à fond l'histoire de ces temps. Un jour qu'il étoit seul avec elle, Mirzoza le mit sur ce chapitre, et lui demanda si le règne de Kanoglou, dont on faisoit tant de bruit, avoit vu des merveilles plus étonnantes que celles qui fixoient aujourd'hui l'attention du Congo ?

« Je ne suis point intéressé, madame, lui ré-
» pondit Sélim, à préférer le vieux temps à celui
» du prince régnant. Il se passe de grandes choses;
» mais ce n'est peut-être que l'essai de celles qui
» continueront d'illustrer Mangogul; et ma carrière
» est trop avancée, pour que je puisse me flatter
» de les voir ». Vous vous trompez, lui répondit Mirzoza ; vous avez acquis, et vous conserverez l'épithète d'éternel. Mais dites-moi ce que vous avez vu.

Madame, continua Sélim, le règne de Kanoglou a été long, et nos poëtes l'ont surnommé l'âge d'or. Ce titre lui convient à plusieurs égards. Il a été signalé par des succès et des victoires ; mais les avantages ont été mêlés de revers, qui montrent que cet or étoit quelquefois de mauvais aloi. La cour, qui donne le ton au reste de l'empire, étoit fort galante. Le sultan avoit des maîtresses ; les seigneurs se piquèrent de l'imiter ; et le peuple prit insensiblement le même air. La magnificence dans les habits, les meubles, les équipages, fut excessive. On fit un art de la délicatesse dans les repas. On jouoit gros jeu ; on s'endettoit, on ne payoit point, et l'on dépensoit tant qu'on avoit de l'argent et du crédit. On publia contre le luxe de très-belles ordonnances, qui ne furent point exécutées. On prit des villes, on conquit des provinces, on commença des palais, et l'on épuisa l'empire d'hommes et d'argent. Les peuples chantoient victoire, et se mouroient de faim. Les grands avoient des châteaux superbes et des jardins délicieux, et leurs terres étoient en friche. Cent vaisseaux de haut bord nous avoient rendus les maîtres de la mer, et la terreur de nos voisins ; mais une bonne tête calcula juste ce qu'il en coûtoit à l'état pour l'entretien de ces carcasses ; et malgré les représentations des autres ministres, il fut ordonné qu'on en feroit un feu de joie. Le trésor royal étoit un grand coffre vide, que cette misérable économie ne remplit point ; et l'or et l'argent devinrent si rares, que les fabriques de monnoies furent un beau matin converties en moulins à papier. Pour comble de bonheur, Kanoglou se laissa persuader par des fanatiques, qu'il étoit de la dernière importance que tous ses sujets lui ressemblassent, et qu'ils eussent les yeux bleus, le nez camard, et la moustache rouge comme lui, et il en chassa du Congo plus de deux milions qui n'avoient point cet uniforme, ou qui refusèrent de le contrefaire. Voilà, madame, cet âge d'or ; voilà ce bon vieux temps que vous entendez regretter tous les jours ; mais laissez dire les radoteurs, et croyez que nous avons nos Turennes et nos Colberts ; que le présent, à tout prendre, vaut mieux que le passé ; et que, si les peuples sont plus heureux sous Mangogul qu'ils ne l'étoient sous Kanoglou, le règne de sa hautesse est plus illustre que celui de son ayeul, la félicité des sujets étant l'exacte mesure de la grandeur des princes. Mais revenons aux singularités de celui de Kanoglou.

Je commencerai par l'origine des pantins. Sélim, je vous en dispense ; je sais cet événement par cœur, lui dit la favorite ; passez à d'autres choses. Madame, lui demanda le courtisan, pourroit-on vous demander d'où vous le tenez ? Mais, répondit Mirzoza, cela est écrit. Oui, madame, répliqua Sélim, et par des gens qui n'y ont rien entendu. J'entre en mauvaise humeur, quand je vois de petits particuliers obscurs qui n'ont jamais approché des princes qu'à la faveur d'une entrée dans la capitale, ou de quelqu'autre cérémonie publique, se mêler d'en faire l'histoire.

Madame, continua Sélim, nous avions passé la nuit à un bal masqué dans les grands sallons du serrail, lorsque le génie Cucufa, protecteur déclaré de la famille régnante, nous apparut, et nous ordonna d'aller coucher, et de dormir vingt-quatre heures de suite : on obéit, et, ce terme expiré, le serrail se trouva transformé en une vaste et magnifique galerie de pantins ; on voyoit, à l'un des bouts, Kanoglou sur son trône ; une longue ficelle lui descendoit entre les jambes ; une vieille fée décrépite l'agitoit sans cesse, et d'un coup de poignet mettoit en mouvement une multitude de pantins subalternes auxquels répondoient des fils imperceptibles et déliés, qui partoient des doigts et des orteils de Kanoglou ; elle tiroit, et à l'instant le sénéchal dressoit et scelloit des édits ruineux, ou prononçoit, à la louange de la fée, un éloge que son secrétaire lui souffloit ; le ministre de la guerre envoyoit à l'armée des allumettes ; le surintendant des finances bâtissoit des maisons, et laissoit mourir de faim les soldats ; ainsi des autres pantins.

Si quelques pantins exécutoient leurs mouvemens de mauvaise grace, ne levoient pas assez les bras, ne fléchissoient pas assez les jambes, la fée rompoit leurs attaches d'un coup d'arrière-main, et ils devenoient paralytiques. Je me souviendrai toujours de deux émirs très-vaillans qu'elle prit en guignon, et qui demeurèrent perclus des bras pendant toute leur vie.

Les fils qui se distribuoient de toutes les parties du corps de Kanoglou, alloient se rendre à des distances immenses, et faisoient remuer ou se reposer, du fond du Congo jusques sur les confins du Monoémugi, des armées de pantins : d'un coup de ficelle, une ville s'assiégeoit, on ouvroit la tranchee, l'on battoit en brêche, l'ennemi se préparoit à capituler ; mais il survenoit un second coup de ficelle, et le feu de l'artillerie se rallentissoit, les attaques ne se conduisoient plus avec la même vigueur, on arrivoit au secours de la place, la division s'allumoit entre nos généraux, nous étions attaqués, surpris et battus à plate couture.

Ces mauvaises nouvelles n'attristoient jamais Kanoglou; il ne les apprenoit que quand ses sujets les avoient oubliées ; et la fée ne les lui laissoit annoncer que par des pantins qui portoient tous un fil à l'extrémité de la langue, et qui ne disoient que ce qu'il lui plaisoit, sous peine de devenir muets.

Une autre fois nous fûmes tous charmés, nous autres jeunes fous, d'une aventure qui scandalisa amèrement les dévôts : les femmes se mirent à faire des culbutes, et à marcher la tête en bas, les pieds en l'air, et les mains dans leurs mules.

Cela dérouta d'abord toutes les connoissances; et il fallut étudier les nouvelles physionomies : on en négligea beaucoup, qu'on cessa de trouver aimables lorsqu'elles se montrèrent; et d'autres, dont on n'avoit jamais rien dit, gagnèrent infiniment à se faire connoître. Les jupons et les robes, tombant sur les yeux, on risquoit à s'égarer ou à faire de faux pas ; c'est pourquoi on raccourcit les uns, et l'on ouvrit les autres : telle est l'origine des jupons courts et des robes ouvertes. Quand les femmes se retournèrent sur leurs pieds, elles conservèrent cette partie de leur habillement, comme elle étoit ; et si l'on considère bien les jupons de nos dames, on s'appercevra facilement qu'ils n'ont point été faits pour être portés comme on les porte aujourd'hui.

Toute mode qui n'aura qu'un but, passera promptement : pour durer, il faut qu'elle soit au-moins à deux fins. On trouva dans le même temps le secret de soutenir la gorge en dessus, et l'on s'en sert aujourd'hui pour la soutenir en dessous.

Les dévotes surprises de se trouver la tête en bas et les jambes en l'air, se couvrirent d'abord avec leurs mains ; mais cette attention leur faisoit perdre l'équilibre, et trébucher lourdement. De l'avis des bramines, elles nouèrent dans la suite leurs jupons sur leurs jambes avec de petits rubans noirs : les femmes du monde trouvèrent cet expédient ridicule, et publièrent que cela gênoit la respiration, et donnoit des vapeurs ; ce prodige eut des suites heureuses ; il occasionna beaucoup de mariages, ou de ce qui y ressemble, et une foule de conversions : toutes celles qui avoient les fesses laides se jetèrent à corps perdu dans la dévotion, et prirent de petits rubans noirs ; quatre missions de bramines n'en auroient pas tant fait.

Nous sortions à-peine de cette épreuve, que nous en subîmes une autre moins générale, mais non moins instructive. Les jeunes filles, depuis l'âge de treize ans jusqu'à dix-huit, dix-neuf, vingt et par-delà, se levèrent un beau matin le doigt du milieu pris, devinez où, madame, dit Sélim à la favorite ? ce n'étoit ni dans la bouche, ni dans l'oreille, ni à la turque : on soupçonna leur maladie, et l'on courut au remède. C'est depuis ce temps que nous sommes dans l'usage de marier des enfans à qui l'on devroit donner des poupées.

Autre bénédiction : la cour de Kanoglou abondoit en petits-maîtres ; et j'avois l'honneur d'en être. Un jour que je les entretenois des jeunes seigneurs français, je m'apperçus que nos épaules s'élevoient et devenoient plus hautes que nos têtes ; mais ce ne fut pas tout : sur-le-champ nous nous mîmes à pirouetter sur un talon. Et qu'y avoit-il de rare en cela, demanda la favorite ? Rien, madame, lui répondit Sélim, sinon que la première métamorphose est l'origine des gros dos, si fort à la mode dans votre enfance ; et la seconde, celle des persiffleurs, dont le règne n'est pas encore passé. On commençoit alors, comme aujourd'hui, à quelqu'un un discours, qu'on alloit en pirouettant continuer à un autre, et finir à un troisième, pour qui il devenoit moitié obscur, moitié impertinent.

Une autre fois, nous nous trouvâmes tous la vue basse; il fallut recourir à Bion : le coquin nous fit des lorgnettes, qu'il nous vendoit dix séquins, et dont nous continuâmes de nous servir, même après que nous eûmes recouvré la vue. De-là viennent, madame, les lorgnettes d'opéra.

Je ne sais ce que les femmes galantes firent, à-peu-près dans ce temps, à Cucufa; mais il se vengea d'elles cruellement. A la fin d'une année, dont elles avoient passé les nuits au bal, à table et au jeu, et les jours dans leurs équipages, ou entre les bras de leurs amans, elles furent tout étonnées de se trouver laides : l'une étoit noire comme une taupe, l'autre couperosée, celle-ci pâle et maigre, celle-là jaunâtre et ridée : il fallut pallier ce funeste enchantement; et nos chimistes découvrirent le blanc, le rouge, les pommades, les eaux, les mouchoirs de Vénus, le lait virginal, les mouches, et mille autres secrets dont elles usèrent pour cesser d'être laides, et devenir hideuses. Cucufa les tenoit sous cette malédiction, lorsque Erguebzed, qui aimoit les belles personnes, intercéda pour elles : le génie fit ce qu'il put;

mais le charme avoit été si puissant, qu'il ne put le lever qu'imparfaitement ; et les femmes de cour restèrent telles que vous les voyez encore.

En fut-il de même des hommes, demanda Mirzoza? Non, madame, répondit Sélim ; ils durèrent les uns plus, les autres moins : les épaules hautes s'affaissèrent peu-à-peu, on se redressa ; et de crainte de passer pour gros dos, on porta la tête au vent, et l'on minauda : on continua de pirouetter, et l'on pirouette encore aujourd'hui : entamez une conversation sérieuse ou sensée en présence d'un jeune seigneur du bel air, et zeste vous le verrez s'écarter de vous en faisant le moulinet, pour aller marmotter une parodie à quelqu'un qui lui demande des nouvelles de la guerre ou de sa santé, ou lui chuchoter à l'oreille qu'il a soupé la veille avec la Rabon, que c'est une fille adorable : qu'il paroît un roman nouveau ; qu'il en a lu quelques pages; que c'est du beau, mais du grand beau : et puis zeste, des pirouettes vers une femme à qui il demande si elle a vu le nouvel opéra, et à qui il répond que la Dangeville a fait à ravir.

Mirzoza trouva ces ridicules assez plaisans, et demanda à Sélim s'il les avoit eus. « Comment,
» madame, reprit le vieux courtisan ; étoit-il
» permis de ne les pas avoir, sans passer pour un
» homme de l'autre monde ? Je fis le gros dos,
» je me redressai, je minaudai, je lorgnai, je
» pirouettai, je persifflai comme un autre ; et

» tous les efforts de mon jugement se réduisirent
» à prendre ces travers des premiers, et à n'être
» pas des derniers à m'en défaire ». Sélim en étoit
là, lorsque Mangogul parut. L'auteur africain ne
nous apprend ni ce qu'il étoit devenu, ni ce qui
l'avoit occupé pendant le chapitre précédent : apparemment qu'il est permis aux princes du Congo
de faire des actions indifférentes, de dire quelquefois des misères, et de ressembler aux autres
hommes, dont une grande partie de la vie se consume à des riens, ou à des choses qui ne méritent
pas d'être sues.

CHAPITRE LI.

Vingt-huitième essai de l'anneau.

OLYMPIA.

MADAME, réjouissez-vous, dit Mangogul en
entrant chez la favorite. Je vous apporte une nouvelle agréable. Les bijoux sont de petits fous qui
ne savent ce qu'ils disent. La bague de Cucufa
peut les faire parler, mais non leur arracher la
vérité. Et comment votre hautesse les a-t-elle
surpris en mensonge, demanda la favorite ? Vous
l'allez savoir, répondit le sultan. Sélim vous avoit
promis toutes ses aventures ; et vous ne doutez
point qu'il ne vous ait tenu parole. Eh bien ! je

viens de consulter un bijou qui l'accuse d'une méchanceté qu'il ne vous a pas confessée, qu'assurément il n'a point eue, et qui même n'est pas de son caractère. Tyranniser une jolie femme, la mettre à contribution sous peine d'exécution militaire, reconnoissez-vous là Sélim?

Eh! pourquoi non, seigneur, répliqua la favorite? Il n'y a point de malice dont Sélim n'ait été capable ; et s'il a tû l'aventure que vous avez découverte, c'est peut-être qu'il s'est réconcilié avec ce bijou, qu'ils sont bien ensemble, et qu'il a cru pouvoir me dérober une peccadille, sans manquer à sa promesse.

La fausseté perpétuelle de vos conjectures, lui répondit Mangogul, auroit dû vous guérir de la maladie d'en faire. Ce n'est point du tout ce que vous imaginez ; c'est une extravagance de la première jeunesse de Sélim. Il s'agit d'une de ces femmes dont on tire parti dans la minute, et qu'on ne conserve point.

Madame, dit Sélim à la favorite, j'ai beau m'examiner, je ne me rappelle plus rien, et je me sens à-présent la conscience tout-à-fait pure.

Olympia, dit Mangogul..... Ah! prince, interrompit Sélim, je sais ce que c'est : cette historiette est si vieille, qu'il n'est pas étonnant qu'elle me soit échappée.

Olympia, reprit Mangogul, femme du premier caissier du Hasna, s'étoit coëffée d'un jeune officier, capitaine dans le régiment de Sélim. Un matin, son amant vint tout éperdu, lui annoncer les ordres donnés à tous les militaires de partir, et de joindre leurs corps. Mon ayeul Kanoglou avoit résolu cette année d'ouvrir la campagne de bonne heure; et un projet admirable qu'il avoit formé, n'échoua que par la publicité des ordres. Les politiques en frondèrent, les femmes en maudirent : chacun avoit ses raisons. Je vous ai dit celles d'Olympia. Cette femme prit le parti de voir Sélim, et d'empêcher, s'il étoit possible, le départ de Gabalis : c'étoit le nom de son amant. Sélim passoit déjà pour un homme dangereux. Olympia crut qu'il convenoit de se faire escorter; et deux de ses amies, femmes aussi jolies qu'elle, s'offrirent à l'accompagner. Sélim étoit dans son hôtel lorsqu'elles arrivèrent. Il reçut Olympia, car elle parut seule, avec cette politesse aisée que vous lui connoissez, et s'informa de ce qui lui attiroit une si belle visite. Monsieur, lui dit Olympia, je m'intéresse pour Gabalis; il a des affaires importantes qui rendent sa présence nécessaire à Brama, et je viens vous demander un congé de sémestre.

Un congé de sémestre, madame ? Vous n'y pensez pas, lui répondit Sélim; les ordres du sultan sont précis : je suis au désespoir de ne pouvoir me faire auprès de vous un mérite d'une grace qui me perdroit infailliblement. Nouvelles instances de la part d'Olympia. Nouveaux refus de la part de Sélim. Le visir m'a promis que je serois compris dans la promotion prochaine. Pouvez-vous exiger, madame, que je me noie pour vous obliger?... Et non, monsieur, vous ne vous noierez point, et vous m'obligerez... Madame, cela n'est pas possible; mais si vous voyiez le visir... Ah! monsieur, à qui me renvoyez-vous là? Cet homme n'a jamais rien fait pour les dames... J'ai beau rêver, car je serois comblé de vous rendre service, et je n'y vois plus qu'un moyen. Et quel est-il, demanda vivement Olympia?... Votre dessein, répondit Sélim, seroit de rendre Gabalis heureux pour six mois; mais, madame, ne pourriez-vous pas disposer d'un quart-d'heure des plaisirs que vous lui destinez? Olympia le comprit à merveille, rougit, bégaya, et finit par se récrier sur la dureté de la proposition. N'en parlons plus, madame, reprit le colonel d'un air froid, Gabalis partira; il faut que le service du prince se fasse. J'aurois pu prendre sur moi quelque chose, mais vous ne vous prêtez à rien. Au-moins, madame, si Gabalis part, c'est vous qui le voulez. Moi, s'écria vivement Olympia; ah! monsieur, expédiez promptement sa patente, et qu'il reste. Les préliminaires essentiels du traité furent ratifiés sur un sopha, et la dame croyoit pour le coup tenir Gabalis; lorsque le traître que vous voyez, s'avisa, comme par réminiscence, de lu demander ce que c'étoit que les deux dames qui l'avoient accompagnée, et qu'elle avoit laissées dans l'appartement voisin. Ce sont deux de mes intimes, répondit Olympia; et de Gabalis aussi, ajouta Sélim; il n'en faut pas douter. Cela supposé, je ne crois pas qu'elles refusent d'acquitter chacune un tiers des droits du traité. Oui, cela me paroît juste; je vous laisse, madame, le soin de les y disposer. En vérité, monsieur, lui répondit Olimpia, vous êtes étrange. Je vous proteste que ces dames n'ont nulle prétention à Gabalis; mais pour les tirer et sortir moi-même d'embarras, si vous me trouvez bonne, je tâcherai d'acquitter la lettre-de-change que vous tirez sur elles. Sélim accepta l'offre. Olympia fit honneur à sa parole; et voilà, madame, ce que Sélim auroit dû vous apprendre.

Je lui pardonne, dit la favorite; Olympia n'étoit pas assez bonne à connoître, pour que je lui fasse un procès de l'avoir oubliée. Je ne sais où vous allez déterrer ces femmes-là: en vérité, prince, vous avez toute la conduite d'un homme qui n'a nulle envie de perdre un château.

Madame, il me semble que vous avez bien changé d'avis depuis quelques jours, lui répondit Mangogul: faites-moi la grace de vous rappeler quel est le premier essai de ma bague que je vous proposai; et vous verrez qu'il n'a pas dépendu de moi de perdre plus-tôt.

Oui, reprit la sultane, je sais que vous m'avez juré que je serois exceptée du nombre des bijoux parlans, et que depuis ce temps vous ne vous êtes adressé qu'à des femmes décriées ; à une Aminte, une Zobéide, une Thélis, une Zulique, dont la réputation étoit presque décidée.

Je conviens, dit Mangogul, qu'il eût été ridicule de compter sur ces bijoux : mais faute d'autres, il a bien fallu s'en tenir à ceux-là. Je vous l'ai dit, et je vous le répète, la bonne compagnie en fait de bijoux est plus rare que vous ne pensez ; et si vous ne vous déterminez à gagner vous-même.....

Moi, interrompit vivement Mirzoza, je n'aurai jamais de château de ma vie, si pour en avoir un, il faut en venir là. Un bijou parlant ! fi donc ! cela est d'une indécence... Prince, en un mot, vous savez mes raisons ; et c'est très-sérieusement que je vous réitère mes menaces.

Mais ou ne vous plaignez plus de mes essais, ou du-moins indiquez-nous à qui vous prétendez que nous ayons recours ; car je suis désespéré que cela ne finisse point. Des bijoux libertins, et puis quoi encore, des bijoux libertins, et toujours des bijoux libertins.

J'ai grande confiance, répondit Mirzoza, dans le bijou d'Eglé ; et j'attends avec impatience la fin des quinze jours que vous m'avez demandés.

Madame, reprit Mangogul, ils expirèrent hier ;

et tandis que Sélim vous faisoit des contes de la vieille cour, j'apprenois du bijou d'Eglé, que grace à la mauvaise humeur de Célébi, et aux assiduités d'Almanzor, sa maîtresse ne vous est bonne à rien.

Ah! prince, que me dites-vous là, s'écria la favorite ? C'est un fait, reprit le sultan ; je vous régalerai de cette histoire une autre fois : mais en attendant, cherchez une autre corde à votre arc.

Eglé, la vertueuse Eglé, s'est enfin démentie, disoit la favorite suprise ! en vérité, je n'en reviens pas.

Vous voilà toute désorientée, reprit Mangogul ; et vous ne savez plus où donner de la tête.

Ce n'est pas cela, répondit la favorite ; mais je vous avoue que je comptois beaucoup sur Eglé. Il n'y faut plus penser, ajouta Mangogul ; dites-nous seulement si c'étoit la seule femme sage que vous connussiez ?

Non, prince, il y en a cent autres, et des femmes aimables que je vais vous nommer, répartit Mirzoza. Je vous réponds comme de moi-même, de... de...

Mirzoza s'arrêta tout court, sans avoir articulé le nom d'une seule. Sélim ne put s'empêcher de sourire, et le sultan d'éclater de l'embarras de la favorite, qui connoissoit tant de femmes sages, et qui ne s'en rappeloit aucune.

Mirzoza piquée, se tourna du côté de Sélim, et lui dit : Mais, Sélim, aidez-moi donc, vous qui vous y connoissez. Prince, ajouta-t-elle, en portant la parole au sultan, adressez-vous à..... Qui dirai-je ? Sélim, aidez-moi donc. A Mirzoza, continua Sélim. Vous me faites très-mal votre cour, reprit la favorite. Je ne crains pas l'épreuve, mais je l'ai en aversion. Nommez-en vîte une autre, si vous voulez que je vous pardonne.

On pourroit, dit Sélim, voir si Zaïde a trouvé la réalité de l'amant idéal qu'elle s'est figuré, et auquel elle comparoit jadis tous ceux qui lui faisoient la cour.

Zaïde, reprit Mangogul, je vous avoue que cette femme est assez propre à me faire perdre. C'est, ajouta la favorite, peut-être la seule dont la prude Arsinoé et le fat Jonéki aient épargné la réputation.

Cela est fort, dit Mangogul ; mais l'essai de ma bague vaut encore mieux. Allons droit à son bijou ; cet oracle est plus sûr que celui de Calchas. Comment, ajouta la favorite, en riant, vous possédez votre Racine, comme un acteur.

P *

CHAPITRE LII.

Vingt-neuvième essai de l'anneau.

ZULEÏMAN ET ZAÏDE.

Mangogul, sans répondre à la plaisanterie de la favorite, sortit sur-le-champ, et se rendit chez Zaïde. Il la trouva retirée dans un cabinet, vis-à-vis d'une petite table, sur laquelle il apperçut des lettres, un portrait, quelques bagatelles éparses qui venoient d'un amant chéri, comme il étoit facile de le présumer au cas qu'elle en faisoit. Elle écrivoit, des larmes lui couloient des yeux et mouilloient son papier. Elle baisoit avec transport le portrait, ouvroit les lettres, écrivoit quelques mots, revenoit au portrait, se précipitoit sur les bagatelles dont j'ai parlé, et les pressoit contre son sein.

Le sultan fut dans un étonnement incroyable ; il n'avoit jamais vu de femmes tendres que la favorite et Zaïde. Il se croyoit aimé de Mirzoza ; mais Zaïde n'aimoit-elle pas davantage Zuleïman ? Et ces deux amans n'étoient-ils point les seuls vrais amans du Congo ?

Les larmes que Zaïde versoit en écrivant, n'étoient point des larmes de tristesse. L'amour les lui faisoit répandre. Et dans ce moment un senti-

ment délicieux qui naissoit de la certitude de posséder le cœur de Zuleïman, étoit le seul qui l'affec« tât. Cher Zuleïman, s'écrioit-elle, que je t'aime !
» que tu m'es cher ! que tu m'occupes agréable-
» ment ! Dans les instans où Zaïde n'a point le
» bonheur de te voir, elle t'écrit du-moins com-
» bien elle est à toi : loin de Zuleïman, son amour
» est l'unique entretien qui lui plaise ».

Zaïde en étoit là de sa tendre méditation, lorsque Mangogul dirigea son anneau sur elle. A l'instant il entendit son bijou soupirer, et répéter les premiers mots du monologue de sa maîtresse: « Cher Zuleïman, que je t'aime ! que tu m'es
» cher ! que tu m'occupes agréablement » ! Le cœur et le bijou de Zaïde étoient trop bien d'accord pour varier dans leurs discours. Zaïde fut d'abord surprise ; mais elle étoit si sûre que son bijou ne diroit rien que Zuleïman ne pût entendre avec plaisir, qu'elle desira sa présence.

Mangogul réitéra son essai, et le bijou de Zaïde répéta d'une voix douce et tendre : « Zuleïman,
» cher Zuleïman, que je t'aime ! que tu m'es
» cher » !

Zuleïman, s'écria le sultan, est le mortel le plus fortuné de mon empire. Quittons ces lieux où l'image d'un bonheur plus grand que le mien se présente à mes yeux et m'afflige. Il sortit aussi-tôt, et porta chez la favorite un air inquiet et rêveur. « Prince, qu'avez-vous, lui demanda-t-elle,

» vous ne me dites rien de Zaïde »....Zaïde, madame, répondit Mangogul, est une femme adorable ! Elle aime comme on n'a jamais aimé... « Tant pis pour elle, répartit Mirzoza »....Que dites-vous, reprit le sultan ?.... « Je dis, ré-
» pondit la favorite, que Kermadès est un des
» maussades personnages du Congo ; que l'intérêt
» et l'autorité des parens ont fait ce mariage-là,
» et que jamais époux n'ont été plus dépareillés
» que Kermadès et Zaïde »....Eh ! madame, reprit Mangogul, ce n'est pas son époux qu'elle aime....« Et qui donc, demanda Mirzoza » ?.... C'est Zuleïman, répondit Mangogul....« Adieu
» donc les porcelaines et le petit sapajou, ajouta
» la sultane »....Ah ! disoit tout bas Mangogul, cette Zaïde m'a frappé ; elle me suit ; elle m'obsède ; il faut absolument que je la revoie. Mirzoza l'interrompit par quelques questions auxquelles il répondit des monosyllabes. Il refusa un piquet qu'elle lui proposa, se plaignit d'un mal de tête qu'il n'avoit point, se retira dans son appartement, se coucha sans souper, ce qui ne lui étoit arrivé de sa vie, ne dormit point. Les charmes et la tendresse de Zaïde, les qualités et le bonheur de Zuleïman le tourmentèrent toute la nuit.

On pense bien qu'il n'eut aujourd'hui rien à faire de plus pressé que de retourner chez Zaïde ; il sortit de son palais sans avoir fait demander des nouvelles de Mirzoza ; il y manquoit pour la première fois. Il trouva Zaïde dans le cabinet de la veille. Zuleïman y étoit avec elle. Il tenoit les mains de sa maîtresse dans les siennes, et il avoit les yeux fixés sur les siens : Zaïde penchée sur ses genoux, lançoit à Zuleïman des regards animés de la passion la plus vive. Ils gardèrent quelque temps cette situation ; mais cédant au même instant à la violence de leurs desirs, ils se précipitèrent entre les bras l'un de l'autre, et se serrèrent fortement. Le silence profond qui jusqu'alors avoit régné autour d'eux, fut troublé par leurs soupirs, le bruit de leurs baisers, et quelques mots inarticulés qui leur échappoient.... Vous m'aimez !.... Je vous adore !.... M'aimerez-vous toujours ?.... Ah ! le dernier soupir de ma vie sera pour Zaïde....

Mangogul accablé de tristesse, se renversa dans un fauteuil et se mit la main sur les yeux. Il craignit de voir des choses qu'on imagine bien, et qui ne furent point.... Après un silence de quelques momens : Ah ! cher et tendre amant, que ne vous ai-je toujours éprouvé tel que vous êtes à-présent, dit Zaïde ! Je ne vous en aimerois pas moins, et je n'aurois aucun reproche à me faire.... Mais tu pleures, cher Zuleïman. Viens, cher et tendre amant, viens, que j'essuye tes larmes.... Zuleïman, vous baissez les yeux ; qu'avez-vous ? Regardez-moi donc ?.... Viens, cher ami, viens, que je te console ; colle tes lèvres sur ma bouche ; inspire-moi ton ame ; reçois la mienne : suspens...

Ah! non.... non.... Zaïde acheva son discours par un soupir violent, et se tut.

L'auteur africain nous apprend que cette scène frappa vivement Mangogul ; qu'il fonda quelques espérances sur l'insuffisance de Zuleïman ; et qu'il y eut des propositions secrètes portées de sa part à Zaïde qui les rejeta, et ne s'en fit point un mérite auprès de son amant.

CHAPITRE LIII.

L'amour platonique.

« Mais cette Zaïde est-elle donc unique ? Mir-
» zoza ne lui cède en rien pour les charmes, et
» j'ai mille preuves de sa tendresse : je veux être
» aimé, je le suis ; et qui m'a dit que Zuleïman
» l'est plus que moi ? J'étois un fou d'envier le
» bonheur d'un autre. Non, personne sous le ciel
» n'est plus heureux que Mangogul ». Ce fut ainsi que commencèrent les remontrances que le sultan se fit à lui-même. L'auteur a supprimé le reste ; il se contente de nous avertir que le prince y eut plus d'égard qu'à celles que lui présentoient ses ministres, et que Zaïde ne lui revint plus dans l'esprit.

Une de ces soirées qu'il étoit fort satisfait de sa maîtresse ou de lui-même, il proposa d'appeler Sélim, et de s'égarer un peu dans les bosquets du jardin du serrail. C'étoit des cabinets de verdure où, sans témoins, l'on pouvoit tout dire, et faire bien des choses. En s'y acheminant, Mangogul jeta la conversation sur les raisons qu'on a d'aimer. Mirzoza, montée sur les grands principes, et entêtée d'idées de vertu qui ne convenoient assurément ni à son rang, ni à sa figure, ni à son âge, soutenoit que très-souvent on aimoit pour aimer; et que des liaisons commencées par le rapport des caractères, soutenues par l'estime, et cimentées par la confiance, duroient très-long-temps et très-constamment, sans qu'un amant prétendît à des faveurs, ni qu'une femme fût tentée d'en accorder.

Voilà, madame, répondit le sultan, comme les romans vous ont gâtée. Vous avez vu là des héros respectueux et des princesses vertueuses jusqu'à la sottise; et vous n'avez pas pensé que ces êtres n'ont jamais existé que dans la tête des auteurs. Si vous demandiez à Sélim, qui sait mieux que personne le catéchisme de Cythère, qu'est-ce que l'amour; je gagerois bien qu'il vous répondroit que l'amour n'est autre chose que....

Gageriez-vous, interrompit la sultane, que la délicatesse des sentimens est une chimère, et que, sans l'espoir de jouir, il n'y auroit pas un grain d'amour dans le monde? En vérité, il faudroit que vous eussiez bien mauvaise opinion du cœur humain.

Aussi fais-je, reprit Mangogul; nos vertus ne sont pas plus désintéressées que nos vices. Le brave poursuit la gloire en s'exposant à des dangers ; le lâche aime le repos et la vie ; et l'amant veut jouir.

Sélim, se rangeant de l'avis du sultan, ajouta que, si deux choses arrivoient, l'amour seroit banni de la société pour n'y plus reparoître.

Et quelles sont ces deux choses, demanda la favorite ? C'est, répondit Mangogul, si vous et moi, madame, et tous les autres, venions à perdre ce que Tanzaï et Néadarné retrouvèrent en rêvant.

Quoi! vous croyez, interrompit Mirzoza, que, sans ces misères-là, il n'y auroit ni estime, ni confiance entre deux personnes de différent sexe ? Une femme avec des talens, de l'esprit et des graces ne toucheroit plus ? Un homme avec une figure aimable, un beau génie, un caractère excellent, ne seroit pas écouté ?

Non, madame, reprit Mangogul ; car que diroit-il, s'il vous plaît ?

Mais tout plein de jolies choses qu'on auroit, ce me semble, toujours bien du plaisir à entendre, répondit la favorite.

Remarquez, madame, dit Sélim, que ces choses se disent tous les jours sans amour. Non, madame, non ; j'ai des preuves complètes que, sans un corps bien organisé, point d'amour. Agénor, le plus beau garçon du Congo, et l'esprit le plus délicat de la cour, si j'étois femme, auroit beau m'étaler sa belle jambe, tourner sur moi ses grands yeux bleus, me prodiguer les louanges les plus fines, et se faire valoir par tous ses avantages, je ne lui dirois qu'un mot; et, s'il ne répondoit ponctuellement à ce mot, j'aurois pour lui toute l'estime possible; mais je ne l'aimerois point.

Cela est positif, ajouta le sultan; et ce mot mystérieux, vous conviendrez de sa justesse et de son utilité, quand on aime. Vous devriez bien, pour votre instruction, vous faire répéter la conversation d'un bel-esprit de Banza avec un maître d'école; vous comprendriez tout-d'un-coup comment le bel-esprit, qui soutenoit votre thèse, convint à la fin qu'il avoit tort, et que son adversaire raisonnoit comme un bijou. Mais Sélim vous dira cela; c'est de lui que je le tiens.

La favorite imagina qu'un conte, que Mangogul ne lui faisoit pas, devoit être fort graveleux; et elle entra dans un des cabinets sans le demander à Sélim : heureusement pour lui; car, avec tout l'esprit qu'il avoit, il eût mal satisfait la curiosité de la favorite, ou fort allarmé sa pudeur. Mais, pour lui donner le change, et éloigner encore davantage l'histoire du maître d'école, il lui raconta celle qui suit :

Madame, lui dit le courtisan, dans une vaste contrée, voisine des sources du Nil, vivoit un jeune garçon, beau comme l'amour. Il n'avoit pas

Bij. indisc.

dix-huit ans, que toutes les filles s'entre-disputèrent son cœur, et qu'il n'y avoit guères de femmes qui ne l'eussent accepté pour amant. Né avec un cœur tendre, il aima si-tôt qu'il fut en état d'aimer.

Un jour qu'il assistoit dans le temple au culte public de la grande Pagode ; et que, selon le cérémonial usité, il étoit en train de lui faire les dix-sept génuflexions prescrites par la loi, la beauté dont il étoit épris vint à passer, et lui lança un coup-d'œil accompagné d'un souris, qui le jetèrent dans une telle distraction, qu'il perdit l'équilibre, donna du nez en terre, scandalisa tous les assistans par sa chûte, oublia le nombre des génuflexions, et n'en fit que seize.

La grande Pagode, irritée de l'offense et du scandale, le punit cruellement. Hilas, c'étoit son nom, le pauvre Hilas se trouva tout-à-coup enflammé des desirs les plus violens, et privé, comme sur la main, du moyen de les satisfaire. Surpris autant qu'attristé d'une perte si grande, il interrogea la Pagode. Tu ne te retrouveras, lui répondit-elle en éternuant, qu'entre les bras d'une femme qui, connoissant ton malheur, ne t'en aimera pas moins.

La présomption est assez volontiers compagne de la jeunesse et de la beauté. Hilas s'imagina que son esprit et les graces de sa personne lui gagneroient bientôt un cœur délicat, qui, content de ce qui lui restoit, l'aimeroit pour lui-même, et ne tarderoit pas à lui restituer ce qu'il avoit perdu. Il s'adressa d'abord à celle qui avoit été la cause innocente de son infortune. C'étoit une jeune personne vive, voluptueuse et coquette. Hilas l'adoroit; il en obtint un rendez-vous, où, d'agaceries en agaceries, on le conduisit jusqu'où le pauvre garçon ne put jamais aller : il eut beau se tourmenter et chercher entre les bras de sa maîtresse l'accomplissement de l'oracle, rien ne parut. Quand on fut ennuyé d'attendre, on se rajusta promptement, et l'on s'éloigna de lui. Le pis de l'aventure, c'est que la petite folle la confia à une de ses amies, qui, par discrétion, ne la conta qu'à trois ou quatre des siennes, qui en firent un secret à tant d'autres, qu'Hilas, deux jours auparavant, la coqueluche de toutes les femmes, en fut méprisé, montré au doigt, et regardé comme un monstre.

Le malheureux Hilas, décrié dans sa patrie, prit le parti de voyager, et de chercher au loin le remède à son mal. Il se rendit incognito et sans suite à la cour de l'empereur des Abyssins. On s'y coëffa d'abord du jeune étranger : ce fut à qui l'auroit; mais le prudent Hilas évita des engagemens, où il craignoit d'autant plus de ne pas trouver son compte, qu'il étoit plus certain que les femmes qui le poursuivoient ne trouveroient point le leur avec lui. Mais admirez la pénétration du sexe ! un garçon si jeune, si sage et si beau, disoit-on ! cela est prodigieux; et peu s'en fallut qu'à travers tant de qualités réunies, on ne devinât son défaut ; et que, de crainte de lui accorder tout ce qu'un homme accompli peut avoir, on ne lui refusât tout juste la seule chose qui lui manquoit.

Après avoir étudié quelque temps la carte du pays, Hilas s'attacha à une jeune femme qui avoit passé, je ne sais par quel caprice, de la fine galanterie à la haute dévotion. Il s'insinua peu-à-peu dans sa confiance, épousa ses idées, copia ses pratiques, lui donna la main dans les temples, et s'entretint si souvent avec elle sur la vanité des plaisirs de ce monde, qu'insensiblement il lui en rappela le goût avec le souvenir. Il y avoit plus d'un mois qu'il fréquentoit les mosquées, assistoit aux sermons, et visitoit les malades, lorsqu'il se mit en devoir de guérir ; mais ce fut inutilement. Sa dévote, pour connoître tout ce qui se passoit au ciel, n'en savoit pas moins comme on doit être fait sur terre ; et le pauvre garçon perdit en un moment tout le fruit de ses bonnes œuvres. Si quelque chose le consola, ce fut le secret inviolable qu'on lui garda. Un mot eût rendu son mal incurable; mais ce mot ne fut point dit ; et Hilas se lia avec quelques autres femmes pieuses, qu'il prit les unes après les autres, pour le spécifique ordonné par l'oracle, et qui ne le désenchantèrent point, parce qu'elles ne l'aimèrent que pour ce qu'il n'avoit plus. L'habitude qu'elles avoient à spiritualiser les objets, ne lui servit de rien. Elles vouloient du sentiment, mais c'est celui que le plaisir fait naître. « Vous ne m'aimez donc pas, » leur disoit tristement Hilas ? »... Eh ! ne savez-vous pas, monsieur, lui répondoit-on, qu'il faut connoître avant que d'aimer; et vous avouerez que, disgracié comme vous êtes, vous n'êtes point aimable quand on vous connoît.

Hélas ! disoit-il en s'en allant, ce pur amour, dont on parle tant, n'existe nulle part; cette délicatesse de sentimens, dont tous les hommes et toutes les femmes se piquent, n'est qu'une chimère. L'oracle m'éconduit, et j'en ai pour la vie.

Chemin faisant, il rencontra de ces femmes qui ne veulent avoir avec vous qu'un commerce de cœur, et qui haïssent un téméraire comme un *crapaud*. On lui recommanda si sérieusement de ne rien mêler de terrestre et de grossier dans ses vues, qu'il en espéra beaucoup pour sa guérison. Il y alloit de bonne foi ; et il étoit tout étonné, aux tendres propos dont elles s'enfiloient avec lui, de demeurer tel qu'il étoit. « Il faut, disoit-il » en lui-même, que je guérisse peut-être au-» trement qu'en parlant »; et il attendoit une occasion de se placer selon les intentions de l'oracle. Elle vint. Une jeune Platonicienne qui aimoit éperdûment la promenade, l'entraîna dans un bois écarté ; ils étoient loin de tout importun, lorsqu'elle se sentit évanouir. Hilas se précipita sur elle, ne négligea rien pour la soulager ; mais tous ses efforts furent inutiles ; la belle évanouie s'en apperçut aussi bien que lui. Ah ! monsieur, lui dit-elle en se débarrassant d'entre ses bras, quel homme êtes-vous ? il ne m'arrivera plus de m'embarquer ainsi dans des lieux écartés, où l'on se trouve mal, et où l'on périroit cent fois faute de secours.

D'autres connurent son état, l'en plaignirent, lui jurèrent que la tendresse qu'elles avoient conçue pour lui n'en seroit point altérée, et ne le revirent plus.

Le malheureux Hilas fit bien des mécontentes, avec la plus belle figure du monde, et les sentimens les plus délicats.

Mais c'étoit un benêt, interrompit le sultan. Que ne s'adressoit-il à quelques-unes des vestales dont nos monastères sont pleins ? On se seroit affolé de lui ; et il auroit infailliblement guéri au travers d'une grille.

Seigneur, reprit Sélim, la chronique assure qu'il tenta cette voie, et qu'il éprouva qu'on ne veut aimer nulle part en pure perte. En ce cas, ajouta le sultan, je désespère de sa maladie. Il en désespéra comme votre hautesse, continua Sélim ; et las de tenter des essais qui n'aboutissoient à rien, il s'enfonça dans une solitude, sur la parole d'une multitude infinie de femmes, qui lui avoient déclaré nettement qu'il étoit inutile dans la société.

Il y avoit déjà plusieurs jours qu'il erroit dans son désert, lorsqu'il entendit quelques soupirs qui partoient d'un endroit écarté. Il prêta l'oreille ; les soupirs recommencèrent ; il s'approcha, et vit une jeune fille, belle comme les astres, la tête appuyée sur sa main, les yeux baignés de larmes, et le reste du corps dans une attitude triste et pensive. « Que cherchez-vous ici, mademoiselle, » lui dit-il ? et ces déserts sont-ils faits pour » vous » ?.... Oui, répondit-elle tristement ; on s'y afflige du-moins tout à son aise. « Et de quoi » vous affligez-vous » ?... Hélas !.... « Parlez, » mademoiselle, qu'avez-vous » ?.... Rien.... » Comment, rien » ?... Non, rien du tout ; et c'est là mon chagrin : il y a deux ans que j'eus le malheur d'offenser une Pagode qui m'ôta tout. Il y avoit si peu de chose à faire, qu'elle ne donna pas en cela une grande marque de sa puissance. Depuis ce temps tous les hommes me fuient et me fuiront, a dit la Pagode, jusqu'à ce qu'il s'en rencontre un qui, connoissant mon malheur, s'attache à moi, et m'aime telle que je suis.

Qu'entends je, s'écria Hilas !

Ce malheureux que vous voyez à vos genoux n'a rien non plus ; et c'est aussi sa maladie. Il eut, il y a quelque temps, le malheur d'offenser une Pagode qui lui ôta ce qu'il avoit ; et, sans vanité, c'étoit quelque chose. Depuis ce temps toutes les femmes le fuyent et le fuiront, a dit la Pagode, jusqu'à ce qu'il s'en rencoutre une qui, connoissant son malheur, s'attache à lui, et l'aime tel qu'il est.

Seroit-il bien possible, demanda la jeune fille ? Ce que vous m'avez dit est-il vrai, demanda Hilas ?... Voyez, répondit la jeune fille. Voyez, répondit Hilas...

Ils s'assurèrent l'un et l'autre, à n'en pouvoir douter, qu'ils étoient deux objets du courroux céleste. Le malheur qui leur étoit commun les unit. Iphis, c'est le nom de la jeune fille, étoit faite pour Hilas ; Hilas étoit fait pour elle. Ils s'aimèrent platoniquement, comme vous imaginez bien ; car ils ne pouvoient guère s'aimer autrement : mais à l'instant l'enchantement cessa ; ils en poussèrent chacun un cri de joie ; et l'amour platonique disparut.

Pendant plusieurs mois qu'ils séjournèrent ensemble dans le désert, ils eurent tout le temps de s'assurer de leur changement : lorsqu'ils en sortirent, Iphis étoit parfaitement guérie ; pour Hilas, l'auteur dit qu'il étoit menacé d'une rechûte.

CHAPITRE LIV.

Trentième et dernier essai de l'anneau.

MIRZOZA.

Tandis que Mangogul s'entretenoit dans ses jardins avec la favorite et Sélim, on vint lui annoncer la mort de Sulamek. Sulamek avoit commencé par être maître de danse du sultan, contré les intentions d'Erguebzed ; mais quelques intrigantes, à qui il avoit appris à faire des sauts périlleux, le poussèrent de toutes leurs forces, et se remuèrent tant, qu'il fut préféré à Marcel et à d'autres, dont il n'étoit pas digne d'être le prévôt. Il avoit un esprit de minutie, le jargon de la cour, le don de conter agréablement, et celui d'amuser les enfans ; mais il n'entendoit rien à la haute danse. Lorsque la place de grand-visir vint à vaquer, il parvint, à force de révérence, à supplanter le grand-sénéchal, danseur infatigable, mais homme roide, et qui plioit de mauvaise grace Son ministère ne fut point signalé par des événemens glorieux à la nation. Ses ennemis, et qui en manque ? le vrai mérite en a bien, l'accusoient de jouer mal du violon, et de n'avoir aucune intelligence de la chorégraphie ; de s'être laissé duper par les pantomimes du Prêtre Jean, et épouvanter par un ours du Monoémugi qui dansoit un jour devant lui ; d'avoir donné des milions à l'empereur du Tombut pour l'empêcher de danser dans un temps où il avoit la goute ; et dépensé tous les ans plus de cinq cent mille séquins en colophane, et davantage à persécuter tous les ménétriers qui jouoient d'autres menuets que les siens ; en un mot, d'avoir dormi pendant quinze ans au son de la vielle d'un gros habitant de Guinée qui s'accompagnoit de son instrument en baragouinant quelques chansons du Congo. Il est vrai qu'il avoit amené la mode des tilleuls de Hollande, etc....

Mangogul avoit le cœur excellent ; il regretta Sulamek, et lui ordonna un catafalque avec une oraison funèbre, dont l'orateur Brrrouboubou fut chargé.

Le jour marqué pour la cérémonie, les chefs des bramines, le corps du divan, et les sultanes, menées par leurs eunuques, se rendirent dans la grande mosquée. Brrrouboubou montra pendant deux heures de suite, avec une rapidité surprenante, que Sulamek étoit parvenu par des talens supérieurs ; fit préfaces sur préfaces, n'oublia ni Mangogul, ni ses exploits sous l'administration de Sulamek ; et il s'épuisoit en exclamations, lorsque Mirzoza, à qui le mensonge donnoit des vapeurs, en eut une attaque qui la rendit léthargique.

Ses officiers et ses femmes s'empressèrent à la secourir ; on la remit dans son palanquin ; et elle fut aussitôt transportée au serrail. Mangogul, averti du danger, accourut : on appela toute la pharmacie. Le garus, les gouttes du général la Motte, celles d'Anglètterre, furent essayées, mais sans aucun succès. Le sultan, désolé, tantôt pleurant sur Mirzoza, tantôt jurant contre Orcotome, perdit enfin toute espérance, ou du-moins n'en eut plus qu'en son anneau. « Si je vous ai perdue, » délices de mon ame, s'écria-t-il, votre bijou » doit, ainsi que votre bouche, garder un silence » éternel ».

A l'instant, il commande qu'on sorte ; on obéit ; et le voilà seul vis-à-vis de la favorite : il tourne sa bague sur elle ; mais le bijou de Mirzoza, qui s'étoit ennuyé au sermon, comme il arrive tous les jours à d'autres, et qui se sentoit apparemment de la léthargie, ne murmura d'abord que quelques mots confus et mal articulés. Le sultan réitéra l'opération ; et le bijou, s'expliquant très-distinctement, dit : « Loin de vous, Mangogul, » qu'allois-je devenir ?... fidelle jusques dans la » nuit du tombeau, je vous aurois cherché ; et » si l'amour et la constance ont quelque récom- » pense chez les morts, cher prince, je vous au- » rois trouvé... Hélas ! sans vous, le palais déli- » cieux qu'habite Brama, et qu'il a promis à ses » fidèles croyans, n'eût été pour moi qu'une de- » meure ingrate ».

Mangogul, transporté de joie, ne s'apperçut pas

que la favorite sortoit insensiblement de sa léthargie ; et que, s'il tardoit à retourner sa bague, elle entendroit les dernières paroles de son bijou : ce qui arriva. Ah ! prince, lui dit-elle, que sont devenus vos sermens ? Vous avez donc éclairci vos injustes soupçons ? Rien ne vous a retenu, ni l'état où j'étois, ni l'injure que vous me faisiez, ni la parole que vous m'aviez donnée ?

Ah ! madame, lui répondit le sultan, n'imputez point à une honteuse curiosité une impatience que le désespoir de vous avoir perdue m'a seul suggérée : je n'ai point fait sur vous l'essai de mon anneau ; mais j'ai cru pouvoir, sans manquer à mes promesses, user d'une ressource qui vous rend à mes vœux, et qui vous assure mon cœur à jamais.

Prince, dit la favorite, je vous crois ; mais que l'anneau soit remis au génie, et que son fatal présent ne trouble plus ni votre cœur ni votre empire.

A l'instant, Mangogul se mit en oraison, et Cucufa apparut : « Génie tout-puissant, lui dit
» Mangogul, reprenez votre anneau, et conti-
» nuez-moi votre protection ». Prince, lui répondit le génie, partagez vos jours entre l'amour et la gloire ; Mirzoza vous assurera le premier de ces avantages ; et je vous promets le second.

A ces mots, le spectre encapuchonné serra la queue de ses hiboux, et partit en pirouettant, comme il étoit venu.

L'OISEAU BLANC,

CONTE BLEU.

L'OISEAU BLANC,

CONTE BLEU.

PREMIÈRE SOIRÉE.

La favorite se couchoit de bonne heure, et s'endormoit fort tard. Pour hâter le moment de son sommeil, on lui chatouilloit la plante des pieds, et on lui faisoit des contes ; et pour ménager l'imagination et la poitrine des conteurs, cette fonction étoit partagée entre quatre personnes, deux émirs et deux femmes. Ces quatre improvisateurs poursuivoient successivement le même récit aux ordres de la favorite. Sa tête étoit mollement posée sur son oreiller, ses membres étendus dans son lit, et ses pieds confiés à sa chatouilleuse, lorsqu'elle dit : Commencez ; et ce fut la première de ses femmes qui débuta par ce qui suit.

LA PREMIÈRE FEMME.

Ah ! ma sœur, le bel oiseau ! Quoi ! vous ne le voyez pas entre les deux branches de ce palmier, passer son bec entre ses plumes, et parer ses aîles et sa queue ? Approchons doucement ; peut-être qu'en l'appelant il viendra ; car il a l'air apprivoisé.

« Oiseau, mon cœur ; oiseau, mon petit roi, ve-
» nez, ne craignez rien ; vous êtes trop beau pour
» qu'on vous fasse du mal. Venez ; une cage char-
» mante vous attend ; ou si vous préférez la li-
» berté, vous serez libre ».

L'oiseau étoit trop galant pour se refuser aux
agaceries de deux jeunes et jolies personnes. Il
prit son vol, et descendit légèrement sur le sein
de celle qui l'avoit appelé. Agariste, c'étoit son
nom, lui passant sur la tête une main qu'elle laissoit glisser le long de ses ailes, disoit à sa compagne : « Ah ! ma sœur, qu'il est charmant ! Que
» son plumage est doux ! qu'il est lisse est poli !
» Mais il a le bec et les pattes couleur de rose, et
» les yeux d'un noir admirable » !

LA SULTANE.

Quelles étoient ces deux femmes ?

LA PREMIÈRE FEMME.

Deux de ces vierges que les Chinois renfer-
ment dans des cloîtres.

LA SULTANE.

Je ne croyois pas qu'il y eût des couvens à la
Chine.

LA PREMIÈRE FEMME.

Ni moi non plus. Ces vierges couroient un
grand péril à cesser de l'être sans permission. S'il

arrivoit à quelqu'une de se conduire mal-adroitement, on la jetoit pour le reste de sa vie dans une caverne obscure, où elle étoit abandonnée à des génies souterreins. Il n'y avoit qu'un moyen d'échapper à ce supplice, c'étoit de contrefaire la folle ou de l'être. Alors les Chinois qui, comme nous et les Musulmans, ont un respect infini pour les fous, les exposoient à la vénération des peuples sur un lit en baldaquin, et dans les grandes fêtes les promenoient dans les rues au son de petites clochettes et de je ne sais quels tambourins à la mode, dont on m'a dit que le son étoit fort harmonieux.

LA SULTANE.

Continuez; fort bien, madame. Je me sens envie de bâiller.

LA SECONDE FEMME.

Voilà donc l'oiseau blanc dans le temple de la grande guenon couleur de feu.

LA SULTANE.

Et qu'est-ce que cette guenon?

LA SECONDE FEMME.

Une vieille Pagode très-encensée, la patrone de la maison. D'aussi loin que les vierges compagnes d'Agariste l'apperçurent avec son bel oiseau sur le poing, elles accourent, l'entourent, et lui

Q *

font mille questions à-la-fois. Cependant l'oiseau s'élevant subitement dans les airs, se met à planer sur elles ; son ombre les couvre, et elles en conçoivent des mouvemens singuliers. Agariste et Mélisse éprouvent les premières les merveilleux effets de son influence. Un feu divin, une ardeur sacrée s'allument dans leurs cœurs ; je ne sais quels épanchemens lumineux et subtils passent dans leur esprit, y fermentent, et, de deux idiotes qu'elles étoient, en font les filles les plus spirituelles et les plus éveillées qu'il y eût à la Chine : elles combinent leurs idées, les comparent, se les communiquent, et y mettent insensiblement de la force et de la justesse.

LA SULTANE.

En furent-elles plus heureuses ?

LA SECONDE FEMME.

Je l'ignore. Un matin l'oiseau blanc se mit à chanter, mais d'une façon si mélodieuse, que toutes les vierges en tombèrent en extase. La supérieure, qui jusqu'à ce moment avoit fait l'esprit-fort et dédaigné l'oiseau, tourna les yeux, se renversa sur ses carreaux, et s'écria d'une voix entrecoupée : Ah ! je n'en puis plus !..... je me meurs !.... je n'en puis plus !.... Oiseau charmant, oiseau divin, encore un petit air.

LA SULTANE.

Je vois cette scène ; et je crois que l'oiseau blanc

avoit grande envie de rire en voyant une centaine de filles sur le côté, l'esprit et l'ajustement en désordre, l'œil égaré, la respiration haute, et balbutiant d'une voix éteinte des oraisons affectueuses à leur grande guenon couleur de feu. Je voudrois bien savoir ce qu'il en arriva.

LA SECONDE FEMME.

Ce qu'il en arriva ? Un prodige, un des plus étonnans prodiges dont il soit fait mention dans les annales du monde.

LA SULTANE.

Premier émir, continuez.

LE PREMIER ÉMIR.

Il en naquit nombre de petits esprits, sans que la virginité de ces filles en souffrit.

LA SULTANE.

Allons donc, émir, vous vous moquez. Je veux bien qu'on me fasse des contes; mais je ne veux pas qu'on me les fasse aussi ridicules.

LE PREMIER ÉMIR.

Songez donc, madame, que c'étoient des esprits.

LA SULTANE.

Vous avez raison ; je n'y pensois pas. Ah ! oui, des esprits (La sultane prononça ces derniers mots en bâillant).

LE PREMIER ÉMIR.

On avertit la supérieure de ce prodige. Les prêtres furent assemblés ; on raisonna beaucoup sur la naissance des petits esprits : après de longues altercations sur le parti qu'il y avoit à prendre, il fut décidé qu'on interrogeroit la grande guenon. Aussitôt les tambourins et les clochettes annoncent au peuple la cérémonie. Les portes du temple sont ouvertes, les parfums allumés, les victimes offertes ; mais la cause du sacrifice ignorée. Il eût été difficile de persuader aux fidèles que l'oiseau étoit père de petits esprits.

LA SULTANE.

Je vois, émir, que vous ne savez pas encore combien les peuples sont bêtes.

LE PREMIER ÉMIR.

Après une heure et demie de génuflexions, d'encensemens et d'autres singeries, la grande guenon se gratta l'oreille, et se mit à débiter de la mauvaise prose qu'on prit pour de la poésie céleste :

« Pour conserver l'odeur de pucelage
» Dont ce lieu saint fut toujours parfumé,
» Que loin d'ici le galant emplumé
» Aille chanter et chercher une cage.
» Vierges, contre ce coup armez-vous de courage ;
» Vous resterez encor vierges, ou peu s'en faut :
» Vos cœurs, aux doux accens de son tendre ramage,

» Ne s'ouvriront pas davantage:
» Telle est la volonté d'en-haut.
» Et toi qu'il honora de son premier hommage,
» Qui lui fis de mon temple un séjour enchanté,
» Modère la douleur dont ton ame est émue;
» L'oiseau blanc a pour toi suffisamment chanté.
» Agariste, il est temps qu'il cherche vérité,
» Qu'il échappe au pouvoir du mensonge, et qu'il mue ».

LA SULTANE.

Mademoiselle, vous avez ce soir le toucher dur, et vous me chatouillez trop fort. Doucement, doucement.... fort bien, comme cela.... ah! que vous me faites de plaisir! Demain, sans différer, le brevet de la pension que je vous ai promise sera signé.

LE PREMIER ÉMIR.

On ne fut pas fort instruit par cet oracle; aussi donna-t-il lieu à une infinité de conjectures plus impertinentes les unes que les autres, comme c'est le privilége des oracles. *Qu'il cherche vérité*, disoit l'une; c'est apparemment le nom de quelque colombe étrangère à laquelle il est destiné. *Qu'il échappe au mensonge*, disoit une autre, *et qu'il mue*. Qu'il mue! ma sœur, est-ce qu'il muera? C'est pourtant dommage; il a les plumes si belles! aussi toutes reprenoient: Ma sœur Agariste l'a tant fait chanter! tant fait chanter!

Après qu'on eut achevé de brouiller l'oracle à force de l'éclaircir, la prêtresse ordonna, par provision, que l'oiseau libertin seroit renfermé, de crainte qu'il ne perfectionnât ce qu'il avoit si heureusement commencé, et qu'il ne multipliât son espèce à l'infini. Il y eut quelque opposition de la part des jeunes recluses ; mais les vieilles tinrent ferme, et l'oiseau fut relégué au fond d'un dortoir, où il passoit les jours dans un ennui cruel. Pour les nuits, toujours quelque vierge compatissante venoit sur la pointe du pied le consoler de son exil. Cependant elles lui parurent bientôt aussi longues que les journées. Toujours les mêmes visages ! *toujours les mêmes vierges !*

LA SULTANE.

Votre oiseau blanc est trop difficile. Que lui falloit-il donc ?

LE PREMIER ÉMIR.

Avec tout l'esprit qu'il avoit inspiré à ces recluses, ce n'étoient que des bégueules fort ennuyeuses : point d'airs, point de manége, point de vivacité prétendue, point d'étourderies concertées. Au-lieu de cela, des soupirs, des langueurs, des fadeurs éternelles et d'un ton d'oraison à faire mal au cœur. Tout bien considéré, l'oiseau blanc conclut en lui-même qu'il étoit temps de suivre son destin, et de prendre son vol ; ce qu'il exécuta après avoir encore un peu délibéré. On dit qu'il lui revint quelques scrupules sur des sermens qu'il avoit faits à Agariste et à quelques autres. Je ne sais ce qui en est.

LA SULTANE.

Ni moi non plus. Mais il est certain que les scrupules ne tiennent point contre le dégoût ; et que, si les sermens ne coûtent guère à faire aux infidèles, ils leur coûtent encore moins à rompre.

A la suite de cette réflexion, la sultane articula très-distinctement son troisième bâillement, le signe de son sommeil ou de son ennui, et l'ordre de se retirer ; ce qui s'exécuta avec le moins de bruit qu'il fut possible.

SECONDE SOIRÉE.

La sultane dit à sa chatouilleuse : Retenez bien ce mouvement-là ; c'est le vrai. Mademoiselle, voilà le brevet de votre pension ; le sultan la doublera, à la condition qu'au sortir de chez moi vous irez lui rendre le même service ; je ne m'y oppose point, mais point du tout. Voyez si cela vous convient.... Second émir, à vous. Si je m'en souviens, voilà votre oiseau blanc traversant les airs, et s'éloignant d'autant plus vîte qu'il s'étoit flatté d'échapper à ses remords, en mettant un grand intervalle entre lui et les objets qui les causoient. Il étoit tard quand il partit ; où arriva-t-il ?

LE SECOND ÉMIR.

Chez l'empereur des Indes, qui prenoit le frais dans ses jardins, et se promenoit sur le soir avec ses femmes et ses eunuques. Il s'abattit sur le turban du monarque, ce que l'on prit à bon augure, et ce fut bien fait ; car quoique ce sultan n'eût point de gendre, il ne tarda pas à devenir grand-père. La princesse Lively, c'est ainsi que s'appeloit la fille du grand Kinkinka, nom qu'on traduiroit à-peu-près dans notre langue par gentillesse ou vivacité, s'écria qu'elle n'avoit jamais rien vu de si beau. Et lui se disoit en lui-même : Quel teint ! quels yeux ! que sa taille est légère ! Les vierges de la guenon couleur de feu ne m'ont point offert de charmes à comparer à ceux-ci.

LA SULTANE.

Ils sont tous comme cela. Je serai la plus belle aux yeux de Mangogul jusqu'à ce qu'il me quitte.

LE SECOND ÉMIR.

Il n'y eut jamais de jambes aussi fines, ni de pieds aussi mignons.

LA CHATOUILLEUSE.

Votre oiseau en exceptera, s'il lui plaît, ceux que je chatouille.

LE SECOND ÉMIR.

Lively portoit des jupons courts ; et l'oiseau

blanc pouvoit aisément appercevoir les beautés, dont il faisoit l'éloge du haut du turban sur lequel il étoit perché.

LA SULTANE.

Je gage qu'il eut à-peine achevé ce monologue, qu'il abandonna le lieu d'où il faisoit ses judicieuses observations, pour se placer sur le sein de la princesse.

LE SECOND ÉMIR.

Sultane, il est vrai.

LA SULTANE.

Est-ce que vous ne pourriez pas éviter ces lieux-communs ?

LE SECOND ÉMIR.

Non, sultane; c'est le moyen le plus sûr de vous endormir.

LA SULTANE.

Vous avez raison.

LE SECOND ÉMIR.

Cette familiarité de l'oiseau déplut à un eunuque noir, qui s'avisa de dire qu'il falloit couper le cou à l'oiseau, et l'apprêter pour le dîner de la princesse.

LA SULTANE.

Elle eût fait un mauvais repas : après sa fatigue chez les vierges et sur la route il devoit être maigre.

LE SECOND ÉMIR.

Lively tira sa mule, et en donna un coup sur le nez de l'eunuque, qui en demeura applati.

LA SULTANE.

Et voilà l'origine des nez plats ; ils descendent de la mule de Lively et de son sot eunuque.

LE SECOND ÉMIR.

Lively se fit apporter un panier, y renferma l'oiseau, et l'envoya coucher. Il en avoit besoin, car il se mouroit de lassitude et d'amour. Il dormit, mais d'un sommeil troublé ; il rêva qu'on lui tordoit le cou, qu'on le plumoit; et il en poussa des cris qui réveillèrent Lively, car le panier étoit placé sur sa table de nuit, et elle avoit le sommeil léger. Elle sonna ; ses femmes arrivèrent ; on tira l'oiseau de son dortoir. La princesse jugea, au trémoussement de ses aîles, qu'il avoit eu de la frayeur. Elle le prit sur son sein, le baisa, et se mit en devoir de le rassurer par les caresses les plus tendres, et les plus jolis noms. L'oiseau se tint sur la poitrine de la princesse, malgré l'envie qui pressoit.

LA SULTANE.

Il avoit déjà le caractère des vrais amans.

LE SECOND ÉMIR.

Il étoit timide et embarrassé de sa personne : il se contenta d'étendre ses aîles, d'en couvrir et presser une fort jolie gorge.

LA SULTANE.

Quoi ! il ne hazarda pas d'approcher son bec des lèvres de Lively ?

LE SECOND ÉMIR.

Cette témérité lui réussit. Mais comment donc, s'écria la princesse, il est entreprenant !... Cependant l'oiseau usoit du privilège de son espèce, et la pigeonnoit avec ardeur, au grand étonnement de ses femmes qui s'en tenoient les côtés. Cet image de la volupté fit soupirer Lively : l'héritier de l'empire du Japon devoit être incessamment son époux ; Kinkinka en avoit parlé ; on attendoit de jour en jour les ambassadeurs qui devoient en faire la demande, et qui ne venoient point. On apprit enfin que le prince Génistan, ce qui signifie dans la langue du pays le prince Esprit, avoit disparu sans qu'on sût ni pourquoi ni comment ; et la triste Lively en fut réduite à verser quelques larmes, et à souhaiter qu'il se retrouvât.

Tandis qu'elle se consoloit avec l'oiseau blanc, faute de mieux, l'empereur du Japon, à qui l'éclipse de son fils avoit tourné la tête, faisoit arracher la moustache à son gouverneur, et ordonnoit des perquisitions; mais il étoit arrêté que de longtemps Génistan ne reparoîtroit au Japon : s'il employoit bien son temps dans les lieux de sa retraite, l'oiseau blanc ne perdoit pas le sien auprès de la princesse; il obtenoit tous les jours de nouvelles caresses : on pressoit le moment de l'entendre chanter, car on avoit conçu la plus haute opinion de son ramage; l'oiseau s'en apperçut, et la princesse fut satisfaite. Aux premiers accens de l'oiseau.....

LA SULTANE.

Arrêtez, émir.... Lively se renversa sur une pile de carreaux, exposant à ses regards des charmes qu'il ne parcourut point sans partager son égarement. Il n'en revint que pour chanter une seconde fois, et augmenter l'évanouissement de la princesse qui dureroit encore, si l'oiseau ne s'étoit avisé de battre des aîles et de lui faire de l'air. Lively se trouva si bien de son ramage, que sa première pensée fut de le prier de chanter souvent : ce qu'elle obtint sans peine; elle ne fut même que trop bien obéie : l'oiseau chanta tant pour elle, qu'il s'enroua; et c'est de-là que vient aux pigeons leur voix enrhumée et rauque. Émir, n'est-ce pas cela?... Et vous, madame, continuez.

LA PREMIÈRE FEMME.

Ce fut un malheur pour l'oiseau; car quand on a de la voix on est fâché de la perdre : mais il étoit menacé d'un malheur plus grand ; la princesse, un matin à son réveil, trouva un petit esprit à ses côtés ; elle appela ses femmes, les interrogea sur le nouveau né : Qui est-il ? D'où vient-il ? Qui l'a placé là ? Toutes protestèrent qu'elles n'en savoient rien : dans ces entrefaites arriva Kinkinka : à son aspect les femmes de la princesse disparurent ; et l'empereur, demeuré seul avec sa fille, lui demanda, d'un ton à la faire trembler, qui étoit le mortel assez osé pour être parvenu jusqu'à elle ; et sans attendre sa réponse, il court à la fenêtre, l'ouvre, et saisissant le petit esprit par l'aîle, il alloit le précipiter dans un canal qui baignoit les murs de son palais, lorsqu'un tourbillon de lumière se répandit dans l'appartement, éblouit les yeux du monarque ; et le petit esprit s'échapa. Kinkinka, revenu de sa surprise, mais non de sa fureur, couroit dans son palais en criant comme un fou qu'il en auroit raison ; que sa fille ne seroit pas impunément déshonorée ; pardieu ! qu'il en auroit raison.... L'oiseau blanc savoit mieux que personne si l'empereur avoit tort ou raison d'être fâché ; mais il n'osa parler, dans la crainte d'attirer quelque chagrin à la princesse ; il se contenta de se livrer à une frayeur qui lui fit tomber les longues plumes des aîles et de la queue, ce qui lui donna un air ébouriffé.

LA SULTANE.

Et Lively cessa de se soucier de lui, lorsqu'il

eut cessé d'être beau ; et comme il avoit perdu à son service une partie de son ramage, elle dit un jour à sa toilette : Qu'on m'ôte cet oiseau-là ; il est devenu laid à faire horreur ; il chante faux ; il n'est plus bon à rien.... A vous, madame seconde, continuez.

LA SECONDE FEMME.

Cet arrêt se répandit bientôt dans le palais : l'eunuque crut qu'il étoit temps de profiter de la disgrace de l'oiseau, et de venger celle de son nez ; il démontra à la princesse, par toutes les règles de la nouvelle cuisine, que l'oiseau blanc seroit un manger délicieux ; et Lively, après s'être un peu défendue pour la forme, consentit qu'on le mît à la basilique. L'oiseau blanc outré, comme on le pense bien, pour peu qu'on se mette à sa place, s'élança au visage de la princesse, lui détacha quelques coups de bec sur la tête, renversa les flacons, cassa les pots, et partit.

LA SULTANE.

Lively et son cuisinier en furent dans un dépit inconcevable. L'insolent ! disoit l'une ; l'autre : Ç'auroit été un mets admirable !

LA SECONDE FEMME.

Tandis que le cuisinier rengaînoit son couteau qu'il avoit inutilement aiguisé, et que les femmes de la princesse s'occupoient à lui frotter la tête avec de l'eau des brames, l'oiseau gagnoit les champs, peu satisfait de sa vengeance, et ne se consolant de l'ingratitude de Lively, que par l'espérance de lui plaire un jour sous sa forme naturelle, et de ne la point aimer. Voici donc les raisonnemens qu'il faisoit dans sa tête d'oiseau. « J'ai de l'esprit. Quand je cesserai d'être oiseau » je serai fait à peindre. Il y a cent à parier contre » un qu'elle sera folle de moi; c'est où je l'at- » tends; chacun aura son tour. L'ingrate! la per- » fide! j'ai tremblé pour elle jusqu'à en perdre » les plumes; j'ai chanté pour elle jusqu'à en » perdre la voix: et par ses ordres un cuisinier » s'emparoit de moi, on me tordoit le cou, et je » serois maintenant à la basilique! Quelle récom- » pense! Et je la trouverois encore charmante? » Non, non, cette noirceur efface à mes yeux tous » ses charmes. Qu'elle est laide! que je la hais »!

Ici la sultane se mit à rire en bâillant pour la première fois.

LA SECONDE FEMME.

On voit par ce monologue que, quoique l'oiseau blanc fût amoureux de la princesse, il ne vouloit point du tout être mis à la basilique pour elle; et qu'il eût tout sacrifié pour celle qu'il aimoit, excepté la vie.

LA SULTANE.

Et qu'il avoit la sincérité d'en convenir. A vous, premier émir.

LE PREMIER ÉMIR.

L'oiseau blanc alloit sans cesse. Son dessein étoit de gagner le pays de la fée Vérité. Mais qui lui montrera la route ? Qui lui servira de guide ? On y arrive par une infinité de chemins ; mais tous sont difficiles à tenir ; et ceux même qui en ont fait plusieurs fois le voyage n'en connoissent parfaitement aucun. Il lui falloit donc attendre du hazard des éclaircissemens ; et il n'auroit pas été en cela plus malheureux que le reste des voyageurs, si son désenchantement n'eût pas dépendu de la rencontre de la fée, rencontre difficile, qu'on doit plus communément à une sorte d'istinct dont peu d'êtres sont doués, qu'aux plus profondes méditations.

LA SULTANE.

Et puis, ne m'avez-vous pas dit qu'il étoit prince ?

LE PREMIER ÉMIR.

Non, madame ; nous ne savons encore ce qu'il est, ni ce qu'il sera : ce n'est encore qu'un oiseau. L'oiseau suivit son instinct. Les ténèbres ne l'effrayèrent point ; il vola pendant la nuit ; et le crépuscule commençoit à poindre, lorsqu'il se trouva sur la cabane d'un berger qui conduisoit aux champs son troupeau, en jouant sur son chalumeau des airs simples et champêtres, qu'il n'interrompoit que pour tenir à une jeune paysanne, qui l'accompagnoit en filant son lin, quelques propos tendres et naïfs, où la nature et la passion se montroient toutes nues. = Zirphé, tu t'es levée de grand matin. = Et si je me suis endormie fort tard. = Et pourquoi t'es-tu endormie si tard? = C'est que je pensois à mon père, à ma mère, et à toi. = Est-ce que tu crains quelque opposition de la part de tes parens? = Que sais-je? = Veux-tu que je leur parle? = Si je le veux! en peux-tu douter? = S'ils me refusoient? = J'en mourrois de peine. =

LA SULTANE.

L'oiseau n'est pas loin du pays de Vérité. On y touche par-tout où la corruption n'a pas encore donné aux sentimens du cœur un langage maniéré.

LE PREMIER ÉMIR.

A-peine l'oiseau blanc eût-il frappé les yeux du berger, que celui-ci médita d'en faire un présent à sa bergère; c'est ce que l'oiseau comprit à merveille aux précautions dont on usoit pour le surprendre.

LA SULTANE.

Que votre oiseau dissolu n'aille pas faire un petit esprit à cette jeune innocente; entendez-vous?

LE PREMIER ÉMIR.

S'imaginant qu'il pourroit avoir de ces gens des

nouvelles de Vérité, il se laissa attraper, et fit bien. Il l'entendit nommer dès les premiers jours qu'il vécut avec eux; ils n'avoient qu'elle sur leurs lèvres; c'étoit leur divinité; et ils ne craignoient rien tant que de l'offenser. Mais comme il y avoit beaucoup plus de sentiment que de lumière dans le culte qu'ils lui rendoient, il conçut d'abord que les meilleurs amis de la fée n'étoient pas ceux qui connoissoient le mieux son séjour, et que ceux qui l'entouroient, l'en entretiendroient tant qu'ils voudroient, mais ne lui enseigneroient pas les moyens de la trouver. Il s'éloigna des bergers, enchanté de l'innocence de leur vie, de la simplicité de leurs mœurs, de la naïveté de leurs discours; et pensant qu'ils ne devoient peut-être tous ces avantages qu'au crépuscule éternel qui régnoit sur leurs campagnes, et qui, confondant à leurs yeux les objets, les empêchoit de leur attacher des valeurs imaginaires, ou du-moins d'en exagérer la valeur réelle.

Ici la sultane poussa un léger soupir; et l'émir ayant cessé de parler, elle lui dit d'une voix foible : Continuez, je ne dors pas encore.

LE PREMIER ÉMIR.

Chemin faisant, il se jeta dans une volière, dont les habitans l'accueillirent fort mal. Ils s'attroupent autour de lui; et remarquant dans son ramage et son plumage quelque différence avec les leurs, ils tombent sur lui à grand coups de bec, et le maltraitent cruellement. O Vérité, s'écria-t-il alors, est-ce ainsi que l'on encourage et que l'on récompense ceux qui t'aiment et qui s'occupent à te chercher!.... Il se tira comme il put des pattes de ces oiseaux idiots et méchans, et comprit que la difficulté des chemins avoit moins alongé son voyage que l'intolérance des passans....

L'émir en étoit là, incertain si la sultane veilloit ou dormoit; car on n'entendoit entre ses rideaux que le bruit d'une respiration et d'une espiration alternative. Pour s'en assurer, on fit signe à la chatouilleuse de suspendre sa fonction. Le silence de la sultane continuant, on en conclut qu'elle dormoit; et chacun se retira sur la pointe du pied.

TROISIÈME SOIRÉE.

C'étoit une étiquette des soirées de la sultane, que le conteur de la veille ne poursuivoit point le récit du lendemain. C'étoit donc au second émir à parler, ce qu'il fit après que la sultane eut remarqué que rien n'appeloit le sommeil plus rapidement que le souvenir des premières années de la vie, ou la prière à Brama, ou les idées philosophiques. Si vous voulez que je dorme promptement, dit-elle au second émir, suivez les traces du premier émir, et faites-moi de la philosophie.

LE SECOND ÉMIR.

Un soir que l'oiseau blanc se promenoit le long d'une prairie, moins occupé de ses desseins et de la recherche de Vérité, que de la beauté et du silence des lieux, il apperçut tout-à-coup une lueur qui brilloit et s'éteignoit par intervalles sur une colline assez élevée. Il y dirigea son vol. La lumière augmentoit à mesure qu'il approchoit ; et bientôt il se trouva à la hauteur d'un palais brillant, singulièrement remarquable par l'éclat et la solidité de ses murs, la grandeur de ses fenêtres et la petitesse de ses portes. Il vit peu de monde dans les appartemens, beaucoup de simplicité dans l'ameublement, d'espace en espace des girandoles sur des guéridons, et des glaces de tout côté. A l'instant il reconnut son ancienne demeure, les lieux où il avoit passé les premiers et les plus beaux jours de sa vie ; et il en pleura de joie. Mais son attendrissement redoubla, lorsqu'achevant de parcourir le reste du palais, il découvrit la fée Vérité, retirée dans le fond d'une alcove, où, les yeux attachés sur un globe, et le compas à la main, elle travailloit à constater la vérité d'un fameux système.

LA SULTANE.

Un prince élevé sous les yeux de Vérité ! Émir,

êtes-vous bien sûr de ce que vous dites là? Cela n'est pas assez absurde pour faire rire, et cela l'est trop pour être cru.

LE SECOND ÉMIR.

L'oiseau blanc vola comme un petit fou sur l'épaule de la fée, qui d'abord ne le remarqua pas ; mais ses battemens d'ailes furent si rapides, ses caresses si vives et ses cris si redoublés, qu'elle sortit de sa méditation et reconnut son élève; car rien n'est si pénétrant que la fée.

LA SULTANE.

Un prince qui persiste dans son goût pour la vérité! en voilà bien d'une autre. Peu s'en faut que je ne vous impose silence; cependant continuez.

LE SECOND ÉMIR.

A l'instant Vérité le toucha de sa baguette; ses plumes tombèrent; et l'oiseau blanc reprit sa forme naturelle, mais à une condition que la fée lui annonça : c'est qu'il redeviendroit pigeon jusqu'à ce qu'il fût arrivé chez son père, de crainte que s'il rencontroit le génie Rousch (ce qui signifie dans la langue du pays, menteur), son plus cruel ennemi, il n'en fût encore maltraité. Vérité lui fit ensuite des questions auxquelles le prince Génistan, qui n'est plus oiseau, satisfit par des réponses telles qu'il les falloit à la fée, claires et précises : il lui raconta ses aventures; il insista particulièrement sur son séjour dans le temple de la guenon couleur de feu; la fée le soupçonna d'ajouter à son récit quelques circonstances qui lui manquoient pour être tout-à-fait plaisant, et d'en retrancher d'autres qui l'auroient déparé; mais comme elle avoit de l'indulgence pour ces faussetés innocentes....

LA SULTANE.

Innocentes! Émir, cela vous plaît à dire. C'est à l'aide de cet art funeste, que d'une bagatelle on en fait une aventure malhonnête, indécente, déshonorante.... Taisez-vous, taisez-vous; au-lieu de m'endormir, comme c'est votre devoir, me voilà éveillée pour jusqu'à demain; et vous, madame la première, continuez.

LA PREMIÈRE FEMME.

La fée rit beaucoup des petits esprits qu'il avoit laissés là; et cette belle princesse qui vous a pensé faire mettre à la basilique, lui dit-elle ironiquement? = Ah! l'ingrate, s'écria-t-il; la cruelle! qu'on ne m'en parle jamais. = Je vous entends, reprit Vérité; vous l'aimez à la folie. = Cette réflexion fut si lumineuse pour le prince, qu'il convint sur-le-champ qu'il aimoit. = Mais que prétendez-vous faire de ce goût? lui demanda Vérité. = Je ne sais, lui répondit Génistan, un mariage peut-être. = Un mariage! reprit la fée, tant pis. Je vous avois, je crois, trouvé un parti plus sortable. = Et ce parti, demanda le prince, quel est-il ? = C'est, dit la fée, une personne qui a peu de naissance, qui est d'un certain âge, et dont la figure sévère ne plaît pas au premier coup-d'œil ; mais qui a le cœur bon, l'esprit ferme et la conversation très-solide. Elle appartenoit à un jeune philosophe qui a fait fortune à force de ramper sous les grands, et qui l'a abandonnée : depuis ce temps je cherche quelqu'un qui veuille d'elle, et je vous l'avois destinée. = Pourroit-on savoir de vous, répondit le prince, le nom de cette délaissée ? = *Polychresta*, dit la fée, ou toute-bonne, ou bonne à tout ; cela n'est pas brillant ; vous trouverez là peu de titres, peu d'argent, mais des milions en fonds de terre ; et cela raccommodera vos affaires, que les dissipations de votre père et les vôtres ont fort dérangées. = Très-assurément, madame, répondit le prince, vous n'y pensez pas : cette figure, cet âge, cette allure-là ne me vont point ; et il ne sera pas dit que le fils du très-puissant empereur du Japon ait pris pour femme une princesse de je ne sais où : encore, s'il étoit question d'une maîtresse, on n'y regarderoit pas de si près.

LA SULTANE.

On en change quand on en est las.

LA PREMIÈRE FEMME.

Quant à mes affaires, j'ai des moyens aussi courts et plus honnêtes d'y pourvoir. J'emprunterai, madame : le japon, avant que je devinsse oiseau, étoit rempli de gens admirables qui prêtoient à vingt-cinq pour cent par mois tout ce qu'on vouloit. = Et ces gens admirables, ajouta Vérité, finiront par vous marier avec Polychresta. = Ah ! je vous jure par vous-même, lui dit le prince, que cela ne sera jamais ; et puis votre Polychresta voudroit qu'on lui fît des enfans du matin au soir ; et je ne sache rien de si crapuleux que cette vie-là. = Quelles idées ! dit la fée ; vous passez pour avoir du sens ; je voudrois bien savoir à quoi vous l'employez. = A ne point faire de sots mariages, répondit le prince. = Voilà des mépris bien déplacés, lui dit sérieusement Vérité ; Polychresta est un peu ma parente ; je la connois, je l'aime ; et vous ne pouvez vous dispenser de la voir. = Madame, répondit le prince, vous pourriez me proposer une visite plus amusante ; et s'il faut que je vous obéisse, je ne vous réponds pas que je n'aie la contenance la plus maussade. = Et moi, je vous réponds, dit Vérité, que ce ne sera pas la faute de Polychresta : voyez-la, je vous en prie ; et croyez que vous l'estimerez, si vous vous en donnez le temps. = Pour de l'estime et du respect, je lui en accorderai d'avance tant qu'il vous plaira ; mais je vous répéterai toujours qu'il ne sera pas dit que je me sois entêté de la délaissée d'un petit philosophe ; cela seroit d'une platitude, d'un ridicule à n'en jamais revenir. = Eh ! monsieur, lui dit Vérité, qui vous propose de vous entêter ? Epousez-la seulement; c'est tout ce qu'on vous demande. = Mais attendez, reprit le prince, j'imagine un moyen d'arranger toutes choses. Il faut que j'aie Lively, cela est décidé; je ne saurois m'en passer : si vous pouviez la résoudre à n'être que ma maîtresse, je ferois ma femme de Polychresta; et nous serions tous contens. = La fée, quoique naturellement sérieuse, ne put s'empêcher de rire de l'expédient du prince. Vous êtes jeune, lui dit-elle, et je vous excuse de préférer Lively. = Ah! elle me sera plus nécessaire encore, quand je serai vieux. = Vous vous trompez, lui dit la fée; Lively vous importunera souvent quand vous serez sur le retour; mais Polychresta sera de tous les temps. = Et voilà justement, reprit le prince, pourquoi je les veux toutes deux : Lively m'amusera dans mon printemps, et Polychresta me consolera dans ma vieillesse.

LA SULTANE.

Ah! ma bonne, vous êtes délicieuse; je ne connois pas d'insomnie qui tienne là-contre; vous filez une conversation et l'assoupissement avec un art qui vous est propre; personne ne sait appesantir les paupières comme vous; chaque mot que vous dites est un petit poids que vous leur attachez; et quatre minutes de plus, je crois que je ne me serois réveillée de ma vie. Continuez.

R *

LA PREMIÈRE FEMME.

Après cette conversation, qui n'avoit pas laissé de durer, comme la sultane l'a sensément remarqué, le prince se retira dans son ancien appartement; il passa quelques jours encore avec la fée, qui lui donna de bons avis, dont il lui promit de se souvenir dans l'occasion, et qu'il n'avoit presque pas écoutés. Ensuite il redevint pigeon à son grand regret : la fée le prit sur le poing, et l'élança dans les airs sans cérémonie; il partit à tire-d'aîle pour le Japon, où il arriva en fort peu de temps, quoiqu'il y eût assez loin.

LA SULTANE.

Il n'en coûte pas autant pour s'éloigner de Vérité, que pour la rencontrer.

LA PREMIÈRE FEMME.

La fée qui sentoit que le prince auroit plus besoin d'elle que jamais, à-présent qu'il étoit à la cour, se hâta de finir la solution d'un problême fort difficile et fort inutile....

LA SULTANE.

Car nos connoissances les plus certaines ne sont pas toujours les plus avantageuses.

LA PREMIÈRE FEMME.

Le suivit de près, et l'atteignit au haut d'un observatoire, où il s'étoit reposé.

LA SULTANE.

Et qui n'étoit pas celui de Paris.

LA PREMIÈRE FEMME.

Elle lui tendit le poing. L'oiseau ne balança pas à descendre; et ils achevèrent ensemble le voyage.

LA SULTANE.

A vous, madame seconde.

LA SECONDE FEMME.

L'empereur Japonnois fut charmé de l'arrivée de la fée Vérité, qu'il avoit perdue de vue depuis l'âge de quatorze ans. Et qu'est-ce que cet oiseau? lui demanda-t-il d'abord; car il aimoit les oiseaux à la folie : de tout temps il avoit eu des volières; et son plaisir même, à l'âge de quatre-vingts ans, étoit de faire couver des linottes. = Cet oiseau, répondit Vérité, c'est votre fils. = Mon fils! s'écria le sultan, mon fils, un gros pigeon patu ! Ah! fée divine, que vous ai-je fait pour l'avoir si platement métamorphosé ? = Ce n'est rien, répondit la fée. = Comment, ventrebleu! ce n'est rien ! reprit le sultan; et que diable voulez-vous que je fasse d'un pigeon ? Encore s'il étoit d'une rare espèce, singulièrement panaché : mais point du tout, c'est un pigeon comme tous les pigeons du monde, un pigeon blanc. Ah! fée merveilleuse, faites tout ce qu'il vous plaira des gens durs, savans, arrogans, caustiques et brutaux; mais pour des pigeons, ne vous en mêlez pas. = Ce n'est pas moi, dit la fée, qui ai joué ce tour à votre fils ; cependant je vais vous le restituer. = Tant mieux, répondit le sultan : car, quoique mes sujets aient souvent obéi à des oisons, des paons, des vautours et des grues, je ne sais s'ils auroient accepté l'administration d'un pigeon. = Tandis que le sultan faisoit en quatre mots l'histoire du ministère Japonnois, la fée souffla sur l'oiseau blanc ; et il redevint le prince Génistan. Ces prodiges s'opéroient dans le cabinet de Zambador, son père ; les courtisans, presque tous amis du génie Rousch (dans la langue du pays, menteur), furent fâchés de revoir le prince ; mais aucun n'osa se montrer mécontent : et tout se passa bien.

Zambador étoit fort curieux d'apprendre de quelle manière son fils étoit devenu pigeon. Le prince se prépara à le satisfaire, et dit ce qui suit :

Vous souvient-il, très-respectable sultan, que, quand l'impératrice, ma mère, eut quarante ans, vous la reléguâtes dans un vieux palais abandonné, sur les bords de la mer, sous prétexte qu'elle ne pouvoit plus avoir d'enfans ; qu'il falloit assurer la succession au trône ; et qu'il étoit à propos qu'elle priât les Pagodes, en qui elle avoit toujours eu grande dévotion, de vous en envoyer avec la nouvelle épouse que vous vous proposiez de prendre. La bonne dame ne donna point dans vos raisons, et ne pria pas; elle ne crut pas devoir hazarder la réputation dont elle jouissoit, d'obtenir d'en-haut de la pluie, du beau-temps, des enfans, des melons, tout ce qu'elle demandoit: elle craignit qu'on ne dît qu'il ne lui restoit de crédit, ni sur la terre, ni dans les cieux; car elle savoit bien que, si elle n'étoit plus assez jeune pour vous, vous seriez trop vieux pour une autre. = Mon fils, dit Zambador, vous êtes un étourdi; vous parlez comme votre mère, qui n'eut jamais le sens commun. Savez-vous que tandis que vous couriez les champs avec vos plumes, j'ai fait ici des enfans?

LA SULTANE.

Cela pouvoit n'être pas exactement vrai; mais quand de petits princes sont au monde, c'est le point principal; qu'ils soient de leur père ou d'un autre, les grands-pères en sont toujours fort contens.

LA SECONDE FEMME.

Le prince répara sa faute, et dit à son père qu'il étoit charmé qu'il fût toujours en bonne santé; puis il ajouta: Prenez donc la peine de vous rappeler ce qui se passa à la cour de Tongut. Lorsque vous m'y envoyâtes avec le titre d'ambassadeur, demander pour vous la princesse Lirila, ce qui signifie dans la langue du pays, l'Indolente ou l'Assoupie, vous m'en voulûtes assez mal-à-propos, de ce que ne trouvant pas Lirila digne de vous, je la pris pour moi. Mais écoutez maintenant comme la chose arriva.

Quelques jours après ma demande, je rendis à Lirila une visite; pendant laquelle je la trouvai moins assoupie qu'à l'ordinaire. On l'avoit coiffée d'une certaine façon avec des rubans couleur de rose, qui relevoient un peu la pâleur de son teint. Des rideaux cramoisis, tirés avec art, jetoient sur son visage un soupçon de vie; on eût dit qu'elle sortoit des mains d'un célèbre peintre de notre académie. Elle n'avoit pas la contenance plus émue ni le geste plus animé; mais elle ne bâilla pas quatre fois en une heure. On auroit pu la prendre, à sa nonchalance, à sa lassitude vraie ou fausse, pour une épousée de la veille.

LA SULTANE.

Madame ne pourroit-elle pas aller un peu plus vîte, et penser qu'elle n'est pas la princesse Lirila?

Ce mot de la Sultane désola les deux femmes et les deux émirs; ils étoient tous quatre attendus en rendez-vous; et Mirzoza, qui le savoit, sourioit entre ses rideaux de leur impatience.

LA SECONDE FEMME.

Il devoit y avoir bal; et c'étoit l'étiquette de la cour de Tongut, que celui qui l'ouvroit se trouvât chez sa dame au-moins cinq heures avant qu'il commençât. Voilà, seigneur, ce qui me fit aller chez la princesse Lirila de si bonne heure.

LA SULTANE.

La fée Vérité n'étoit-elle pas à cette séance du prince et de son père ?

LA SECONDE FEMME.

Oui, madame.

LA SULTANE.

Je ne lui ai pas encore entendu dire un mot.

LA SECONDE FEMME.

C'est qu'elle parle peu en présence des souverains.

LA SULTANE.

Continuez.

LA SECONDE FEMME.

J'eus donc une fort longue conversation avec elle, pendant laquelle elle articula un assez grand nombre de monosyllabes très-distinctement et presque sans effort, ce qui ne lui étoit jamais arrivé de sa vie. L'heure du bal vint. Je l'ouvris avec elle, c'est-à-dire, que la princesse commença avec moi une révérence qui n'auroit point eu de fin, par la lenteur avec laquelle elle plioit, lorsque ses quatre écuyers de quartier s'approchèrent, la prirent sous les bras, et m'aidèrent à la relever et à la remettre à sa place.

Ici la Chatouilleuse, qui avoit peut-être aussi quelque arrangement, s'arrêta ; et la maligne sultane lui dit : Je ne vous conseille pas, mademoiselle, de vous lasser si vîte : cet endroit m'intéresse à un point surprenant ; je n'en fermerai pas l'œil de la nuit. Seconde, continuez.

LA SECONDE FEMME.

Je crus qu'il étoit de la décence de l'entretenir de votre amour et du bonheur que vous vous promettiez à la posséder. Je m'étois étendu sur ce texte tout à mon aise, lorsqu'elle me demanda quel âge vous pouviez avoir. C'étoit, à ce qu'on m'a rapporté, une des plus longues questions qu'elle eût encore faites. Je lui répondis que je vous croyois soixante ans. = Vous en avez bien menti, dit Zambador à son fils ; je n'en avois pas alors plus de cinquante-neuf. = Le prince s'inclina et continua, sans répliquer, l'histoire de son ambassade. A ce mot, dit-il, Lirila soupira ; et je continuai à lui faire votre cour avec un zèle vraiment filial ; car je vous observerai qu'elle étoit nonchalamment étalée, qu'elle avoit les yeux fermés, et que je lui parlois presque convaincu qu'elle dormoit, lorsqu'il lui échappa une autre question. Elle dit, éveillée, ou en rêve, je ne sais lequel des deux : Est-il jaloux ?.... Madame, lui répondis-je, mon père se respecte trop et ses femmes, pour se livrer à de vils soupçons. = Voilà qui est bien répondu, dit Zambador. La première Pagode vacante, j'y nommerai votre précepteur. = Mais, continua le prince, lorsqu'il s'avise de s'allarmer, bien ou mal-à-propos, sur la conduite de quelqu'une de ses femmes, il en use on ne peut pas mieux. On leur prépare un bain chaud ; on les saigne des quatre membres ; elles s'en vont tout doucement faire l'amour en l'autre monde ; et il n'y paroît plus. = Cela est assez bien dit, reprit Zambador ; mais il valoit encore mieux se taire. Et comment la princesse prit-elle mon procédé ? = Je ne sais, répondit le prince ; elle fit une mine, Zambador en fit une autre ; et le prince continua.

J'interprétai la mine de Lirila ; c'étoit un embarras qu'on avoit souvent avec une femme paresseuse de parler, et je crus qu'il convenoit de la rassurer. = Vous crûtes bien, ajouta Zambador. = Je lui dis donc que ce n'étoit point votre habitude ; et que, depuis quarante-cinq ans que vous aviez dépêché la première, pour un coup d'éventail qu'elle avoit donné sur la main d'un de vos chambellans, vous n'en étiez qu'à la dix-huit ou dix-neuvième.

Ah ! mon fils, dit Zambador au prince, ne vous faites pas géomètre, car vous êtes bien le plus mauvais calculateur que je connoisse. Puis s'adressant à la fée : Madame, ajouta-t-il, vous deviez, ce me semble, lui apprendre un peu d'arithmétique ; c'étoit votre affaire ; je ne sais pourquoi vous n'en avez rien fait.

Bij. indisc. S

LA SULTANE.

Je me doute que la fée représenta à Zambador qu'on ne savoit jamais bien ce qu'on n'apprenoit pas par goût ; et que Génistan son fils avoit marqué, dès sa plus tendre enfance, une aversion insurmontable pour les sciences abstraites.

LA SECONDE FEMME.

Lirila ne vous dit-elle plus rien, demanda Zambador à son fils ? = Pardonnez-moi, seigneur, répondit le prince. Elle me demanda si ma mère étoit morte. Madame, lui répondis-je, elle jouit encore du jour et de la tranquillité dans un vieux château abandonné sur les rives de la mer, où elle sollicite du ciel, pour mon père et pour vous, une nombreuse postérité : et il faut espérer que vous irez un jour partager les délices de sa solitude, sans qu'il vous arrive aucun fâcheux accident ; car mon père est le meilleur homme du monde ; et à cela près qu'il fait baigner et saigner ses femmes pour un coup d'éventail, il les aime tendrement, et il est fort galant. Madame, ajoutai-je tout-de-suite, venez embellir la cour du Japon ; les plaisirs les plus délicats vous y attendent : vous y verrez la plus belle ménagerie ; on vous y donnera des combats de taureaux ; et je ne doute point qu'à votre arrivée il n'y ait un rhinocéros mis à mort, avec un ourvari fort récréatif. =

Il prit, en cet endroit, à la princesse un bâillement. Ah ! seigneur, quel bâillement ! Vous n'en fîtes jamais un plus étendu dans aucune de vos audiences. Cela signifioit, à ce que j'imaginai, que nos amusemens n'étoient pas de son goût; et je lui témoignai qu'on s'empresseroit à lui en inventer d'autres. = Y a-t-il loin, demanda la princesse ? = Non, Madame, lui répondis-je. Une chaise des plus commodes que Falkemberg ait jamais faites, vous y portera, jour et nuit, en moins de trois mois. = Je n'aime pas les voyages, dit Lirila en se retournant ; et l'idée de votre chaise de poste me brise. Si vous me parliez un peu de vous, cela me délasseroit peut-être. Il y a si long-temps que vous m'entretenez de votre père, qui a soixante ans, et qui est à mille lieues !.... La princesse s'interrompit deux ou trois fois en prononçant cette énorme phrase ; et l'on répandit que votre chaise l'avoit furieusement secouée, pour en faire sortir tant de mots à-la-fois. Pour surcroît de fatigue, en les disant, Lirila avoit encore pris la peine de me regarder. Je crois, seigneur, vous avoir prévenu que c'étoit une de ces femmes qu'il falloit sans cesse deviner. Je conçus donc qu'elle ne pensoit plus à vous ; et qu'il falloit profiter de l'instant qu'elle avoit encore à penser à moi ; car Lirila s'étoit rarement occupée une heure de suite d'un même objet.

LA SULTANE.

Cela est charmant ! Premier émir, continuez.

Le premier émir dit qu'il n'avoit jamais eu moins d'imagination que ce soir ; qu'il étoit distrait sans savoir pourquoi ; qu'il souffroit un peu de la poitrine, et qu'il supplioit la sultane de lui permettre de se retirer. La sultane lui répondit qu'il valoit mieux, pour son indisposition, qu'il restât ; et elle ordonna au second émir de suivre le récit.

LE SECOND ÉMIR.

Le bal finit. On porta la princesse dans son appartement, où j'eus l'honneur de l'accompagner. On la posa tout de son long sur un grand canapé. Ses femmes s'en emparèrent, la tournèrent, retournèrent, et déshabillèrent à-peu-près avec les mêmes cérémonies de leur part et la même indolence de la part de Lirila, que si l'une eût été morte, et que si les autres l'eussent ensevelie. Cela fait, elles disparurent. Je me jetai aussi-tôt à ses pieds, et lui dis de l'air le plus attendri et du ton le plus touchant qu'il me fut possible de prendre : Madame, je sens tout ce que je vous dois et à mon père, et je ne me suis jamais flatté d'obtenir de vous quelque préférence ; mais il y a si loin d'ici au Japon, et je ressemble si fort à mon père ! = Vrai, dit la princesse ? = Très-vrai, répondis-je ; et à cela près que je n'ai pas ses années, et qu'en vous aimant il ne risqueroit pas la couronne et la vie, vous vous y méprendriez. = Je ne voudrois pourtant pas vous prendre l'un pour l'autre à ce prix. Je serois bien aise de vous avoir, vous, et qu'il ne vous en coûtât rien. = Pendant cette conversation, une des mains de Lirila, entraînée par son propre poids, m'étoit tombée sur les yeux; elle m'incommodoit là : je crus donc pouvoir la déplacer sans offenser la princesse ; et je ne me trompai pas. J'imaginai que nous nous entendions : point du tout, je m'entendois tout seul. Lirila dormoit. Heureusement on m'avoit appris que c'étoit sa manière d'approuver. Je fis donc comme si elle eût veillé; je l'épousai jusqu'au bout, et toujours en votre nom. = Ah ! traître, dit le sultan. = Ah ! seigneur, dit le prince, vous m'arrêtez dans le plus bel endroit, au moment où j'avançois vos affaires de toute ma force. = Avance, avance, ajouta le sultan; tu fais de belles choses. = Génistan, qui craignoit que son père ne se fâchât tout de bon, lui représenta qu'il pouvoit entrer dans tous ces détails sans danger ; et lui, les écouter sans humeur, puisqu'il ne se soucioit plus de Lirila. = Mon fils, dit Zambador, vous avez raison ; achevez votre aventure, et tâchez de réveiller votre assoupie. = Seigneur, continua le prince, je fis de mon mieux, mais ce fut inutilement. Je me retirai après des efforts inouis; car s'il n'y a pas de pires sourds que ceux qui ne veulent pas entendre....

LA SULTANE.

Il n'y a pas de pires endormies que celles qui

ne veulent pas s'éveiller, ni de pires éveillées que celles qui ne veulent pas s'endormir.

LE SECOND ÉMIR.

Cela est surprenant, dit le sultan ; car on a tant de raisons pour veiller en pareil cas ! = Lirila, dit le prince, s'embarrassoit bien de ces raisons ! J'interprétai son sommeil comme un consentement de préparer son voyage. On se constitua dans des dépenses dont elle ne daigna pas seulement s'informer ; et nous ne sûmes qu'elle restoit qu'au moment de partir, lorsqu'on eut mis les chevaux à cette admirable voiture que vous nous envoyâtes. Alors Lirila, ne sachant bien positivement ce qu'il lui falloit, me tint à-peu-près ce discours : « Prince, » je crois que vous pouvez aller seul, et que je » reste ». = Et pourquoi donc, madame, lui demandai-je ? = « Pourquoi ? Mais c'est qu'il me » semble que je ne veux ni de vous, ni de votre » père ». Mais, madame, d'où naît votre répugnance ? il me semble, à moi, que vous pourriez vous trouver mal d'un autre. = « Tant pis pour lui ; » je me trouve bien ici ». = Restez-y donc, madame.... Et je partis sans prendre mon audience de congé de l'empereur, qui s'en formalisa beaucoup, comme vous savez. Je revins ici vous rendre compte de mon ambassade, vous courroucer de ce que je ne vous avois pas amené une sotte épouse, et obtenir l'exil pour la récompense de mes services. = Mon fils, mon fils, dit sérieusement Zambador au prince, vous ne me révélâtes pas tout alors, et vous fîtes sagement. ==

La sultane dit à sa chatouilleuse : Assez. Les émirs et ses femmes lui proposèrent obligeamment de continuer, si cela lui convenoit. Vous mériteriez bien, leur dit-elle, que je vous prisse au mot ; mais j'ai joui assez long-temps de votre impatience. Assez. Et vous, premier émir, songez à ménager pour demain votre poitrine ; car je ne veux rien perdre, et votre tâche sera double. Quelle heure est-il ? == Deux heures du matin. == J'ai fait durer ma méchanceté plus long-temps que je ne voulois. Allez, allez vîte.

QUATRIÈME SOIRÉE.

LA SULTANE.

Je trouve mon lit mal fait..... Où en étions-nous ?... Est-ce toujours le prince qui raconte ? == Oui, madame. == Et que dit-il ? ==

LA PREMIÈRE FEMME.

Il dit : Je ne sus d'abord où je me retirerois. Après quelques réflexions sur mon ignorance ; car je n'avois jamais donné dans ces harangues où l'on me félicitoit de mon profond savoir : il me prit envie de renouer connoissance avec Vérité, chez laquelle j'avois passé mes premières années. Je partis dans le dessein de la trouver ; et comme je n'étois occupé d'aucune passion qui m'éloignât de son séjour, je n'eus presque aucune peine à la rencontrer. Je voyageai cette fois dans des dispositions d'ame plus favorables que la première. Les femmes de votre cour, seigneur, et la princesse Lirila ne me donnèrent pas les mêmes distractions que les jeunes vierges de la guenon couleur de feu.

LA SULTANE.

Je crois, en effet, que l'image d'une jolie femme est mauvaise compagnie pour qui cherche Vérité.

LA PREMIÈRE FEMME.

J'avois entièrement oublié les usages de la cour de cette fée, lorsque j'y arrivai; et je fus tout étonné de n'y voir que des gens presque nuds. Les riches vêtemens dont je m'étois précautionné m'auroient été tout-à-fait inutiles, peut-être même déshonoré, si la fée m'eût laissé libre sur mes actions. Ce n'étoient, ici et au Tongut, que des magnificences. Chez la fée Vérité, tout étoit, au contraire, d'une extrême simplicité : des tables d'acajou, des boisures unies, des glaces sans bordures, des porcelaines toutes blanches, presque pas un meuble nouveau.

Lorsqu'on m'introduisit, la fée étoit vêtue d'une gaze légère, qu'elle prenoit toujours pour les nouveaux venus, mais qu'elle quittoit à mesure qu'on se familiarisoit avec elle. La chaise longue sur laquelle elle reposoit n'auroit pas été assez bonne pour la bourgeoise la plus raisonnable; elle étoit d'un bleu foncé, relevée par des carreaux de perse, fond blanc. Je fus surpris de ce peu de parure. On me dit que la fée n'en prenoit presque jamais davantage, à-moins qu'elle n'assistât à quelque cérémonie publique; ou qu'un grand intérêt ne la contraignît de se déguiser, comme lorsqu'il falloit paroître devant les grands. Toutes ces occasions lui déplaisoient, parce qu'elle ne manquoit guère d'y perdre de sa beauté. Elle avoit sur-tout une aversion insurmontable pour le rouge, les plumes, les aigrettes et les mouches. Les pierreries la rendoient méconnoissable. Elle ne se paroit jamais qu'à regret.

Elle avoit à ses côtés une nièce qui s'appeloit Azéma, ou, dans la langue du pays, Candeur. Cette nièce avoit d'assez beaux yeux, la physionomie douce, et par-dessus cela, le teint de la plus grande blancheur. Cependant elle ne plaisoit pas; elle avoit toujours un air si fade, si insipide, si décente, qu'on ne pouvoit l'envisager sans se sentir peu à peu gagner d'ennui. Sa tante auroit bien voulu la marier, et même avec moi; car elle avoit vingt-deux ans passés, temps où l'on doit épouser ou jamais. Mais pour être son neveu, il auroit fallu courir sur les brisées du génie Rousch, qui en étoit éperdu.

Rousch étoit le plus vilain, le plus dangereux, le plus ignoble des génies. Il étoit mince; il avoit le teint basané, la figure commune, l'air sournois, les yeux renfoncés et couverts, les lèvres épaisses, l'accent gascon, les cheveux crépus, la bouche grande, et les dents doubles.

LA SULTANE.

Ne m'avez-vous pas dit que Rousch signifioit, dans la langue du pays, Menteur?

LA PREMIERE FEMME.

Je crois qu'oui. Rousch étoit très-méchante langue. Pour de l'esprit, il en vouloit avoir. Il étoit fat, petit-maître, insolent avec les femmes, lâche avec les hommes, grand parleur, ayant beaucoup de mémoire et n'en ayant pas encore assez, ignorant les bonnes choses, la tête pleine de frivolités, faisant des nouvelles, apprêtant des contes, imaginant des aventures scandaleuses, qu'il nous débitoit comme des vérités. Nous donnions là-dedans; il en rioit sous cape, et nous prenoit pour des imbécilles, lui pour un esprit supérieur.

LA SULTANE.

Ne fut-ce pas ce même personnage qui inventa le grand art de persiffler? Si cela n'est pas, laissez-le-moi croire.

LA PREMIERE FEMME.

La fée me paroissoit plus digne d'attention que

sa nièce. Je commençois à me faire à son air austère et sérieux. Elle avoit des charmes, mais on n'en étoit pas toujours touché. Elle ne changeoit point, mais on étoit journalier avec elle. Ce qui me rebutoit quelquefois, c'étoit une sécheresse excessive. Son visage seulement conservoit quelque sorte d'embonpoint. Sa taille étoit ordinaire. Elle avoit l'air noble, la démarche grave et composée, les yeux pénétrans et petits, quelque chose d'intéressant dans la physionomie, la bouche grande, les dents belles, les cheveux de toutes sortes de couleurs. On remarquoit dans ses traits je ne sais quoi d'antique qui ne plaisoit pas à tout le monde. Elle ne manquoit pas d'esprit. Pour des connoissances, personne n'en avoit davantage et de plus sûres. Elle ne laissoit rien entrer dans sa tête, sans l'avoir bien examiné. Du reste, sans enjouement et sans aménité, aimant la promenade, la philosophie, la solitude et la table; écrivant durement; ayant tout vu, tout lu, tout entendu, tout retenu, excepté l'histoire et les voyages; faisant ses délices des ouvrages de caractère et de mœurs, pourvu que la religion n'y fût point mêlée. Il étoit défendu de parler en sa présence de son dieu, de sa maîtresse et de son roi. Les mathématiques étoient presque son unique étude. La musique ne lui déplaisoit pas, sur-tout l'italienne. Elle avoit peu de goût pour la poésie. Elle aimoit les enfans à la folie; aussi lui en envoyoit-on de toutes parts;

mais elle ne les gardoit pas long-temps : à-peine avoient-ils l'âge de raison, que Rousch et ses partisans nombreux les lui débauchoient.

LA SULTANE.

La fée n'étoit-elle pas là, lorsque Génistan en parloit ainsi ?

LA PREMIERE FEMME.

Oui, madame.

LA SULTANE.

Comment prit-elle ce portrait, qui n'étoit pas flatté ?

LA PREMIÈRE FEMME.

Elle s'avança vers lui, l'embrassa tendrement; et le prince continua. = Je fus du nombre de ceux que Rousch entreprit; mais j'aimois la fée et j'en étois aimé. Le moyen de lui plaire, en me liant avec le seul génie qu'elle eût en aversion ! Je m'appliquai donc à éloigner Rousch. Il en fut piqué. Azéma, sur laquelle il avoit des vues, s'avisa d'en avoir sur moi ; et voilà Rousch furieux. C'étoit bien à tort, car je n'avois pas le moindre dessein qui pût l'alarmer. La tante eut beau me vanter la bonté de son esprit et la douceur de son caractère, je répondis aux éloges de l'une et aux agaceries insinuantes de sa nièce, qu'Azéma feroit assurément le bonheur de son époux, mais

que je ne pouvois faire le sien ; et il n'en fut plus
question. Cependant Rousch ne me le pardonna
pas davantage. Il se promit une vengeance proportionnée à l'injure qu'il prétendoit avoir reçue.
Il médita d'abord de se battre ; mais après y avoir
un peu réfléchi, il trouva qu'il n'en avoit pas le
courage. Il aima mieux recourir à son art. Il redoubla de rage contre Vérité, et se mit à la défigurer d'une si étrange manière, que je ne pus
l'aimer ce jour-là. A l'entendre, c'étoit une pé-
dante, une ennemie des plaisirs et du bonheur ;
que sais-je encore ? Je parus froid à la fée ; j'a-
brégeai les longs entretiens que j'avois coutume
d'avoir avec elle : je ne sais même si je n'eus pas
une mauvaise honte de l'attachement scrupuleux
que je lui avois voué. Cependant je la revis le
lendemain, mais d'un air embarrassé. La fée m'a-
voit deviné ; elle me demanda comment je l'avois
trouvée la veille. Madame, lui répondis-je, on
ne peut pas mieux. Vous êtes charmante en tout
temps ; mais hier, vous étiez à ravir. Ah ! mon
fils, me répondit la fée, Rousch vous a séduit.
Quel dommage, et que votre changement m'afflige ! Prince, vous m'abandonnez.

Je fus sensible à ce reproche ; et me jettant
entre les bras de la fée (elle les tenoit toujours
ouverts à ceux qui revenoient sincèrement à elle),
je la conjurai de ne me pas faire un crime d'un
discours que la politesse m'avoit dicté.

LA SULTANE.

La politesse ! Est-ce qu'il ne savoit pas que c'étoit une des proches parentes et des bonnes amies de Rousch ?

LA PREMIÈRE FEMME.

Pardonnez-moi, madame. La fée le lui avoit dit plus d'une fois ; aussi Génistan, se jetant à ses genoux, lui jura-t-il de ne plus ménager Rousch et sa parente à ses dépens, dût-il rester muet, et passer ou pour grossier, ou pour sot. La fée le reçut en grace, et lui conta les tours sanglans que Rousch s'amusoit à lui jouer. Tantôt, lui dit-elle, il me rend vieille et surannée ; tantôt jeune et difforme ; quelquefois il m'enjolive à tel point, qu'il ne me reste rien de ma dignité, et qu'on me prendroit pour une bouffone ; d'autres fois il me prête un air sauvage et rechigné. En un mot, sous quelque forme qu'il me présente, je suis estropiée. Il me fait un œil bleu et l'autre noir ; les sourcils bruns et les cheveux blonds ; mais il a beau me déguiser, les bons yeux me reconnoissent.

LA SULTANE.

Les Dieux n'ont laissé à Rousch qu'un moment d'une illusion qui cesse toujours à sa honte.

LA PREMIÈRE FEMME.

Madame, dit le prince en se tournant du côté

de la fée, me parloit ainsi lorsqu'on lui annonça le prince Lubrelu, ou, dans la langue du pays, Brouillon, et la princesse Serpilla, ou, dans la langue du pays, Rusée. C'étoient deux élèves qu'on lui envoyoit. Ah ! dit la fée en fronçant le sourcil, que veut-on que je fasse de ces gens-là ? Elle les reçut assez froidement, et sans demander des nouvelles de leurs parens.

LA SULTANE.

A vous, madame seconde.

LA SECONDE FEMME.

Lubrelu salua la fée fort étourdiment. Il étoit assez joli garçon, mais louche et bègue. Il parloit beaucoup et sans suite ; n'étoit d'accord avec lui-même, que quand il n'y pensoit pas ; grand disputeur, souvent il prenoit les raisons de son sentiment pour des objections ; sourd d'une oreille, quelquefois il entendoit mal et répondoit bien, ou entendoit bien et répondoit mal. Dès le même soir, il fut ami de Rousch.

Pour Serpilla, elle étoit petite, maigre et noire ; elle contrefaisoit la vue basse ; elle avoit le nez retroussé, le visage chiffonné, les coins de la bouche relevés ; si elle méditoit une méchanceté, elle en tiroit en bas le coin gauche ; c'étoit un tic. Son menton étoit pointu, ses sourcils bruns et prolongés vers les tempes ; ses mains noires et sèches ; mais elle ne quittoit jamais ses gants. Elle parloit peu, pensoit beaucoup, examinoit tout, ne faisoit aucune démarche, ne tenoit aucun propos sans dessein; jouoit toute sorte de personnages, l'étourdie, la distraite, la niaise; et n'avoit jamais plus d'esprit que quand on étoit tenté de la prendre pour une idiote.

Azéma lui déplut d'abord; et elle s'occupa, dès le premier jour, à la tourner en ridicule, et à lui tendre des panneaux dans lesquels la bonne créature donnoit tête baissée. Elle lui faisoit voir une infinité de choses, qui n'étoient point et ne pouvoient être. Elle se mit en tête de lui persuader que Génistan, moi, pour qui elle se sentoit du goût, je l'aimois, elle Azéma, à la folie, mais que je n'osois le lui déclarer. « Pourquoi, lui de-
» mandoit Azéma, se taire opiniâtrément comme
» il fait? S'il n'a que des vues honnêtes, que ne
» parle-t-il à ma tante »?... Princesse, lui répondoit Serpilla, vous ne connoissez pas encore les amans délicats. S'adresser à votre tante, ce seroit s'assurer de votre personne sans avoir pressenti votre cœur. Vous pouvez compter que le prince périra plutôt de chagrin que de hazarder une démarche qui pourroit vous déplaire... « Ah!
» reprit Azéma, pour cela je ne veux pas qu'il
» périsse; je ne veux pas même qu'il souffre »...
Cependant, cela est, et cela durera, si vous n'y mettez pas ordre... « Mais comment faut-il que
» je m'y prenne? Je suis si neuve et si gauche

» à tout »... Je le regarderois tendrement lorsqu'il viendroit chez ma tante ; s'il lui arrivoit de me donner la main, je la serrerois de distraction ; je jetterois un mot, et puis un autre.....
» En vérité, j'ai peur d'avoir fait tout cela sans
» y penser »... Si cela est, il faut avouer que ce Génistan est un cruel homme. Je n'y vois qu'un remède... « Et quel est-il »?.... Ho ! non, je ne vous le dirai pas... « Et pourquoi »?... C'est que si je vous le disois, vous le confieriez peut-être à votre tante... « Ne craignez rien ;
» vous ne sauriez croire combien je suis dis-
» crète »... Hé bien ! j'écrirois... « Si c'est là
» votre secret, n'en parlons plus ; je n'oserai
» jamais m'en servir »..... N'en parlons plus, comme vous dites. Il me semble qu'il fait beau, et qu'un tour de promenade vous dissiperoit...
« Très-volontiers ; nous rencontrerons peut-être
» le prince Génistan »... Le prince a renoncé à tout amusement. S'il se promène, c'est dans des lieux écartés et solitaires. Je ne sais où le conduira cette triste vie. S'il en mouroit pourtant, c'est vous qui en seriez la cause... « Mais je ne
» veux pas qu'il meure ; je vous l'ai déjà dit »....
Ecrivez-lui donc !... « Je n'oserois ; et puis je
» ne sais que lui écrire »... Que ne m'en chargez-vous ? Vous me connoissez un peu, et vous ne me croyez pas, sans doute, aussi mal-adroite que je le parois. J'arrangerai les choses avec toute

S *

la décence imaginable. La lettre sera anonyme. Si la déclaration réussit, c'est vous qui l'aurez faite; si elle échoue, ce sera moi... « Vous êtes bien » bonne »...

LA SULTANE.

Cette Serpilla est une dangereuse créature; et la simple Azéma n'en savoit pas assez pour sentir ce piége. La lettre fut-elle écrite?

LA SECONDE FEMME.

Le prince dit que oui.

LA SULTANE.

Fut-elle répondue?

LA SECONDE FEMME.

Le prince dit que non.

LA SULTANE.

Et pourquoi?

LA SECONDE FEMME.

Je n'avois garde, dit le prince, de me fier à Serpilla, et cela sous les yeux de la fée, qui nous auroit devinés d'abord, et qui ne m'auroit jamais pardonné cette intrigue. Azéma fut désolée de mon silence; mais elle ne se plaignit pas. Sa méchante amie se fit un mérite auprès d'elle de la démarche hardie qu'elle avoit faite pour la servir; et Azéma l'en remercia sincèrement. Rousch ne fut pas si

scrupuleux que moi ; on dit qu'il tira parti de
Serpilla. Ce qu'il y a de vrai, c'est qu'on remarqua
de la liaison entre eux, et qu'ils formèrent avec
Lubrelu une espèce de triumvirat, qui mit en fort
peu de temps la cour de la fée sens-dessus-dessous.
On s'évitoit, on ne se parloit plus ; c'étoient des
caquets et des tracasseries sans fin ; on se boudoit
sans savoir pourquoi : et la fée en étoit de fort
mauvaise humeur.

LA SULTANE.

C'est, en vérité, comme ici ; et je croirois volontiers que ce triumvirat subsiste dans toutes les cours.

LA SECONDE FEMME.

La fée fit publier pour la centième fois les anciennes loix contre la calomnie ; elle défendit de hazarder des conjectures sur la réputation d'un ennemi, même sur celle d'un méchant notoire, sous peine d'être banni de sa cour; elle redoubla de sévérité ; et s'il nous arrivoit quelquefois de médire, elle nous arrêtoit tout court, et nous demandoit brusquement : « Est-ce à vous que le fait
» est arrivé ? Ce que vous racontez, l'avez-vous
» vu » ? Elle étoit rarement satisfaite de nos réponses ; elle m'interdit une fois sa présence pendant quatre jours, pour avoir assuré une aventure arrivée au Tongut tandis que j'y étois, mais à laquelle je n'avois eu aucune part, et que je n'avois apprise que par le bruit public.

Malgré les défenses de Vérité, Lubrelu avoit toutes les peines du monde à se contenir. Il lui échappoit à tout moment des choses peu mesurées qui offensoient moins de sa part que d'une autre, parce qu'il y avoit, disoit-on, dans son fait, plus de sottise et d'étourderie que de méchanceté; il croyoit parler sans conséquence, en disant hautement que j'étois bien avec la tante, et passablement avec la nièce; qu'il y avoit entre nous un arrangement le mieux entendu; et que le jour j'appartenois à Azéma, et la nuit à Vérité.

Rousch, qui étoit présent, lui répondit qu'il lui abandonnoit la vieille fée pour en disposer à sa fantaisie; mais qu'il prétendoit qu'on s'écoutât, quand on parloit d'Azéma. S'écouter, c'est ce que Lubrelu n'avoit fait de sa vie; il répondit à Rousch par une pirouette, et lui laissa murmurer entre ses dents qu'il étoit épris d'Azéma; que personne ne l'ignoroit; qu'il en étoit aimé; qu'il méditoit depuis long-temps de l'épouser; et que, quoiqu'il eût commencé avec elle par où les autres finissent, il n'en étoit pas moins amoureux.

Lubrelu ne perdit pas ces derniers mots, qu'il redit le lendemain à Azéma, y ajoutant quelques absurdités fort atroces. Azéma en fut affligée, et s'en alla, en pleurant, se plaindre à sa tante, et la prier de l'envoyer pour quelque temps chez la fée Zirphelle, ou, dans la langue du pays, Discréte, son autre tante : Vérité y consentit. On tint le départ secret; et Azéma disparut, sans que Rousch en sût rien. Il fit du bruit quand il l'apprit; mais Azéma étoit déjà bien loin ; il courut après elle, ne la rejoignit point, et revint une fois plus hideux, me soupçonnant d'avoir enlevé ses amours, et bien résolu de m'en faire repentir. Ses menaces ne m'effrayèrent point ; je n'ignorois pas que sa puissance étoit limitée, et qu'il ne me nuiroit jamais que de concert avec le génie Nucton, ou comme qui diroit Sournois, qui résidoit à mille lieues et plus du palais de Vérité. Mais qui l'eût cru ? Rousch disparut un matin ; et l'on sut qu'il étoit allé consulter Nucton sur les moyens de se venger.

Il n'étoit pas à un quart de lieue, qu'on entendit un grand fracas dans les avant-cours ; on crut que c'étoit Rousch qui revenoit : point du tout ; c'étoit une de ses amies et des parentes de Lubrelu, que le hazard avoit jetée dans cette contrée ; on l'appeloit Trocilla, comme qui diroit Bizarre. Sa manie étoit de courir sans savoir où elle alloit ; pourvu qu'elle ne suivît pas la grande route, elle étoit contente : aussi apprîmes-nous qu'elle s'étoit engagée dans des chemins de traverse, où son équipage avoit été mis en pièces; et qu'elle arrivoit sur une mule rétive, crotée, déchirée, dans un désordre à faire mourir de rire.

On lui donna un appartement : il y en avoit toujours de reste chez Vérité ; elle se reposoit en attendant ses gens, qu'elle maudissoit, et qui ne demeuroient pas en reste avec elle. Ils arrivèrent enfin. On tira ses femmes d'une berline en souricière ; c'étoient trois espèces de boiteuses : l'une boitoit à droite, l'autre à gauche, la troisième des deux côtés. Trocilla, qui les examinoit d'une croisée, trouvoit leur allure si ridicule, qu'elle en rioit à gorge déployée, comme si l'étrange spectacle de ces trois boiteuses, qui se hâtoient de venir, eût été nouveau pour elle. Tandis qu'un cocher en scaramouche et un valet en arlequin dételoient de la voiture deux chevaux, l'un blanc, et l'autre noir; Trocilla étoit à sa toilette, qui commença sur les cinq heures du soir, et qui finit à-peine à huit, qu'elle se présenta chez la fée Vérité.

Je n'ai rien vu de si extravagant que sa parure ; et sa personne attira mon attention et celle de tout le monde.

La sultane prononça cette réflexion sensée d'un ton foible et entrecoupé, qui annonçoit l'approche du sommeil.

LA SULTANE.

C'est le privilége de la singularité, plus encore que de la beauté. Les hommes se livrent plus promptement à ce qui les surprend qu'à ce qu'ils admireroient.

LA SECONDE FEMME.

Trocilla étoit plutôt grande que petite, mal proportionnée : c'étoient de longues jambes au bout de longues cuisses, qui lui donnoient l'air d'une sauterelle, sur-tout quand elle étoit assise; point de taille; un bras potelé, et l'autre sec; une main laide et difforme, et l'autre jolie; un pied petit et délicat dans une grande mule rembourrée; un autre pied grand et mal fait, enchassé dans une petite mule; mais cela n'y faisoit rien : par ce moyen, elle avoit deux mules égales. Son épaule droite étoit un peu plus haute que la gauche; à la vérité, un corps et l'éducation avoient affoibli ce défaut; elle avoit des couleurs et point de teint; un œil bleu et un œil gris, le nez long et pointu; la bouche charmante quand elle rioit; mais par malheur pour ceux qui l'approchoient, elle avoit des journées tristes sans savoir pourquoi, car elle ne vouloit pas que ce fût des vapeurs ou des nerfs.

Elle avoit une robe de satin couleur de rose, avec des parures violettes; une simare de velours bleu, garnie de crêpe; un nœud de diamans, d'où pendoit une riche dévote, dans un temps où l'on n'en portoit plus; une girandole de très-beaux brillans à l'oreille droite, et une perle d'orient à la gauche; une plume verte dans sa coiffure, dont un des côtés étoit en papillon, et l'autre en battant-l'œil, avec un énorme éventail à la main.

Voilà l'ajustement sous lequel nous apparut Trocilla.

LA SULTANE.

La perle à l'oreille gauche est de trop.

LA SECONDE FEMME.

Elle salua Vérité sans la regarder, s'étendit indécemment sur une sultane, tira de sa poche une lorgnette, dont elle ne se servit point, jeta à travers une conversation fort sérieuse trois ou quatre mots déplacés et plaisans, se moqua d'elle et du reste de la compagnie, et se retira.

LA SULTANE.

Je vous conseille de l'imiter. Après la nuit dernière, je crois que vous pourriez avoir besoin de repos. Bon soir, messieurs, mesdames, bon soir; car je crois que vous allez vous coucher.

CINQUIÈME SOIRÉE.

Ce soir, Mangogul avoit ordonné qu'on laissât la porte de l'appartement ouverte; et lorsque Mirzoza fut couchée, il profita du bruit que firent les improvisateurs en s'arrangeant autour de son lit, pour entrer sans qu'elle s'en doutât; il étoit placé debout, les coudes appuyés sur la chaise de la seconde femme et sur celle du premier émir, lorsque la sultane demanda à celui-ci si sa poitrine lui permettoit de la dédommager du silence qu'il gardoit depuis deux jours. L'émir lui répondit qu'il feroit de son mieux, et commença comme il suit :

LE SECOND ÉMIR.

Je pris pour elle ce qu'on appelle une fantaisie.

LA SULTANE.

Ce *je*, c'est le prince Génistan ; et cet *elle*, c'est apparemment Trocilla.

LE PREMIER ÉMIR.

Oui, madame.

LA SULTANE.

Ah ! les hommes ! les hommes ! Je les crois encore plus fous que nous.

LE PREMIER ÉMIR.

Madame en excepte sûrement le sultan.

LA SULTANE.

Continuez.

LE PREMIER ÉMIR.

L'occasion de l'instruire de mes sentimens n'étoit pas difficile à trouver ; mais il falloit se cacher de Vérité. Un jour que la fée étoit profondément occupée, la crainte de la distraire me servit de prétexte, et j'allai faire ma cour à Trocilla, qui me reçut bien. J'y retournai le lendemain, et elle me fit froid d'abord. Sa mauvaise humeur cessa, lorsqu'elle s'apperçut que je ne m'empressois nullement à la dissiper ; elle railla la religion, les prêtres et les dévotes ; traita la modestie, la pudeur et les principales vertus de son sexe, de freins imaginés pour les sottes ; et je crus victoire gagnée : point

Bij. indisc. T

de préjugés à combattre, de scrupules à lever ; je ne desirois qu'une seconde entrevue pour être heu-reux ; encore ne falloit-il pas qu'elle fût longue, de peur d'avoir du temps de reste, et de ne savoir qu'en faire. J'eus un autre jour l'occasion de la reconduire dans son appartement; chemin faisant, je lui demandai la permission d'y rester un moment : elle me fut accordée. Aussitôt je me mis en devoir de lui dire des choses tendres et galantes autant qu'il m'en vint ; que je l'avois aimée depuis que j'avois eu le bonheur de la voir ; que c'étoit un de ces coups de sympathie auxquels jusqu'alors j'avois ajouté peu de foi ; et qu'il falloit que ma passion fût bien violente, puis que j'osois la lui déclarer la seconde fois que je jouissois de son entretien : elle m'écouta attentivement; puis tout-à-coup éclatant de rire, elle se leva et appela toutes ses femmes, qui accoururent, et qu'elle renvoya. Je la priai de se remettre d'une surprise à laquelle ses charmes ne l'exposoient pas sans-doute pour la première fois. Vous avez raison, me répondit-elle : on m'a aimée, on me l'a dit, et je devrois y être faite ; mais il m'est toujours nouveau de voir des hommes, parce qu'ils sont aimables, prétendre qu'on leur sacrifiera l'hon-neur, la réputation, les mœurs, la modestie, la pudeur et la plûpart des vertus qui font l'ornement de notre sexe ; car il paroit bien à leurs procédés et à ceux des femmes, que c'est à ces bagatelles que se réduisent les désirs des uns et les bontés des autres. Et continuant d'un ton moins naturel encore et plus pathétique : Non, s'écria-t-elle, il n'y a plus de décence ; les liaisons ont dégénéré en un libertinage épouvantable ; la pudeur est ignorée sur la surface de la terre ; aussi les Dieux se sont-ils vengés ; et presque tous les hommes...

LA SULTANE.

Sont devenus faux ou indiscrets.

LE PREMIER ÉMIR.

Madame en excepte sans-doute le sultan.

LA SULTANE.

Continuez.

LE PREMIER ÉMIR.

Je fus un peu déconcerté de ce sermon, auquel je ne m'attendois guère ; et j'allois lui rappeler ses maximes de la veille, lorsqu'elle m'épargna ce propos ridicule, en me priant de me retirer, de crainte qu'on n'en tînt de méchans sur sa conduite. J'obéis, bien résolu d'abandonner Trocilla à toutes ses bizarreries, et de ne la revoir jamais. Mais j'avois plu ; et dès le lendemain elle m'agaça, me dit des mots fort doux et assez suivis ; et je me laissai entraîner.

LA SULTANE.

Vous n'êtes que des marionettes.

LE PREMIER ÉMIR.

Madame en excepte sans-doute le sultan.

LA SULTANE.

Emir, respectez le sultan; respectez moi, et continuez.

LE PREMIER ÉMIR.

Je me rendis dans son appartement à l'heure marquée; je crus la trouver seule. Point du tout, elle s'occupoit à prendre une leçon d'anglois, qui avoit déjà duré fort long-temps, et que ma présence n'abrégea point. Nous y serions encore tous les trois, si le maître d'anglois, qui ne manquoit pas d'intelligence, n'eût eu pitié de moi. Mais il étoit écrit que mon supplice seroit plus long. Trocilla me reçut comme un homme tombé des nues, me laissa debout, ne me dit presque pas un mot; et sans m'accorder le temps de lui parler, sonna et se fit apporter une vielle, dont elle se mit à jouer précisément comme quand on est seul, et qu'on s'ennuie.

Ici le sultan ne put s'empêcher de rire; la sultane dit : En effet cette scène est assez ridicule; et l'émir reprit son récit.

LE PREMIER ÉMIR.

Je lui laissai tâtonner une musette, un menuet; et elle alloit commencer un maudit air à la mode, qui n'auroit point eu de fin, lorsque je pris la liberté de lui arrêter les mains. Ah! vous voilà, me dit-elle! et que faites-vous ici à l'heure qu'il est. C'est par vos ordres, madame, lui répondis-je, que je m'y suis rendu ; et il y a près de deux heures que j'attends que vous vous apperceviez que j'y suis.... Est-il bien vrai ?.... Pour peu que vous en doutassiez, votre maître d'anglois vous l'assureroit.... Vous l'avez donc entendu donner leçon ? C'est un habile homme ; qu'en pensez-vous ? Et ma vielle, je commence à m'en tirer assez bien. Mais, asséyez-vous, je me sens en main, et je vais vous jouer des contredanses du dernier bal, qui vous réjouiront...... Madame, lui répondis-je, faites-moi la grace de m'entendre. A-présent, ce ne sont point des airs de vielle que je viens chercher ici ; quittez pour un moment votre instrument, et daignez m'écouter.... Mais vous êtes extraordinaire, me dit Trocilla ; vous ne savez pas ce que vous refusez. J'allois vous jouer, ce soir, comme un ange.... Madame, lui répliquai-je, si je vous gêne je vais me retirer.... Non, restez, monsieur. Et qui vous dit que vous me gênez.... Quittez donc ce maudit instrument, ou je le brise.... Brisez, mon cher ; brisez ; aussi bien j'en suis dégoûtée.

Je détachai la ceinture de la vielle, non sans serrer doucement la taille de la vielleuse. Trocilla étoit assise sur un tabouret ; cette situation n'étoit pas commode.

LA SULTANE.
Emir, supposez que je dors, et continuez.

LE PREMIER ÉMIR.

Je la pris par sa main jolie que je baisai plusieurs fois, en la conduisant vers une chaise longue sur laquelle je la poussai doucement ; elle s'y laissa aller sans façon ; et me voilà assis à côté d'elle, lui baisant encore la main, et lui protestant d'une voix émue que je l'adorois.

De distraction le sultan s'écria : Adore donc, maudite bête. Heureusement la sultane, ou ne l'entendit pas, ou feignit de ne pas l'entendre.

LE PREMIER ÉMIR.

Trocilla me crut apparemment, car elle me passa son autre main sur les yeux, et l'arrêta sur ma bouche. Je la regardai dans ce moment, et je la trouvai charmante. Son souris, son badinage, le son de sa voix, tout excitoit en moi des désirs. Elle me tenoit de petits propos d'enfans, qui achevoient de me tourner la tête. Bientôt je n'y fus plus. Je me penchai sur sa gorge. Je ne sais trop ce que mes mains devinrent. Trocilla paroissoit éprouver le même trouble ; et nous touchions à l'instant du bonheur, lorsque nous sortîmes, elle et moi, de cette situation voluptueuse, par une extravagance inouie. Trocilla me repoussa fortement ; et se mettant à pleurer, mais à pleurer à chaudes larmes : Ah ! cher Zulric, s'écria-t-elle ; tendre et fidèle amant, que deviendrois-tu, si tu savois à quel point je t'oublie ! Ses larmes et ses soupirs redoublèrent ; c'étoit à me faire craindre qu'elle ne suffoquât. Retirez-vous, monsieur ; je vous hais, je vous déteste. Vous m'avez fait manquer à mes sermens, et tromper l'homme unique à qui je suis engagée par les liens les plus solemnels ; vous n'en serez pas plus heureux, et j'en mourrai de douleur.

Ces dernières paroles et les larmes abondantes qui les suivirent, me persuadèrent que le quart-d'heure étoit passé. Je me retirai, bien résolu de le faire renaître. J'envoyai le lendemain chez Trocilla ; et j'appris de sa part qu'elle avoit bien reposé, et qu'elle m'attendoit pour prendre le thé. Je partis sur-le-champ, et j'eus le bonheur de la trouver encore au lit. Venez, prince, dit-elle ; asséyez-vous près de moi. J'ai conçu pour vous des sentimens dont il faut absolument que je vous instruise. Il y va de mon bonheur, et peut-être de ma vie. Tâchez donc de ne pas abuser de ma sincérité. Je vous aime, mais de l'amour le plus tendre et le plus violent. Avec le mérite que vous avez, il ne doit pas être nouveau pour vous d'être prévenu. Ah ! si je rencontre dans votre cœur la même tendresse que vous avez fait naître dans le mien, que je vais être heureuse ! Parlez, prince ; ne me suis-je point trompée, lorsque je me suis flattée de quelque retour ? M'aimez-vous ?

Ah ! madame, si je vous aime ! Ne vous l'ai-je pas assuré cent fois ?... Seroit-il bien possible !...

Rien n'est plus vrai.... Je le crois, puisque vous me le dites ; mais je veux mourir si je m'en souviens. Vraîment, je suis enchantée de ce que vous m'apprenez là. Je vous conviens donc beaucoup, beaucoup.... Autant qu'à qui que ce soit au monde.... Eh bien ! mon cher, reprit-elle en me serrant la main entre la sienne et son genou, personne ne me convient comme toi. Tu es charmant, divin, amusant au possible ; et nous allons nous aimer comme des fous. On disoit que Vindemill, Illoo, Girgil, avoient de l'esprit. J'ai un peu connu ces personnages-là ; et je te puis assurer que ce n'étoit rien, moins que rien. Trocilla ne laissoit pas que d'avoir rencontré bien des gens d'esprit, quoiqu'elle n'en accordât qu'à elle et à son amant. A-présent, madame, je puis donc me flatter, lui dis-je, que vous ne vous souviendrez plus de Zulric ni d'aucun autre ?.... Que parlez-vous de Zulric ? reprit-elle. C'est un petit sot qui s'est imaginé qu'il n'y avoit qu'à faire le langoureux auprès d'une femme, et à l'excéder de protestations, pour la subjuguer. C'est de ces gens prêts à mourir cent fois pour vous, et dont une misérable petite complaisance vous débarrasse. Mais vous, ce n'est pas cela ; et quelque répugnance que vous ayez pour les hiboux, je gage que vous la vaincriez si j'avois attaché mes faveurs aux caresses que vous feriez au mien. Seigneur, dit Génistan à son père, les autres femmes ont un serin, une perruche, un singe, un dogum. Trocilla en étoit, elle, pour les hiboux.... Oui, seigneur, pour les hiboux.... De tous les oiseaux, c'est le seul que je n'ai pu souffrir.... Trocilla en avoit un qu'elle ne montroit qu'à ses meilleurs amis.

LA SULTANE.

Que beaucoup de gens avoient vu.

LE PREMIER ÉMIR.

Et qu'on me présenta sur-le-champ. Voyez mon petit hibou, me dit-elle ; il est charmant, n'est-ce pas ? Ce toquet blanc à la houzarde, qu'on lui a placé sur l'oreille, lui fait à ravir. C'est une invention de mes boiteuses. Ce sont des femmes admirables. Mais vous ne me dites rien de mon petit hibou. Madame, lui répondis-je, vous auriez pu, je crois, prendre du goût pour un autre animal. Il n'y a que vous aux Indes, à la Chine, au Japon, qui se soit avisée d'avoir un hibou en toquet.... Vous vous trompez, me répondit-elle, c'est l'animal à la mode ; et de quel pays débarquez-vous donc ? Ici tout le monde a son hibou, vous dis-je ; et il n'est pas permis de s'en passer. Promettez-moi donc d'avoir le vôtre incessamment ; je sens que je ne puis vous aimer sans cela.

Je lui promis tout ce qu'elle voulut ; et je la pressai d'abréger mon impatience.

LA SULTANE.

Je crois, émir, qu'il est à propos que je me rendorme. Me voilà rendormie, continuez.

LA PREMIÈRE FEMME.

Elle y consentit, mais à condition que j'aurois un hibou. Ah ! plutôt quatre, madame, lui répondis-je. A l'instant elle me reçut les bras ouverts. Je fus exposé aux emportemens de la femme du monde qui aimoit le moins ; j'y répondis avec toute l'impétuosité d'un homme qui ne vouloit pas laisser à Trocilla le temps de se refroidir.... Vous aurez un hibou, me disoit-elle d'une voix entrecoupée, prince, vous me le promettez.... Oui, madame, lui répondis-je dans un instant où l'on est dispensé de connoître toute la force de ses promesses ; je vous le jure par mon amour et par le vôtre. A ces mots, Trocilla se tut et moi aussi. Il y avoit près d'une demi-heure que nous étions ensemble, lorsqu'elle me dit froidement de la laisser dormir et de me retirer. Si je n'avois pas su à quoi m'en tenir, je m'en serois pris à moi-même de cette indifférence subite ; mais je n'avois rien à me reprocher, ni elle non plus. Je pris donc le parti de lui obéir, et même plus scrupuleusement peut-être qu'elle ne s'y attendoit. Je revins à Vérité, qui me parut plus belle que jamais.

LA SULTANE.

C'est la vraie consolation dans les disgraces, et

on ne lui trouve jamais tant de charmes que quand on est malheureux.

LA SECONDE FEMME.

Toutes ces choses s'étoient passées, lorsque Rousch reparut; il avoit vu Nucton, et ils avoient concerté de me faire rentrer cent pieds sous terre, c'étoit leur expression. La pauvre Azéma, dont ils avoient découvert la retraite, avoit déjà éprouvé les cruels effets de leur haine. Rousch lui avoit soufflé sur le visage une poudre qui l'avoit rendue toute noire. Dans cet état elle n'osoit se montrer; elle vivoit donc renfermée, détestant à chaque moment Rousch, et arrosant sans cesse de ses larmes un miroir qui lui peignoit toute sa laideur, et qu'elle ne pouvoit quitter. Sa tante apprit son malheur, la plaignit, et vint à son secours. Elle essaya de laver le visage de sa triste nièce; mais elle y perdit ses peines. Noire elle étoit, noire elle resta : ce qui détermina la fée à la transformer en colombe, et à lui restituer sa première blancheur sous une autre forme.

Vérité, de retour de chez Azéma, songea à me garantir des embûches de Rousch. Pour cet effet, elle me fit partir incognito. Mais admirez les caprices des femmes et sur-tout de Trocilla; elle ne me sut pas plus-tôt éloigné d'elle, qu'elle songea à s'approcher de moi. Elle s'informa de la route que j'avois prise, et me suivit. Rousch instruit de notre aventure, connoissant assez bien son monde et particulièrement Trocilla, ne douta point qu'il ne parvînt au lieu de ma retraite, en marchant sur ses traces. Sa conjecture fut heureuse; et un matin nous nous trouvâmes tous trois en déshabillé dans un même jardin.

La présence de Trocilla me consola un peu de celle de Rousch. Je fus flatté d'avoir fait faire quatre cent cinquante lieues à une femme de son caractère; et je me déterminai à la revoir. Ce n'étoit pas le moyen d'éviter Rousch; car Trocilla et Rousch se connoissoient de longue main, et ils avoient toujours été passablement ensemble. C'étoit de concert avec elle, qu'il ébauchoit tous ses récits scandaleux. Il inventoit le fond; elle mettoit de l'originalité dans les détails, d'où il arrivoit qu'on les écoutoit avec plaisir, qu'on les répétoit par-tout, qu'on paroissoit y croire, mais qu'on n'y croyoit pas.

LA SECONDE FEMME.

Il y a quelquefois tant de finesse dans votre conte, que je serois tentée de le croire allégorique.

LE PREMIER ÉMIR.

Un soir qu'une des boiteuses de Trocilla m'introduisoit chez sa maîtresse par un escalier dérobé, j'allai donner rudement de la tête contre celle de Rousch, qui s'esquivoit par le même escalier. Nous fûmes l'un et l'autre renversés par la violence du choc. Rousch me reconnut au cri que je poussai. Malheureux, s'écria-t-il, que le destin a conduit ici, tremble. Tu vas enfin éprouver ma colère. A l'instant il prononça quelques mots inintelligibles ; et je sentis mes cuisses rentrer en elles-mêmes, se raccourcir et se fléchir en sens contraire, mes ongles s'alonger et se recourber, mes mains disparoître, mes bras et le reste de mon corps se revêtir de plumes. Je voulus crier, et je ne pus tirer de mon gosier qu'un son rauque et lugubre. Je le redis plusieurs fois ; et les appartemens en retentirent et le répétèrent. Trocilla accourut au ramage, qui lui parut plaisant ; elle m'appela, petit, petit ; mais je n'osai pas me confier à une femme qui n'avoit de fantaisie que pour les hiboux. Je pris mon vol par une fenêtre, résolu de gagner le séjour de Vérité, et de me faire désenchanter ; mais je ne pus jamais reprendre le chemin de son séjour. Plus j'allois, plus je m'égarois. Ce seroit abuser de votre patience, que de vous raconter le reste de mes voyages et de mes erreurs. D'ailleurs, tout voyageur est sujet à mentir. J'aurois peur de succomber à la tentation ; et j'aime mieux que ce soit Vérité qui vous achève elle-même mes aventures.

LA SULTANE.

Ce sera la première fois qu'elle se mêlera de voyage.

LE PREMIER EMIR.

Mais il faut bien qu'elle fasse quelque chose pour vous et pour moi qui l'aimois de si bonne amitié, et qui avons tant fait pour elle, dit Génistan à son père.

LA SULTANE.

Ce conte est ancien, puisqu'il est du temps où les rois aimoient la vérité.

LE PREMIER EMIR.

Génistan s'arrêta ; Vérité prit la parole ; et comme elle poussoit l'exactitude dans les récits jusqu'au dernier scrupule, elle dépêcha en quatre mots ce que nous aurions eu de la peine à écrire en vingt pages. J'aurois voulu, ajouta-t-elle, en le débarrassant de ses plumes, lui ôter une fantaisie qu'il a prise sous cet habit. Il s'est entêté d'une des filles de Kinkinka.... Celle, dit le sultan, qui avoit permis qu'on le mît à la crapaudine...... Vous voulez dire à la basilique. Elle-même.... Mais il est fou. Celle qui fait aussi peu de cas de la vie de son amant, se jouera de l'honneur de son mari. Mon fils veut donc être... Je serois pourtant bien aise que nous commençassions à nous donner nous-mêmes des successeurs. Il y a assez long-temps que d'autres s'en mêlent. Madame, vous, qui savez tout, pourriez nous dire comment il faudroit s'y prendre. Il n'y a point de remède au passé, répondit Vérité ; mais je vous réponds de l'avenir si vous donnez le prince à Polychresta. Rien ne sera ni si fidèle ni si fécond, et je vous réponds d'une légion de petits-fils et tous de Génistan. Qui empêche donc, ajouta le sultan, qu'on n'en fasse la demande ?.... Un petit obstacle ; c'est que si Polychresta vous convient fort, elle ne convient point à votre fils. Il ne peut la souffrir ; il la trouve bourgeoise, sensée, ennuyeuse, et je ne sais quoi encore... Il l'a donc vue ?... Jamais. Votre fils est un homme d'esprit; et quel esprit y auroit-il, s'il vous plaît, à aimer ou haïr une femme après l'avoir vue; c'est comme font tous les sots.... Parbleu, dit le sultan, mon fils l'entendra comme il voudra; mais j'avois connu sa mère avant que de la prendre; et si, je ne suis pas un sot. Je serois fort d'avis, dit la fée, que votre fils quittât pour cette fois seulement un certain tour original qui lui sied, pour prendre votre bonhommie, et qu'il vît Polychresta avant que de la dédaigner ; mais ce n'est pas une petite affaire que de l'amener là. Il faudroit que vous interposâssiez votre autorité..... Ho, dit le sultan, s'il ne s'agit que de tirer ma grosse voix, je la tirerai. Vous allez voir. Aussi-tôt il fit appeler son fils; et prenant l'air majestueux qu'il attrapoit fort bien, quand on l'en avertissoit : Monsieur, dit-il à son fils, je veux, j'entends, je prétends, j'ordonne que vous voyez la princesse Polychresta lundi ; qu'elle vous plaise mardi ; que vous l'épousiez mercredi : ou elle sera ma femme jeudi...Mais, mon père... Point de réponse, s'il vous plaît. Polychresta sera jeudi votre femme ou la mienne. Voilà qui est dit; et qu'on ne m'en parle pas davantage.

Le prince, qui n'avoit jamais offensé son père par un excès de respect, alloit s'étendre en remontrances, malgré l'ordre précis de les supprimer ; mais le sultan lui ferma la bouche, d'un *obéissez*; lui tourna le dos, et lui laissa exhaler toute son humeur contre la fée. Madame, lui dit-il, je voudrois bien savoir pourquoi vous vous mêlez, avec une opiniâtreté incroyable, de la chose du monde que vous entendez le moins. Est-ce à vous, qui ne savez ni exagérer l'esprit, la figure, la naissance, la fortune, les talens, ni pallier les défauts, à faire des mariages ? Il faut que vous ayez une furieuse prévention pour votre amie, si vous avez imaginé qu'elle plairoit sur un portrait de votre main. Vous qui n'ignorez aucun proverbe, vous auriez pu vous rappeler celui qui dit de ne point courir sur les brisées d'autrui. De tout temps les mariages ont été du ressort de Rousch. Laissez-le faire ; il s'y prendra mieux que vous; et il seroit du dernier ridicule qu'un aussi saugrenu que celui que vous proposez, se consommât sans sa médiation. Mais vous n'y réussirez ni vous ni lui. Je verrai votre Polychresta, puisqu'on le veut; mais parbleu je ne la regarde ni ne lui parle ; et la manière, dont votre légère amie s'y prendra pour vaincre ma taciturnité et m'intéresser, sera curieuse. Vous pouvez, madame, vous féliciter d'avance d'une entrevue où nous ferons tous les trois des rôles fort amusans.

Le premier émir alloit continuer lorsque Mangogul fit signe aux femmes, aux émirs et à la chatouilleuse de sortir. Pourquoi donc vous en aller de si bonne heure, dit la sultane ?... C'est, répondit le sultan, que j'en ai assez de leur métaphysique, et que je serois bien aise de traiter avec vous de choses un peu plus substantielles.... Ah, ah! vous êtes là!... Oui, madame.... Y a-t-il long-temps ?... Ah! très-long-temps.... Premier émir, vous m'avez tendu deux ou trois piéges dont je ne renverrai pas la vengeance au dernier jugement de Brama... L'émir est sorti, et nous sommes seuls. Parlez, madame; permettez-vous que je reste ?.... Est-ce que vous avez besoin de ma permission pour cela ?... Non, mais je serois flatté que vous me l'accordassiez.... Restez donc.

SIXIÈME SOIRÉE.

La sultane dit à sa chatouilleuse : Mademoiselle, approchez-vous, et arrangez mon oreiller : il est trop bas.... Fort bien.... Madame seconde, continuez. Je prévois que ce qui doit suivre sera plus de votre district que de celui du second émir. S'il prenoit en fantaisie à Mangogul d'assister une seconde fois à nos entretiens, vous tousserez deux fois. Et commencez.

LA SECONDE FEMME.

Tout ce qui n'avoit point cet éclat qui frappe d'abord, déplaisoit souverainement à Génistan. Sa vivacité naturelle ne lui permettoit ni d'approfondir le mérite réel ni de le distinguer des agrémens superficiels. C'étoit un défaut national dont la fée n'avoit pu le corriger, mais dont elle se flatta de prévenir les effets ; elle prévit que si Polychresta restoit dans ses atours négligés, le prince, qui avoit malheureusement contracté à la cour de son père et à celle du Tongut le ridicule de la grande parure, avec ce ton qui change tous les six mois, la prendroit à coup sûr pour une provinciale mise de mauvais goût et de la conversation la plus insipide. Pour obvier à cet inconvénient, Vérité fit avertir Polychresta qu'elle avoit à lui parler. Elle vint. Vous soupirez, lui dit la fée, et depuis longtemps, pour le fils de Zambador ; je lui ai parlé de vous ; mais il m'a paru peu disposé à ce que nous désirons de lui. Il s'est entêté dans ses voyages d'une jeune folle qui n'est pas sans mérite, mais avec laquelle il ne fera que des sottises : je voudrois bien que vous travaillassiez à lui arracher cette fantaisie; vous le pourriez, en aidant un peu à la nature et en vous pliant au goût du prince et aux avis d'une bonne amie : par exemple, vous avez là les plus beaux yeux du monde, mais ils sont trop modestes; au-lieu de les tenir toujours baissés, il faudroit les relever et leur donner du jeu : c'est la chose la plus facile. Cette bouche est petite, mais elle est sérieuse ; je l'aimerois mieux riante. J'abhorre le rouge; mais je le tolère, lorsqu'il s'agit d'engager un homme aimable. Vous ordonnerez donc à vos femmes d'en avoir. On abbattra, s'il vous plaît, cette forêt de cheveux qui rétrécit votre front; et vous quitterez vos cornettes : les femmes n'en portent que la nuit. Pour ces fourrures elles ne sont plus de saison ; mais demain je vous enverrai une personne qui vous conseillera là-dessus, et dont je compte que vous suivrez les conseils, quelque ridicules que vous puissiez les trouver. Polychresta alloit représenter à la fée qu'elle ne se résoudroit jamais à se métamorphoser de la tête aux pieds, et qu'il ne lui convenoit pas de faire la petite folle : mais Vérité, lui posant un doigt sur les lèvres, lui commanda de se parer, et de ne rien négliger pour captiver le prince.

Le lendemain matin, la fée Churchille, ou dans la langue du pays Coquette, arriva avec tout l'appareil d'une grande toilette. Une corbeille doublée de satin bleu renfermoit la parure la plus galante et du goût le plus sûr; les diamans, l'éventail, les gants, les fleurs, tout y étoit, jusqu'à la chaussure : c'étoit les plus jolies petites mules qu'on eût jamais brodées. La toilette fut déployée en un tour de main, et toutes les petites boîtes arrangées et ouvertes : on commença par lui égaliser les dents, ce qui lui fit grand mal; on lui appliqua deux couches de rouge ; on lui plaça sur la tempe gauche une grande mouche à la reine ; de petites furent dispersées avec choix sur le reste du visage : ce qui acheva cette partie essentielle de son ajustement. J'oubliois de dire qu'on lui peignit les sourcils, et qu'on lui en arracha une partie, parce qu'elle en avoit trop. On répondit aux plaintes qui lui échappèrent dans cette opération, que les sourcils épais étoient de mauvais ton. On ne lui en laissa donc que ce qu'il lui en falloit pour lui donner un air enfantin ; elle supporta cette espèce de martyre avec un héroïsme digne d'une autre femme et de l'amant qu'elle vouloit captiver. Churchille y mit elle-même la main, et épuisa toute la profondeur de son savoir, pour attraper ce je ne sais quoi, si favorable à la physionomie ; elle y réussit ; mais ce ne fut qu'après l'avoir manqué cinq ou six fois. On parvint enfin à lui mettre des diamans. Churchille fut d'avis de les ménager, de crainte que la quantité n'offusquât l'éclat naturel de la princesse : pour les femmes, elles lui en auroient volontiers placé jusqu'aux genoux, si on les avoit laissé faire. Puis on la laça. On lui posa un panier d'une étendue immense, ce qui la choqua beaucoup : elle en demanda un plus petit. Eh ! fi donc, lui répondit Churchille; pour peu qu'on en rabattît, vous auriez l'air d'une marchande en habit de noces; et sans rouge on vous prendroit pour pis. Il fallut donc en passer par là ; on continua de l'habiller ; et quand elle le fut, elle se regarda dans une glace : jamais elle n'avoit été si bien ; et jamais elle ne s'étoit trouvée aussi mal. Elle en reçut des complimens. Vérité lui dit avec sa sincérité ordinaire, que dans ses atours elle lui plaisoit moins; mais qu'elle en plairoit davantage à Génistan; qu'elle effaceroit Lively dans son souvenir ; et qu'elle pouvoit s'attendre, pour le lendemain, à un sonnet, à un madrigal ; car, ajouta-t-elle, il fait assez joliment des vers, malgré toutes les précautions que j'ai prises pour le détourner de ce frivole exercice. La fée donna l'après-dîner un concert de musettes, de vielles et de flûtes. Génistan y fut invité : on plaça avantageusement Polychresta, c'est-à-dire, qu'elle n'eut point de lustre au-dessus de sa tête, pour que l'ombre de l'orbite ne lui renfonçât pas les yeux. On laissa à côté d'elle une place pour le prince, qui vint tard, car son impatience n'étoit pas de voir sa déesse de campagne, c'est ainsi qu'il appeloit Polychresta. Il parut enfin, et salua, avec ses graces et son air distrait, la fée et le reste de l'assemblée. Vérité le présenta à sa protégée qui le reçut d'un air timide et embarrassé, en lui faisant de très-profondes révérences. Cependant le prince la parcouroit avec une attention à la déconcerter : il s'assit auprès d'elle et lui adressa des choses fines ; Polychresta lui en répondit de sensées ; et le prince conçut une idée avantageuse de son caractère, avec beaucoup d'éloignement pour sa société. Et laissez-là le sens commun, ayez de la gentillesse et de l'enjouement ; voilà l'essentiel avec de vieux louis, disoit un bon gentilhomme....

LA SULTANE.

Dont le château tomboit en ruine.

LA SECONDE FEMME.

Quoique les revenus du prince fussent en très-mauvais ordre, il étoit trop jeune pour goûter ces maximes : c'étoit Lively qu'il lui falloit, avec ses agrémens et ses minauderies ; il se la représentoit jouant au volant ou à collin-maillard, se faisant des bosses au front qui ne l'empêchoient pas de folâtrer et de rire ; et il achevoit d'en rafoller. Que fera-t-il d'une bégueule d'un sérieux à glacer, qui ne parle jamais qu'à propos, et qui fait tout avec poids et mesure ?

Après le concert, il y eut un feu d'artifice qui fut suivi d'un repas somptueux : le prince fut toujours placé à côté de Polychresta ; il eut de la politesse, mais il ne sentit rien. La fée lui demanda le lendemain ce qu'il pensoit de son amie. Génistan répondit qu'il la trouvoit digne de toute son estime, et qu'il avoit conçu pour elle un très-profond respect ; j'aimerois mieux, reprit Vérité, un autre sentiment. Cependant il est bien doux de faire le bonheur d'une femme vertueuse et douée d'excellentes qualités. Ah ! madame, reprit le prince, si vous aviez vu Lively ! Qu'elle est aimable ! Je vois, dit Vérité, que vous n'avez que cette petite folle en tête, qui n'est point du tout ce qu'il vous faut.

LA SULTANE.

Dans une maison, grande ou petite, il faut que l'un des deux au-moins ait le sens commun.

LA SECONDE FEMME.

Le prince voulut répliquer et justifier son éloignement pour Polychresta ; mais la fée prenant un ton d'autorité, lui ordonna de lui rendre des soins, et lui répéta qu'il l'aimeroit s'il vouloit s'en donner le temps. D'un autre côté elle suggéra à son amie de prendre quelque chose sur elle, et de ne rien épargner pour plaire au prince. Polychresta essaya, mais inutilement : un trop grand obstacle s'opposoit à ses désirs ; elle comptoit trente-deux ans ; et Génistan n'en avoit que vingt-cinq : aussi, disoit-il que les vieilles femmes étoient toutes ennuyeuses : quoique la fée fût très-antique, ce propos ne l'offensoit pas.

LA SULTANE.

Elle possédoit seule le secret de paroître jeune.

LA SECONDE FEMME.

Le prince obéit aux ordres de la fée; c'étoit toujours le parti qu'il prenoit, pour peu qu'il eût le temps de la réflexion. Il vit Polychresta; il se plut même chez elle.

LA SULTANE.

Toutes les fois qu'il avoit fait des pertes au jeu, ou qu'il boudoit quelqu'une de ses maîtresses.

LA SECONDE FEMME.

A la longue, il s'en fit une amie; il goûta son caractère; il sentit la force de son esprit; il retint ses propos; il les cita : et bientôt Polychresta n'eut plus contr'elle que son air décent, son maintien réservé, et je ne sais quelle ressemblance de famille avec Azéma, qu'il ne se rappeloit jamais sans bâiller. Les services qu'elle lui rendit dans des occasions importantes achevèrent de vaincre ses répugnances. La fée, qui n'abandonnoit point son projet de vue, revint à la charge. Dans ces entrefaites on annonça au prince que plusieurs seigneurs étrangers, à qui elle avoit fait des billets d'honneur pendant sa disgrace, en sollicitoient le paiement; et il épousa.

Il porta à l'autel un front soucieux; il se souvint de Lively : et il en soupira. Polychresta s'en apperçut; elle lui en fit des reproches, mais si doux, si honnêtes, si modérés, qu'il ne put s'empêcher d'en verser des larmes, et de l'embrasser.

LA SULTANE.

Je les plains l'un et l'autre.

LA SECONDE FEMME.

Je n'ai point de goût pour Polychresta, disoit-il en lui-même ; mais j'en suis fortement aimé : il n'y a point de femme au monde que j'estime autant qu'elle, sans en excepter Lively. Voilà donc l'objet dont je suis désespéré de devenir l'époux ! La fée a raison ; oui, elle a raison ; il faut que je sois fou ! Les femmes de son mérite sont-elles donc si communes, pour s'affliger d'en posséder une ? D'ailleurs elle a des charmes qui seront même durables : à soixante ans elle aura de la bonne mine. Je ne puis me persuader qu'elle radote jamais ; car je lui trouve plus de sens et plus de lumières qu'il n'en faut pour la provision et pour la vie d'une douzaine d'autres. Avec tout cela je souffre. D'où vient cette cruelle indocilité de mon cœur ? Cœur fou, cœur extravagant, je te dompterai.

Ce soliloque, appuyé de quelques propositions faites au prince de la part de Polychresta, le forcèrent, si-non à l'aimer, du-moins à vivre bien avec elle.

LA SULTANE.

Ces propositions, je gagerois bien que je les sais. Continuez.

LA SECONDE FEMME.

Prince, lui dit-elle un jour, peu de temps après

leur mariage, les loix de l'empire défendent la pluralité des femmes ; mais les grands princes sont au-dessus des loix.

LA SULTANE.

Voilà ce que je n'aurois pas dit, moi.

LA SECONDE FEMME.

Je consentirai sans peine à partager votre tendresse avec Lively.

LA SULTANE.

Fort bien cela.

LA SECONDE FEMME.

Mais plus de voyage chez Trocilla.

LA SULTANE.

A merveille.

LA SECONDE FEMME.

Des femmes de sens ne doivent-elles pas être bien flattées des sentimens qu'on leur adresse, lorsqu'on en porte de semblables chez une dissolue qui n'a jamais aimé, qui n'a rien dans le cœur, et qui pourroit vous précipiter dans des travers nuisibles à mon bonheur, au vôtre, à celui de vos sujets ? Qui vous a dit que cette impérieuse folle ne s'arrogera pas le choix de vos ministres et de vos généraux ? Qui vous a dit qu'un moment de complaisance inconsidérée ne coûtera pas la vie à cinquante mille de vos sujets, et l'honneur à votre nation ? J'ignore les intentions de Lively ; mais je vous déclare que les miennes sont de n'avoir aucune intimité avec un homme qui peut se livrer à Trocilla et à ses hiboux.

LA SULTANE.

Ce discours de Polychresta m'enchante.

LA SECONDE FEMME.

Le prince étoit disposé à sacrifier Trocilla, pourvu qu'on lui accordât Lively.

LA SULTANE.

Notre lot est d'aimer le souverain, d'adoucir le fardeau du sceptre, et de lui faire des enfans. J'ai quelquefois demandé des places au sultan pour mes amis, jamais aucune qui tînt à l'honneur ou au salut de l'empire. J'en atteste le sultan. J'ai sauvé la vie à quelques malheureux ; jusqu'à-présent je n'ai point eu à m'en repentir.

LA SECONDE FEMME.

Génistan proposa donc l'avis de sa nouvelle épousée au conseil, où il passa d'un consentement unanime. Il ne s'agissoit plus que d'être autorisé par les prêtres qui partageoient avec les ministres le gouvernement de l'empire depuis la caducité de Zambador. Il se tint plusieurs synodes, où l'on ne décida rien. Enfin, après bien des délibérations, on annonça au prince qu'il pourroit en sûreté de conscience avoir deux femmes, en vertu de quelques exemples consacrés dans les livres saints, et d'une dispense de la loi, qui ne lui coûteroit que cent mille écus.

Génistan partit lui-même pour la Chine, et revit Lively plus aimable que jamais. Il l'obtint de son père, et revint avec elle au Japon. Polychresta ne fut point jalouse de son empressement pour sa rivale; et le prince fut si touché de sa modération, qu'elle devint dès ce moment son unique confidente. Il eut d'elle un grand nombre d'enfans, qui tous vinrent à bien. Il n'en fut pas de même de Lively. Elle n'en put amener que deux à sept mois.

Vérité demeura à la cour, pendant plusieurs années; mais lorsque la mort de Zambador eut transmis le sceptre entre les mains de son fils, elle se vit peu à peu négligée, importune, regardée de mauvais œil; et elle se retira, emmenant avec elle un fils que le prince avoit eu de Polychresta, et une fille que Lively lui avoit donnée.

Trocilla fut entièrement oubliée; et Génistan, partageant son temps entre les affaires et les plaisirs, jouissoit du vrai bonheur d'un souverain, de celui qu'il procuroit à ses sujets, lorsqu'il survint une aventure qui surprit étrangement la cour et la nation.

Ici la sultane ordonna au premier émir de continuer; mais l'émir ayant toussé deux fois avant de commencer, Mirzoza comprit que le sultan venoit d'entrer. Assez, dit-elle; et l'assemblée se retira.

SEPTIÈME SOIRÉE.

LE PREMIER ÉMIR.

Un jour on avertit le sultan Génistan, qu'une troupe de jeunes gens des deux sexes, qui portoient des aîles blanches sur le dos, demandoient à lui être présentés. Ils étoient au nombre de cinquante-deux; et ils avoient à leur tête une espèce de député. On introduisit cet homme dans la salle du trône, avec son escorte aîlée. Ils firent tous à l'empereur une profonde révérence, le député en portant la main à son turban, les enfans en s'inclinant et trémoussant des aîles; et le député prenant la parole, dit :

Très-invincible sultan, vous souvient-il des jours où, persécuté par un mauvais génie, vous traversâtes d'un vol rapide des contrées immenses, arrivâtes dans la Chine sous la forme d'un pigeon, et daignâtes vous abattre sur le temple de la Guenon couleur de feu, où vous trouvâtes des volières digne d'un oiseau de votre importance. Vous voyez, très-prolifique seigneur, dans cette brillante jeunesse, les fruits de vos amours et les merveilleux effets de votre ramage. Les aîles blanches dont leurs épaules sont décorées ne peuvent vous laisser de doute sur leur sublime origine; et ils viennent réclamer à votre cour le rang qui leur est dû.

Génistan écouta la harangue du député avec attention. Ses entrailles s'émurent; et il reconnut ses enfans. Pour leur donner quelque ressemblance avec ceux de Polychresta, il leur fit aussi-tôt couper les ailes. Qu'on me montre, dit-il ensuite, celui dont la princesse Lively fut mère. Prince, lui répondit le député, c'est le seul qui manque; et votre famille seroit complète, si la fée Coribella, ou dans la langue du pays, Turbulente, marraine de celui que vous demandez, ne l'avoit enlevé dans un tourbillon de lumière, comme vous en fûtes vous-même le témoin oculaire, lorsque le grand Kinkinka le secouant par une aîle, étoit sur-le-point de lui ôter la vie. Le prince fut mécontent de ce qu'on avoit laissé un de ses enfans en si mauvaises mains. Ah ! prince, ajouta le député, la fée l'a rendu tout joli; il a des mutineries tout-à-fait amusantes. Il veut tout ce qu'il voit; il crie à désespérer ses gouvernantes, jusqu'à ce qu'il soit satisfait; il casse, il brise, il mord, il égratigne; la fée a défendu qu'on le contredît sur quoi que ce soit.

Ici le député se mit à sourire. De quoi souriez-vous, lui dit le prince ?.. D'une de ses espiégleries... Quelle est-elle ? .. Un soir qu'on étoit sur-le-point de servir, il lui prit en fantaisie de pisser dans les plats; et on le laissa faire. Le moment suivant, il voulut que sa marraine lui montrât son derrière; et il fallut le contenter. Il ne s'en tint pas là......

LA SULTANE.

Le moment suivant, il voulut qu'elle le montrât à tout le monde.

LE PREMIER ÉMIR.

C'est ce que le député ajouta. Allez, vieux fou, lui répartit le prince ; vous ne savez ce que vous dites. Cet enfant est menacé de n'être qu'un écervelé, et d'en avoir l'obligation à sa marraine. Il vaudroit encore mieux qu'il fût chez sa grand'mère. Je vous ordonne sur votre longue barbe, que je vous ferai couper jusqu'au vif, de le retenir la première fois que Coribella l'enverra chez nos vierges, qui acheveroient de le gâter.

Cela dit, l'audience finit ; le député fut congédié et les enfans distribués en différens appartemens du palais. Mais à-peine Lively fut-elle instruite de leur arrivée et de l'absence de son fils, qu'elle en poussa des cris à tourner la tête à tous ceux qui l'approchoient. Il fallut du temps pour l'appaiser ; et l'on n'y réussit que par l'espérance qu'on lui donna qu'il reviendroit. Dès ce jour, le prince ajouta aux soins de l'empire et aux devoirs d'époux ceux de père.

Lorsqu'il sortoit du conseil, la tête remplie des affaires d'état, il alloit chercher de la dissipation chez Lively. Il paroissoit à-peine, qu'elle étoit dans ses bras. Sa conversation légère et badine l'amusoit beaucoup. Son enjouement et ses caresses lui déroboient des journées entières, et lui faisoient oublier l'univers. Il ne s'en séparoit jamais qu'à regret. Il prenoit auprès d'elle des dispositions à la bienfaisance ; et l'on peut dire qu'elle avoit fait accorder un grand nombre de graces, sans en avoir peut-être sollicité aucune. Pour Polychresta, c'étoit à ses yeux une femme très-respectable, qui l'ennuyoit souvent, et qu'il voyoit plus volontiers dans son conseil que dans ses petits appartemens. Avoit-il quelqu'affaire importante à terminer, il alloit puiser chez elle les lumières, la sagesse, la force qui lui manquoient. Elle prévoyoit tout. Elle envisageoit tous les sens d'une action ; et l'on convient qu'elle faisoit autant au moins pour la gloire du prince, que Lively pour ses plaisirs. Elle ne cessa jamais d'aimer son époux, et de lui marquer sa tendresse par des attentions délicates.

Lively fut un peu soupçonnée d'infidélité ; elle exigeoit de Génistan des complaisances excessives; elle se livroit au plaisir avec emportement ; elle avoit les passions violentes ; elle imaginoit et prétendoit que tout se prêtât à ses imaginations ; il falloit presque toujours la deviner ; elle disoit un jour que les dieux auroient pu se dispenser de donner aux hommes les organes de la parole, s'ils avoient eu un peu de pénétration et beaucoup d'amour ; qu'on se seroit compris à merveille sans mot dire, au-lieu qu'on parle quelquefois des heures entières, sans s'entendre; qu'il n'y eût eu que le langage des actions, qui est rarement équivoque; qu'on eût jugé du caractère par les procédés, et des procédés par le caractère; de manière que personne n'eût raisonné mal-à-propos. Quand ses idées étoient justes, elles étoient admirables, parce qu'elles réunissoient au mérite de la justesse celui de la singularité. Sa pétulance ne l'empêchoit pas d'appercevoir: elle n'étoit pas incapable de réflexion. Elle avoit de la promptitude et du sens. L'opposition la plus légère la révoltoit. Elle se conduisoit précisément, comme si tout eût été fait pour elle. Elle chicanoit quelquefois le prince sur les momens qu'il accordoit aux affaires, et ne pouvoit lui passer ceux qu'il donnoit à Polychresta. Elle lui demandoit à quoi il s'occupoit avec son insipide; combien il avoit bâillé de fois à ses côtés; si elle lui répétoit les mathématiques. Cette femme est de très-bon conseil, lui répondoit le prince; et il seroit à souhaiter pour le bien de mes sujets, que je la visse plus souvent. Vous verrez, ajoutoit Lively, que c'est par vénération pour ses qualités que vous lui faites des enfans régulièrement tous les neuf mois. Non, lui répliquoit Génistan, mais c'est pour la tranquillité de l'Etat. Vous ne conduisez rien à terme; il faut bien que Polychresta réparé vos fautes ou les miennes. A ces propos, Lively éclatoit de rire, et se mettoit à contrefaire Polychresta. Elle demandoit à Génistan quel air elle avoit, quand on la caressoit. Ah! prince, ajoutoit-elle, ou je n'y entends rien, ou votre grave statue doit être une fort sotte jouissance. Encore un coup, lui répliquoit le prince, je vous dis que je ne songe avec elle qu'au bien de l'Etat. Et avec moi, reprenoit Lively, à quoi songez-vous?.... A vous-même et à mes plaisirs.

A ces questions elle en ajoutoit de plus embarrassantes. Le prince y satisfaisoit de son mieux ; mais un moyen de s'en tirer, qui lui réussissoit toujours, c'étoit de lui proposer de nouveaux plaisirs. On le prenoit au mot ; et les querelles finissoient. Elle avoit des talens, qu'elle avoit acquis presque sans étude. Elle apprenoit avec une grande facilité ; mais elle ne retenoit presque rien. Il faut avouer que si les femmes aimables sont rares, elles sont aussi bien difficiles à captiver. La légèreté étoit la seule chose qu'on pût reprocher à Lively. Le prince en devint jaloux, et la pria de fermer son appartement.

LA SULTANE.

La gêner, c'étoit travailler sûrement à lui déplaire.

LE PREMIER ÉMIR.

Aussi ai-je lu, dans des mémoires secrets, qu'un frère très-aimable de Génistan négligeoit les défenses de l'empereur, trompoit la vigilance des eunuques, se glissoit chez Lively, et se chargeoit d'égayer sa retraite. Il falloit qu'il en fût éperduement amoureux ; car il ne risquoit rien moins que la vie dans ce commerce, qu'heureusement pour lui le prince ignora.

LA SULTANE.

Tant qu'il fut aimé.

LE PREMIER ÉMIR.

Il est vrai que, quand elle ne s'en soucia plus...

LA SULTANE.

C'est-à-dire, au bout d'un mois.

LE PREMIER ÉMIR.

Elle révéla tout au sultan.

LA SULTANE.

Tout, émir, tout ! Vos mémoires sont infidèles. Soyez sûr que la confidence de Lively n'alla que jusqu'où les femmes la poussent ordinairement, et que Génistan devina le reste.

LE PREMIER ÉMIR.

Il entra dans une colère terrible contre son frère ; il donna des ordres pour qu'il fût arrêté : mais son frère, prévenu, échappa au ressentiment de l'empereur par une prompte retraite.

LA SULTANE.

Second émir, continuez.

LE SECOND ÉMIR.

Ce fut lors que le député ramena à la cour

l'enfant que le prince avoit eu de Lively, et qui avoit passé ses premières années chez la fée sa marraine Coribella. C'étoit bien le plus méchant enfant qui eût jamais désespéré ses parens. Génistan son père ne s'étoit point trompé sur l'éducation qu'il avoit reçue. On n'épargna rien pour le corriger ; mais le pli étoit pris, et l'on n'en vint point à-bout. Il avoit à-peine dix-huit ans, qu'il s'échappa de la cour de l'empereur, et se mit à parcourir les royaumes, laissant par-tout des traces de son extravagance. Il finit malheureusement. C'étoit la bravoure même. Au sortir d'un souper où la débauche avait été poussée à l'excès, deux jeunes seigneurs se prirent de querelle. Il se mêla de leur différend, plus que ces écervelés ne le désiroient, se trouva dans la nécessité de se battre contre ceux entre lesquels il s'étoit constitué médiateur, et reçut deux coups d'épée dont il mourut.

LA SULTANE.

A vous, madame première.

LA PREMIÈRE FEMME.

De deux sœurs qu'il avoit, l'une fut mariée au génie Rolcan, ce qui signifie dans la langue du pays, Fanfaron. Quant aux autres enfans issus du temple de la Guenon couleur de feu, on eut beau leur couper les aîles, les plumes leur revinrent toujours. On n'a jamais rien vu, et on ne verra jamais rien de si joli. Les mâles se tournèrent tous du côté des arts, et remplirent le Japon d'hommes excellens en tout genre. Leurs neveux furent poëtes, peintres, musiciens, sculpteurs, architectes. Les filles étoient si aimables, que leurs époux les prirent sans dot.

LA SULTANE.

Alors, on croyoit apparemment qu'il falloit, d'un côté, une grande fortune, pour compenser un grand mérite. Le temps en est bien loin. A vous, madame seconde.

LA SECONDE FEMME.

Ce fut un des fils de Polychresta qui succéda à l'empire. Ses frères devinrent de grands orateurs, de profonds politiques, de savans géomètres, d'habiles astronomes, et suivirent, du consentement de leurs parens, leur goût naturel; car les talens alors ne dégradoient point au Japon.

LA SULTANE.

Continuez, madame seconde.

LA SECONDE FEMME.

Divine fut l'autre fille de Lively. Génistan l'avoit eue de cette aimable et singulière princesse, dans l'âge de maturité. Elle rassembloit tant de qualités, que les fées en devinrent jalouses. Elles ne purent souffrir qu'une mortelle les égalât. Elles lui envoyèrent les pâles couleurs, dont elle mourut, avant qu'on eût trouvé quelqu'un digne d'être son médecin.

LA SULTANE.

Continuez, premier émir.

LE PREMIER ÉMIR.

Il y eut aussi, dans la famille, des héros. L'histoire du Japon parle d'un, dont la mémoire est encore en vénération, et dont on voit le portrait sur les tabatières, les écrans, les paravents, toutes les fois que la nation est mécontente du prince régnant : c'est ainsi qu'elle se permet de s'en plaindre. Il reconquit le trône usurpé sur ses ancêtres. La race ne tarda pas à s'éteindre ; tout dégénéra ; et l'on sait à-peine aujourd'hui en quel temps Génistan et Polychresta ont régné. Il ne reste d'eux qu'une tradition contestée. On parle de leur âge, comme nous parlons de l'âge d'or. Il passe pour le temps des fables.

LA SULTANE.

Je ne suis pas mécontente de votre conte; je ne crois pas avoir eu depuis long-temps un sommeil aussi facile, aussi doux, aussi long. Je vous en suis infiniment obligée. Elle ajouta un petit mot agréable pour sa chatouilleuse, et les renvoya.

En entrant chez elle, la première de ses femmes trouva une superbe cassolette du Japon.

La seconde, deux bracelets, sur l'un desquels étoient les portraits du sultan et de la sultane.

La chatouilleuse, plusieurs pièces d'étoffe d'un goût excellent.

Le lendemain matin, elle envoya au premier émir un cimeterre magnifique, avec un turban qu'elle avoit travaillé de ses mains.

La récompense du second fut une esclave d'une rare beauté, sur laquelle la sultane avoit remarqué que cet émir attachoit souvent ses regards.

FIN.

TABLE DU TOME X.

A Zima. . . . . page 3
Les Bijoux indiscrets. 5
L'Oiseau blanc, conte bleu. 379

FIN DU TOME DIXIÈME.

www.ingramcontent.com/pod-product-compliance
Lightning Source LLC
Chambersburg PA
CBHW072113220426
43664CB00013B/2101